50のドラマで知るヨーロッパの歴史

戦争と和解、そして統合へ

マンフレッド・マイ 著／小杉尅次 訳

ミネルヴァ書房

50のドラマで知る

ヨーロッパの歴史——戦争と和解、そして統合へ

目次

第Ⅲ部　ヨーロッパ世界の《変革》——近世から近代へ　125

第Ⅳ部 ヨーロッパ世界の《分裂》——近代から現代へ 195

プロローグ　現代ヨーロッパとわたしたち

「わたしの著作は、ヨーロッパ史のほんの一断面を叙述したにすぎません。なぜなら、ヨーロッパの歴史にはその内奥に無限ともいえる可能性が潜んでいるからです」。

この一節は、歴史家ハーゲン・シュルツェが一九三二年『〝不死鳥〟ヨーロッパ』と題して出版した著作の冒頭に出てくる言葉です。今わたしは、彼とまったく同じ感慨を抱きながら本書を社会に送り出そうとしています。

その内奥に豊穣さを秘めたヨーロッパの歴史を叙述するに際して、多種多様、そして多彩な解釈の可能性と接近の手法が存在することには、まったく疑問の余地がありません。それゆえに、わたしはわたしなりの理解と叙述の手法をあれこれ考えてみました。ちなみに、わたしの論述手法はすでにこ一〇年ほどの間に公刊した他の二冊の歴史書においても取り入れられている手法です。『ドイツの歴史』（一九九九年）と『世界の歴史』（二〇〇二年）の二著作です。そこでは、それぞれのテーマが可能な限り本質的内容を持ったものだけに絞られつつ展開されているはずです。

さらに、本書はこれら二著作同様、主にドイツ語を少しでも理解してくださる読者層を念頭に置き、執筆されているはずです。換言すれば、広範な領域の青年たち、すなわち高校生や大学生、あるいは勤労青年、さらには一般市民を想定し、彼らに焦点を絞った構成と叙述に終始しているつもりです。わたしの願いは、こういった社会層の読者諸氏がヨーロッパ史の展開と出来事に対して、それらの主要テーマや形成のプロセスを基本的に理解し、それらを全体的に理解する、すなわち俯瞰《ふかん》する力を身につけていただきたい点にあります。

　しかし、当然のことですが、こうした接近の手法を導入しようとするや直ちに一つの問いが浮上してくるでしょう。「取り上げるべき主要なテーマの選択基準は、いったい何に基づいてなされるのですか？」、すなわち、「取り上げるべきテーマの取捨選択の基準は、どこに置かれるのですか？」――こういった厳しい問いかけがなされるはずです。これが、きわめて本質的な問題提起であることは二言を要しません。こうしたもっともな問いかけに関して、本書の叙述全体を通しわたしが特に腐心した点があります。それは、ここで取捨選択されたテーマの叙述や説明、あるいは解釈を、ただ一片の自己完結的な物語として終らせず、反対にその後の歴史展開において十分予測が可能な出来事の存在に余韻を残しながら筆を進めることでした。

　わたしは、さらに歴史的事件の叙述に際して、後日読者がより正確な確認ができるように十分配慮をしたつもりです。これは、わたしの以前の歴史書においても同様です。けれども、ヨーロッパ史からどのテーマを取捨選択して叙述するかという問題に関しては、著者であるわたしが他の誰でもない一人のドイツ人であるという明確な自意識に立って、この本を執筆しました。先ず、その事実関係をここで明白にしておくべきでしょう。

ヨーロッパ史総体に対するわたしの立脚点は、ここ以外にないからです。すなわち、本書はあくまでも一ドイツ人としての視座から接近がなされ、内容が構想され、そして執筆に及ぶという性格の著作なのです。現代を生きる一ドイツ人の手になるヨーロッパ史論が、本書であるというわけです。わたしには、そうした視点を欠落させた歴史分析や解釈などありえません。

換言すれば、ポルトガル人やルーマニア人、あるいはフィンランド人には、当然のことながらドイツ人であるこのわたしとはまったく異なる歴史の視座や意識、接近の手法が存在するはずなのです。彼らは、彼らなりにそれらを駆使しながら自身の固有なヨーロッパ史の理解や叙述を試みるでしょう。そして、それは当然の行為です。これは、ごく自然なプロセスであるというべきです。

こういった事実関係を踏まえながら、わたしは自分なりの手法に即してヨーロッパ史全体を可能な限り詳細に論述したいと願っています。その際、とりわけいわゆる〝列強大国〟のカテゴリーに入らないとされるヨーロッパ大陸の〝群小国家〟やそこの市民たちをめぐるさまざまな動向にも、細心の注意を払いながら執筆の筆を進めていきたいと考えています。

ところで、以上の説明から本書の叙述における具体的展開、あるいは著者であるわたしの個人的歴史意識が、ドイツ史との関連におけるヨーロッパ史、あるいは世界史の叙述になる、そうした形式が採用されているという点を、理解していただけたでしょうか。もちろんそれらはすべて相互に深く関連し合って現代に至っているのです。すなわち、ドイツとヨーロッパ、そして世界といった歴史の三舞台は、渾然一体化した歩みを刻んできたということです。それゆえに、同一著者が世界史とヨーロッパ史、あるいはドイツ史に関して、首尾一貫しない歴史観や歴史の視座でもってこれらのドラマを、相互無関係に考察し、叙述することは本質的にありえない行為だというべきです。
ヨーロッパ史総体に対するわたしの分析や解釈は、母国ドイツの歴史と世界史に対しても妥当する内実でなければなりません。それらは同じ比重で要求される視点であり、尺度でなければなりません。古代ギリシアのアテネについて、ドイツのカール大帝やフランス市民革命に関して、あるいは第一次、第二次世界大戦の分析と評価に関して、相互に矛盾した歴史解釈や歴史記述がなされては絶対に困るのです。その点、本書では「ヨーロッパの視座」という接近枠を設定することによってほぼ首尾一貫した歴史理解や説明が展開されているはずです。

もし、読者諸賢が本書と並んで、右に言及した二冊の拙著を紐解いてくださるならば、わたしの歴史理解のスタンスと道程をより明快に分かっていただけるものと信じております。これら三著作はいくつかの叙述箇所において、配列が相互に前後しながらも、しかしその基本的視座は変わっていないといってよいでしょう。その点には、わたしも意を尽くしたつもりです。三冊のテーマと叙述が相互に入れ替わりつつ展開されていることと併せて、同時にそれぞれ固有の事件や史実に正しく即応した内的関連性を追及している姿勢もそこに見出されるはずです。いわば三著作は、互いに〝因縁の赤い糸〟によって結び合わされた、その意味で包括的歴史書になっているといってよいでしょう。いえ、そうあれかしとわたしも切望してやみません。

ここで、もう一点別な論点が浮上してきます。それは、本書の叙述においてわたしがきわめて重要だと理解している視点です。すなわち、ヨーロッパ史全体を紹介し叙述するにあたって、この大陸の中央地域だけではなく、むしろ辺境、あるいは周辺地帯に位置する少なからぬ数の国々や人々も、どのように位置づけ叙述するかという本質的問題です。

今日まで、これら〝辺境〟の国々やその市民たちは、しばしばヨーロッパ史の〝主要な表舞台〟から外されるか、あっさり削除された国際関係の中に置かれてきました。それが、ヨーロッパ史の現実です。彼らは今日までヨーロッパ全体史の〝主要〟潮流の紹介と叙述にとっていわば〝必要悪〟、あるいは〝補欠〟に等しい役割を担わされてきたといってよいでしょう。

しかし、これは不当な処遇です。わたしは、本書で何とかこの欠落した視点と、問題意識を補足したいと考え、わたしなりに努力を重ねました。それが、本書末尾に収録された「現代ヨーロッパ諸国の現状と建国略史」の導入です。読者の皆さんは、それによってヨーロッパ連合加盟国を中心とした、現代ヨーロッパの全域を、その規模の大小に関係なく、国単位で理解することが可能になるはずです。

クルト・チュホルスキーは、かつて「ヨーロッパは、偉大な一つの人間共同体である」と書き残しました。一九三二年の言葉です。二〇〇六年一二月の現在、わたしはこれに次のような言葉を付け加えたいと思うのです。

「その通りです！　そして、そこには今無数の家族が共に生きています」。

しかし、歴史に登場するヨーロッパの国々とその国民は、今日まで〝家族〟でありながら、自国史においても国際関係史においてもしばしば対立し合い、戦いを重ねてきたのが偽らざる歴史の実相でした。けれども、現代ヨーロッパ諸国と市民たちは、今やそうした自分たちの苦渋に満ちた過去から教訓を引き出そうとしています。すなわち、彼らは平和共存の道を互いに学び合い、「共生」の歴史を開始しようとしているのです。

わたしは、遠くない未来のいつの日かヨーロッパ大陸のあらゆる国々とすべての国民が、文字通り共なる一つの家、すなわちヨーロッパにおいて、この家の真実な成員に成長していく時が訪れるであろうことを深く確信しています。

第Ⅰ部　ヨーロッパ世界の《形成》——混沌から秩序へ

Drama 1
ヨーロッパはどこにある？

「実のところ、ヨーロッパについて正確なことを知っているヨーロッパ人は、誰一人いません」。

これは、古代ギリシアの歴史家ヘロドトスに由来する言葉です。彼は、後代の人々から〃歴史の父〃とも呼ばれている人物です。そして、彼はおよそ二五〇〇年後の時代に生きるわたしたちに、この文言を書き残しました。

わたしは、彼のこの判断は現代にもそのまま該当すると考えます。ヨーロッパについて論じ、また書く人は、それが誰であれそこにさまざまなイメージを想像できるでしょう。一例を挙げれば、ヨーロッパの地理的形姿の叙述がそれです。これをアメリカ大陸やアフリカ大陸、あるいはオーストラリア大陸などとの比較で考えるならば、それはいっそう明白です。ヨーロッパ大陸に関する限り、地政学上の完璧な境界線は存在しません。それは、とりわけこの大陸の東部地帯に当てはまります。多くの人々は、そこで引かれるべき境界線をウラル山脈か、ウラル川、あるいはカスピ海域に見出されると考えます。

しかし、そうなると、ロシア大陸の西側地域だけがヨーロッパに属することとなり、その東側地帯はアジア世界に属することになります。けれども、この理解に立つと、例えばサッカー選手権大会でモスクワやレニングラード地区から出場したチームは、ロシア国内戦で優勝しさえすればヨーロッパ戦への参加資格が確実に得られるでしょう。しかし、ノボジビスクやクラスサリスク地方からのチームは、これにまったく参加できなくなるはずです。なぜなら、彼らはウラル山脈やウラル川の東岸地域でボールを蹴っているからです。そして、これは実際にはありえない事態だというべきです。まだこれまで、ウラル東部地方のチームがロシア選手権で優勝していないだけのことだからです。

同様な問題が、ヨーロッパ大陸のはるか南方に位置するボスポラス海峡とその国境論議にも登場します。もし、ヨーロッパとアジアの分岐点がこの海峡にあると考えるならば、生じてくる問題は深刻です。この区分の仕方に従うならば、イスタンブール地方の大半を含めトルコ地帯は、そのボスポラス海峡西側地域として当然ヨーロッパ世界に属することになるはずです。その結果、トルコの他地域はアジア大陸に編入されることになります。しかしながら、現実にトルコ共和国は現在ヨーロッパ・サッカー選手権大会に出場し、優勝することも可能になっているのです。

ウラル山脈、あるいはボスポラス海峡に境界線を引いて考えるヨーロッパ区分の発想は、この大陸西部に居住する大半の人間にとっては、あまりにも疎遠な地理感覚であるというべきでしょう。彼らは、コーカサス以西の人間、あるいはトルコ国民はヨーロッパに属していないと理解しているのです。ここにはすでに、明白な民族中心的思想、言い換えればもはや地理的・地政学的観点からなどではない見方が登場してくるわけです。

より簡略化して考えるならば、これらの人々にとってヨーロッパとは、北部と西部、そして南部地帯から構成されている大陸であるということになります。確かに、これら諸地域はそれぞれ海域でもって陸地と分断されています。こう考えてくると、なるほど地政学的区分に関する限り、ヘロドトスが喝破したように、誰一人ヨーロッパ世界について正確なことを論じることはできないというべきでしょう。

では、わたしたちは政治的側面からヨーロッパをどのように見ることができるのでしょうか。地理上の境界線がどこで引かれるべきかという議論とは関係なく、一見政治的な線引きも可能であるように思われます。例えば、現代ヨーロッパ連合のいわゆる東方拡大政策が、それです。二〇〇四年五月一日の時点で、この連合体の加盟国数は二五ヶ国、二〇〇七年九月には二七ヶ国に達しています。しかしながら、この現実が「ヨーロッパとはどこにある?」の問いかけに直ちに正解を与えてくれるわけではありません。スイスは、今もなおこの連合体への加盟を拒否しています。しかし、だからといってこの国がヨーロッパ世界に属さないなどとは誰一人考えないでしょう。あるいは、北欧のノルウェーは過去二回の国民投票を通して、ヨーロッパ連合への加盟に反対する意思を明白に表明しました。しかしながら、たとえ国民がそれを受け入れるか否かに関係なく、ノルウェー人はまぎれもなくヨーロッパ世界の一成員です。

しかし、では同じ議論がトルコ共和国に対しても当てはまるのでしょうか。この点に関しては激論必至でしょう。もっとも、この国は現在ヨーロッパ連合への加盟候補国として考えられていますから、議論は若干変化しているはずです。その一方で、ロシアはヨーロッパ連合の正式メンバーに十分なりうるにもかかわらず、今日までほとんど話題に上ってきません。一般的に、ロシアの西部地域がまぎ

大陸“ヨーロッパ”の呼称にまつわるギリシア神話，すなわち最高神ゼウスと古代フェニキア王国の王女オイロペの物語は，後3世紀以降ヨーロッパの芸術家たちに多種多彩な影響を与えてきた。このローマ風モザイク画は，後1世紀の作品。

れもなくヨーロッパ大陸の一角であると理解されているにもかかわらずです。モルドバやウクライナ、あるいは白系ロシアなども同様です。こういった事例から明らかになるのは、政治的観点からヨーロッパを論ずることが地政学的論点以上に実は困難だということです。

それゆえに、わたしたちはここであらためて〝ヨーロッパ〟という呼称に注目してみたいと思うのです。そして、その目をまず地中海世界の神話の歴史に向けた考察をしてみましょう。

地中海の東岸の古代フェニキア王国に、ある美しい王女がおりました。古代フェニキアは、現代のレバノンです。この乙女に、ギリシアの神々の主神ゼウスが一目惚れしたのです。彼は何とかこの娘を得たいと切望するに至ります。ある日のこと、王女が砂浜で遊び友達とたわむれている姿を見たゼウスは、急いで雄牛に変身し、この乙女に接近しようと知恵をめぐらします。さまざまな策を弄した後、ゼウスは首尾よくこのフェニキアの王女を自分の背中に乗せることに成功しました。彼女が背中に座るやいなや、ギリシアの最高神は地中海を飛び越え、クレタ島に到着しました。王女を巧みに誘拐したわけです。

ゼウスは、怯えきっている王女に初めて自分の素性を明かします。アジア大陸フェニキアのこの美しい王女の名前は、〝オイロペ〟でした。換言すれば、現代ヨーロッパ世界とその大陸は、自らの呼称〝ヨーロッパ〟を彼女に負っているというわけです——少なくとも、ギリシア神話に即して考える限りヨーロッパという名前の由来は、ここに見られるということになります。とはいえ、これは遠い過去の神話伝説ですから、これ以上の真実を誰一人正確には知らないというのが歴史の実相でしょう。ヨーロッパという呼び方の由来は、決して明白ではないのです。わたしたちが知りうる事実は、それがギリシア世界とその古代神話に呼称の起源があるのではないかという一点だけなのです。

さて、詩人たちに比べると、はるかに劣る想像力によってではありますが、多くの言語学者たちがヨーロッパという名前の由来に関して言語学の立場から成立史を究明しようと試みています。彼らの見解によれば、ヨーロッパという言葉は言語学的にセム系言語の〝エレプ〟にその起源を持っています。これは、夕暮れ、あるいは夕闇を意味する言葉で、東方世界のフェニキア人から見るならば、西方に位置するギリシアは、太陽が海に沈む二方角にあるわけです。そして、このフェニキア人の言葉は当時セム系語群に属していました。

このエレプの反対概念は、〝アス〟と呼ばれ、太陽が昇り出る地域や国々に対して使われていました。西洋と東洋という表現が登場してきた言語学的由来が、ここに見受けられます。ドイツ語では、これらをAbendland（太陽の没する地域）とMorgenland（太陽の昇る地域）という言葉で言い表している通りです。ただし、このエレプという言葉は元来ギリシアの北方地帯だけを指していたようで、後になって現在のヨーロッパ諸地域にまで拡大していき、広く使用されるに至りました。すなわち、ギリシア全域、次いで大陸の諸地域にまで波及していったのです。

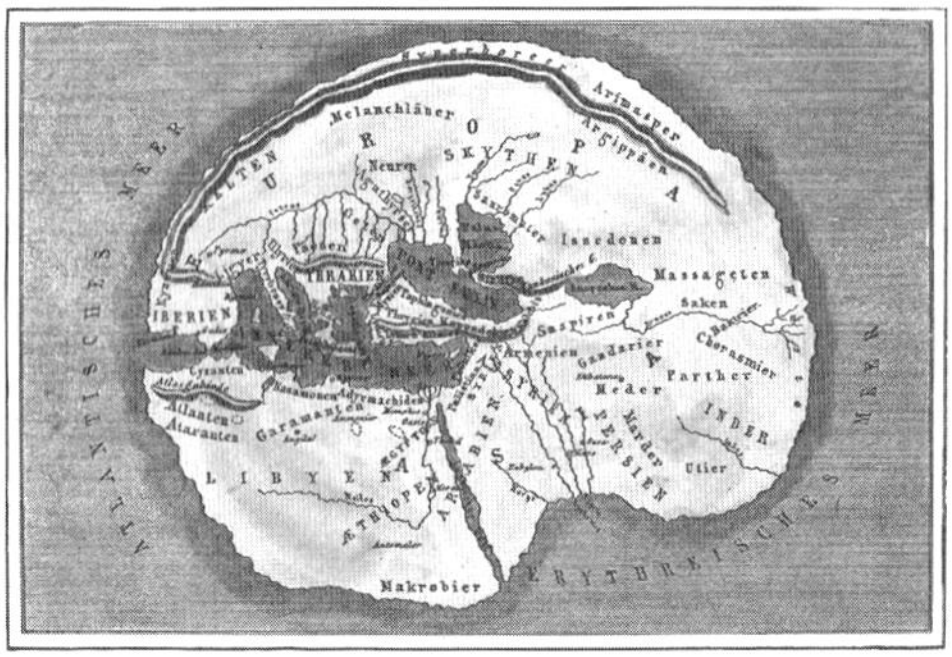

この地図は，“歴史の父”と呼ばれる古代ギリシアの歴史家ヘロドトス（前485～前425頃）が古代ペルシア，エジプト，バビロニア，イタリア，黒海などを歴訪，その滞在の体験を踏まえて作成した当時のヨーロッパ地図。彼は，アテネでソフォクレスやペリクレスなど，前５世紀に活躍した著名な詩人や政治家たちとも親交があったといわれている。

前八世紀に入り、初めて〝ヨーロッパ〟という呼称が正式に使用されます。これは、ギリシア詩人ヘシオドスの著作から確認することができます。前六世紀後期のギリシア人たちは、世界を二大領域、すなわちヨーロッパ大陸とアジア大陸に分類して考えていたようです。さらに、先に触れたヘロドトスはこれに第三の領域を考えていました。すなわち、リビアです。ここは、当時地中海北側の諸国民にもよく知られていたアフリカ大陸北端の地域です。同時に、ヘロドトスはヨーロッパ大陸を世界最大の地域だと考えていたようです。そこでは、領域として既知のギリシアから北上し、はるかドナウ川にまで達する地域が想定されていました。ヘロドトスによれば、当時ドンと呼ばれていたこの川、すなわち、南ドイツに水源を持ちアルプスを横断して、黒海に注ぐヨーロッパ第二の大河ドナウ川でした。

詩作者たちや言語学者たちのこういったヨーロッパ理解が、はたして正確であるか否かを、ここで決定することはできません。しかし、そのいずれにせよ、わたしたちにとってこの大陸は、現在ヨーロッパと呼ばれている地域なのです。少なくとも、この事実に関して異論を差し挟む人は皆無でしょう。

Drama 2 ヨーロッパ人はどこから来た？

ヨーロッパ大陸では、およそ五万年前クロマニョン人から始まる新人類の居住史が展開されていきます。しかし、本書ではそうした原始古代の先史や人類について論じるつもりはありません。むしろ、わたしは、ヨーロッパ大陸の政治社会史を中心とした叙述から執筆を開始したいと考えています。そして、それは今から二五〇〇年前の過去に遡及することになるはずです。恐らく、この点の妥当性に関して異論を唱える人はいないでしょう。その出発は、大陸南方のギリシアに求められるはずです。

当時、ギリシアはまとまりのある群小国家として存在していました。そこには、大小多くの都市国家があり、それらをギリシア人はポリスと呼んでいました。しかし、都市国家間には争いが絶えず、しばしば武力闘争にまで発展していきました。そうした都市国家群の中で、とりわけアテネとスパルタが高度に発達した都市形態を持ち、それぞれ周辺ポリスによく知られていました。

けれども、両都市の形成史にはきわめて対照的な特徴が見受けられます。スパルタは、いわば強者の統治を重視し、高度の訓練を受けた軍人たちを動員することによって、例えばペロポネソス半島の諸都市を占領・支配したのです。彼らは、自分たち以外の部族集団をすべて奴隷にしたほど徹底した武力重視のポリスでした。当然、被占領地域では暴動が発生します。しかし、スパルタはそれを軍事

古代ギリシア七賢人の一人ソロン（前640〜前561年頃）の胸像。

力によって完全に鎮圧してしまうほどでした。

　このスパルタに対して、アテネはその初期からスパルタ式統治形式を拒絶してきたポリスでした。確かに、彼らも例えばアッティカ半島の占領地区で頻発した暴動の鎮圧や統治には苦慮し苦汁を舐めました。というのも、富裕な地主貴族たちによる下層農民の抑圧や過酷な搾取が、くり返し反乱を誘発していたからです。小規模暴動は、当然大規模な民衆一斉蜂起にまで直結します。しかしながら、アテネは、スパルタとは異なり、そうした反乱や暴動をただ単に武力を用いて鎮圧しようとはしませんでした。彼らは、そこに調停役の人間を介在させたのです。それこそ、アテネ人の統治のユニークな手法でした。調停役を依頼された人々は、さまざまな約束事の考案や創出に大変腐心します。

　当事者は、提出された規則や規範に準拠しながら、互いに了解が得られるまで徹底的に話し合うわけです。初代調整役に就任した人物が、七賢人の一人ソロンです。彼は、アテネ市民から〝賢者ソロン〟と賞賛され大変信望の厚い人物だったようです。紛争の調停や解決のために、彼はさまざまなルールを考案しました。「所有と権利」規則によって、富裕な地主貴族たちに対する一定の制限設定と共に、他方で極貧階層の農民たちには、負債免除の措置を導入することもしました。

けれども、ソロンの成功した法制化措置では、超越的絶対者や神々による任命あるいは最終的決定権が、アテネ在住貴族たち（委託統治グループ）には付与されていませんでした。すべてをアテネ市民が、自身で決定するという決済形式が導入されていたのです。とはいえ、法令や規則の実際的執行のために市民たちは一年間で少なくとも四〇回も集会を開催しなければなりませんでした。重要案件は、すべてこの市民集会に付され、討議され、その後法制化に着手していくわけです。例えば、戦闘開始を承認するか否か、どのように平和秩序を維持すべきかなどに関する決定は、すべてここでなされたのです。ただし、結審した法の具体的執行は、別な委員会によって担われます。市民たちから信望を得ていた人々が選出され、彼らに全責任が委ねられたのです。

さらに、こうした法の執行や実施を厳しく監視する機能が必要とされ、しかもそこでは独立性の保障が確立されていなければなりません。アテネの場合、それは市民法廷の形式で実現されました。そして、これらすべての原型がソロンによって考案され創出されたのです。これは、明らかに従来の統治の手法とは異なる斬新な形態でした。それが都市アテネで実現したわけです。わたしたちヨーロッパ人は、後にこうした統治形式をデモクラシー、すなわち〝民衆による支配の形態〟と呼ぶに至りました。まさに、デモクラシーとは、原語のギリシア語で民衆（デモス）と権力（クラティア）を意味する合成語だからです。

ソロンは、ヨーロッパ史に登場した最初の本格的政治家であるといってよいでしょう。彼の手になるアテネ改革やその後継者たち、すなわちクライストヘネス、ペリクレスなどによる政治改革は、ただ単に斬新的であっただけではありません。彼らの改革には、同時に人間の新しい生活形式の創造といった本質的側面が潜んでいたのです。最初期から無視されていた女性市民の集会参加〝拒否〟問題は横に置くとしても、ポリス・アテネの男性市民たちにとって、実行された改革はすべて大変革新的な行動に感じられたはずです。

　残念なことにこの時代の女性たちは、すべての官職から排除されていました。同時に、彼女たちには一切選挙権が与えられていませんでした。それでも、少なくともアテネ市民にとって、〝命令と服従〟といった慣習的原則が意味を喪失し、〝立論と反論〟の相互応酬によって事柄の決着をつける対話原理が導入されたという事態は本当に大きな出来事であったはずなのです。

　さらには、すべての案件が、しかもあらゆる角度から検討され決定される場として市民集会と公席が存在すると同時に、そこで議論が導入される際、アテネ人が創設した新領域がまさに哲学でした。彼らは、このギリシア哲学を用いて宗教に依拠せずに人間の思考を展開しようとし、見事それに成功したのです。自立的・主体的な人間の思惟形式がそこから開花していきました。アテネ市民のこうした新しい人間理解は、今や神々の世界と人間存在、あるいは天空と大地の領域にまで拡大されていくようになります。

　しかし、生活様式や国家形態をめぐるアテネの新形式は、その後次第に東方からの脅威にさらされるに至ります。東方アジア大陸では、ペルシアが小アジア地域全体を征圧し一大勢力を顕示するようになりました。彼らはギリシア諸都市に服従を要求するのです。いくつかの都市が帝国ペルシアの所有する軍事力の圧倒的優勢の前に、屈服を余儀なくさせられていくのです。しかし、降伏を拒否し、あくまでも抵抗しようとする他の諸都市は、戦いの先陣にアテネとスパルタを立てて戦闘を開始しようとします。ギリシア人たちは、こうしてペルシア帝国と戦わざるをえなくなりました。

ペルシア側も脅迫を継続してきます。状況は深刻化しました。スパルタとアテネの両都市は、この戦闘を協力し合って展開せざるをえません。当然、他の諸都市もそれを切望しました。ところが、前四九〇年エーゲ海の渡航に成功したペルシア軍が二万人の兵士たちと共にマラトン湾上陸を開始するや、スパルタは急に参戦を中止してしまったのです。アテネはペルシア軍団と独力で戦わざるをえなくなったのです。しかし、アテネ側のこの戦闘は見事な展開を見せたのでした。彼らは、ペルシア軍の攻撃に先立って、自分たちから先制攻撃を仕掛けたのです。しかも、わずかその数一万という戦闘員でもって攻撃を開始しました。両者の客観的軍事力を見ると、アテネ軍にはペルシアの半分の兵士しかいませんでした。ところが、アテネ軍はペルシアを撃破し、ペルシアの屈強な軍団を退却させて

マラトンの戦闘。19世紀の作品。マラトンは，アテネ北方に位置する古戦場で，前490年ギリシア軍が古代帝国ペルシアの軍勢を撃破した場所として有名。この戦いで，自軍の勝利をアテネ市民に知らせるために“朗報伝達”の使者が派遣され，およそ42キロメートルを全力で走破，市民たちに「自国勝利！」を告げるや息絶えたといわれている。オリンピックのマラソン競争は，ここに起源を持つ。

しまったのでした。アテネの市民たちの目に、この戦いの劇的勝利が〝ただ神々の御加護〟によるもの、まさに神の奇跡の成就として映ったのです。

一〇年後、ペルシア軍は再びクセルケス王を先頭にギリシアに攻撃を仕掛けてきました。今回は、この戦いにはギリシア全土の諸都市が参戦し、ペルシア軍撃破に協力し合いました。スパルタも、アテネと共に戦います。しかし、戦況は必ずしもギリシアに有利な展開にはならず、むしろ絶望的ですらありました。ところが、ペルシア軍団があまりにもサラミス海峡の奥深い場所まで入り込んでしまうという出来事が発生し、それが原因でペルシアは大敗北を喫してしまったのです。すなわち、ギリシアは今回も勝利したわけです。こうした戦争体験とその性格から、このペルシア戦争が他ならぬ自分たちの信奉する神々の加護の結果、敵を撃破し勝利を手中にできた、いやこの戦いは神々の勝利だったのだという解釈が、ギリシアの市民たちの中に生み出されるに至りました。そうした見方はごく自然のものであったというべきでしょう。

それにとどまりません。ギリシア市民一般の戦争観には、その後、明確に対立し合う二つの世界が作り出されていったのです。すなわち、ペルシア戦争とは、ギリシア人にとって抑圧対自由、専制対民主主義、そしてアジア対ヨーロッパといった二項対立の思考と世界観が存在したのです。そして、これは単に古代ギリシアにおいてだけではなく、マラトンやサラミスの戦いに関しても、同様な戦争観として語られるようになりました。そして、この戦争史観は現代にまで及んでいるのです。いや、それはヨーロッパ史全域に共通する歴史観でもあるといってよいでしょう。

換言すれば、ペルシア戦争での勝利によって、ヨーロッパ南方地域にある古代ギリシアの文化とその蓄積や業績、あるいは、その遺産が、初めてヨーロッパ北方全域の土台となる歴史を創造するに至るのです。新しい統治形態としての民衆の権力統治、すなわちデモクラシーの歴史は、発祥地ギリシアからさらなる展開を開始していきます。そして、それはまさにヨーロッパ大陸ではこのペルシア戦争以後、初めて可能となったわけです。都市国家アテネに見られた直接民主主義は、同時代のヨーロッパのいずれの都市にも見聞できず、存在もしなかった、まさに目を奪うほど斬新な統治形態だったのです。

アテネのアクロポリス建築。城砦を兼ねた。これは後５世紀頃の建造物だと考えてよいだろう。

さらに、当時の古代世界を見ても、市民が直接政治上の決定に関係するというあり方は、どこにも見当たりませんでした。しかし、古代アテネではすでに〝市民参加〟という政治思想が人間関係のあるべき規範になっていたのです。同時に、そこでの規範には倫理上のほとんどすべての徳目が網羅されていました。理性と判断力、自己意識と思慮分別、公共精神と責任感覚などがそうした具体的事例です。これらの徳目の詳細については、歴史家ミヒャエル・ザレスキーがその著『ヨーロッパ史』（二〇〇〇年）で正確に論じています。

しかし、残念なことに、アテネ市民のこうした〝直接民主主義〟はその後歴史に長く生き残ることができませんでした。とはいえ、彼らがその思想を生み出し、実践を敢行したという歴史的事実は永久に消えないはずです。事実、このデモクラシーの理念は、世界史のあらゆる時代、あらゆる場所で現代に至るまで秀逸な政治目標として継承されてきているといっても過言ではありません。

同様な事柄が、起源を古代ギリシアに持つとされる他のいくつかの思想に関しても該当します。例えば、その顕著な事例がアナクサゴラスの自然理解です。彼は、太陽が決して神的存在などではなく、単なる〝灼熱の溶岩物体〟であるという事実を、自然科学者としてすでに当時力説していたのです。他方、デモクリトスの場合、物質が原子と呼ばれる最小単位の構成体である事実が彼によってすでに主張されていました。あるいは、ヒポクラテスによれば、人間の疾病は因果関係の解明によってすべて説明可能でした。そこから、後に彼が〝西洋医学の父〟と呼ばれるに至りました。これはつとに知られている事実です。

合理的思想の所有者として知られていた古代ギリシアの哲学者集団、すなわちソフィストたちは、緻密に構築された彼らの文章を通して、「人間は、万物の尺度である」という驚くべき人間理解をすでに表明していた人々です。しかし、当時彼らが提示したこの人間認識は、大半のギリシア人の目に奇抜で破壊的すぎると受け止められました。あまりにも革命的な人間観だったので、一般社会は彼らを社会の敵と位置づけ、その合理主義的思想を激しく攻撃したのです。けれども、もう一歩踏み込んで考えてみるならば、ソフィストたちのこうした思考形式や人間理解は、後世のわたしたちの中にも深く浸透し今も生き続けているのではないでしょうか。

一群の哲学者たちと並んで、わたしたちはソクラテスやプラトン、あるいはアリストテレスといった巨大な思想家たちの存在を忘れてはならないでしょう。彼らは、前四七〇年から前三二〇年頃にかけて都市国家アテネが生み出した偉大な哲学者たちです。わたしたちは、現代に至るまでのヨーロッパ世界のあらゆる時間と空間の中で、彼らの深遠な哲学思想の決定的影響を、どこであれいつであれ確認することができるはずです。

Drama 3

すべての道がローマに通じる

民主主義という政治思想が古代ギリシアの一都市アテネに誕生した頃、イタリア半島のローマは、重要性をほとんど持たない無名の一寒村でした。この村は、中部イタリアに水源を持ち地中海へ流れ込むテヴェレ川近くにありました。しかし、このローマがその後急速に発展して、近隣の諸地域・種族を制圧しながら統治領域を拡大していったのです。前五〇〇年には、ローマの人口はすでに四万人に達していたと記録されています。

アテネ市民同様、ローマの住民たちも独裁的支配者のもとに生活する道を選びませんでした。彼らは、先ずイタリア半島の全域を支配していたエトルリアに抵抗を試み、ついに彼らの王を打倒してしまいます。そして、ローマ人は寡占的支配の形式を超えて、レース・プブリカ（res publica）の道、すなわち〝市民全体の共通案件〟という統治の手法を開発するに至ります。これが共和制ローマの原初の統治形態です。しかし、都市ローマの初期指導層は、アテネを指導した七賢人の一人ソロンのようには住民たちに信望がなかったために、最終的にこの都市では民主主義が最適な統治の形式にはなりませんでした。

ローマに最適だと彼らが考え採択したのは、一種の混合形態の統治手法でした。すなわち、都市の、共同自主管理というあり方を彼らは選択したわけです。そこでは、二人から構成される執政官を筆頭にした高級国家官僚組織が大きな比重を占めています。この執政官の任期は一年です。案件の決済においては、どちらか一方が同意することなしに、一方的に他方が決定を下すことはできないという仕組みが導入されています。とはいえ、実際に決定権を所有していたのは、共同の審議場としての元老院でした。

元老院は、裕福、かつ人望があり、しかも由緒ある家柄から選出された終身任期制議員（全員男子）によって構成された最高決議機関でした。一般庶民層を代表する議員は平民と呼ばれていた人々で、上層階級出身の貴族共々元老院の構成メンバーでした。平民議員は、確かに共同討議の場で発言が許され、法規則の作成にも参加でき、さらには執政官と監察官、そして法務官といった国家高級官吏たちの選出にも参加が許されてはいました。

しかし、都市ローマでは貴族階級と平民階級間に、例えば選挙投票の際歴然とした差別待遇が存在していたのです。きわめて緻密に、しかし巧妙に作られた選挙制度では、裕福な上層ローマ市民がつねに多数を独占し、政策などの決定もほとんど彼らの意のままになされたのが現実でした。そうした機能しか果たしえない各種制度だったのです。

そうはいっても、平民議員の多くが、自分たちの母国ローマに対して強い誇りを抱いていたのも事実です。多分、それは先進性を持った各種ローマ法の存在があったからでしょう。例えば、すでに前四五〇年の時点で、告知板形式で合計一二項目からなる法令（民法・刑法・人権法）が一般市民に公表されていたのです。そこでは、例えば専横的支配に対して全市民が養護される権利があること、ローマ市民の法的保障が約束され、正規の法的手続きや客観的証明なしに何びとも処罰されることはありえないといった項目も登場しているのです。これらは現代のわたしたちの感覚からすれば、ごく当然の諸権利だと考えられるかも知れません。しかし、紀元前五世紀の時代を念頭に置くならば、実に革命的な内容だというべきではないでしょうか。古代ローマのこの法体系は、後にヨーロッパ世界の法制度を確立していく上できわめて規範的な役割を果たすことになりました。

無名の一寒村から出発した古代ローマを統治した指導者たちは、次第に強大な権力の所有者になっていきます。彼らは軍事力に依拠して度々戦争を仕掛け、イタリア全土をほぼ制圧するに至ります。とりわけ、膨大な外地占領を通してローマの都市貴族たちは、きわめて裕福な身分にのし上がっていきました。彼らは、戦争の略奪品を互いに分配したり、敗戦国捕虜たちを奴隷として強制労働に従事させる、あるいは売買の対象としたのです。こうして、都市貴族はどんどん裕福になっていきました。

反対に、ローマを始めとする都市在住の庶民や地方農民たちはますます貧しく、生活が苦しくなっていきます。そうなれば、階級間にさまざまな対立や暴動が発生してきます。当然の成り行きです。最終的にこうした不満や対立はローマ市内に内戦を誘発するに至ります。

こうした対立と内戦の中から、軍の一司令官ガイウス・ユリウス・カエサルが、前四五年決定的勝利を手中にし、政治と権力闘争の表舞台に登場してきました。元老院は、彼を任期一〇年の独裁官に任命します。数年後、任期は終身制に変更されてしまいます。ともかくも、カエサルの登場によって、都市ローマは形式としては確かに共和制を踏襲していながらも、しかしその実態においてはカエサルが全権力を独占した支配形態をとる国家になったわけです。しかしながら、彼の専制的統治は長続きしませんでした。なぜなら、権力掌握の一年後カエサルは、元老院の会議の最中に議員たちによって殺害されてしまったからです。

　後任の人選やカエサル後のローマ統治をめぐって、長期にわたる対立と暗闘が続きました。そして、最終的に最高権力の獲得に成功したのは、暗殺されたカエサルの養子オクタヴィアヌスでした。彼は、前二七年に元老院からローマ帝国初代市民という称号を贈られます。さらに、彼は元老院から名誉称号アウグストゥス（高く崇められた人・高挙の存在の意味です）の贈呈を受けます。もっとも、これはオクタヴィアヌスが初代皇帝カエサルの法定相続人であったからでしょう。称号はそこに由来します。ヨーロッパ史の中で、後にこのラテン語カエサルから、例えばドイツ語カイザー（Kaiser：皇帝）が派生してきたのは周知の事実です。

初代ローマ皇帝アウグストゥス（前63～後14）の大理石像。高さが2.4メートルあり，帝国臣民に自身の存在と政策を誇示しようとしている。“アウグストゥス”とは，オクタヴィアヌスに冠せられた尊称である。

　皇帝アウグストゥスは、亡父カエサルの生涯から多くの教訓を学んでいました。ですから、彼は決して養父のように自分の独占的権力を誇示するようなことはしませんでした。むしろ、彼は元老院議員やその共同決定の場を重んじ、できるだけ彼らと協調し合う姿勢を打ち出す支

後79年８月24日，イタリアの都市ポンペイは活火山ヴェスヴィオの爆発と吹き出た溶岩によって灰塵の中に埋没した。18世紀に入り考古学者たちによってこの町は初めて発掘され，灰塵の中から古代ローマ時代の面影がそのまま出現した。いわばローマ時代の“生の姿”がそこに再現されている。この絵画に描写されているのは，当時のポンペイの商業街である。

配者として振る舞いました。同時に、オクタヴィアヌスは臣下が責任意識を持って働き、自分がこの帝国ローマとその共和制の維持に十分有用な存在であるとの自己評価を可能にすべく腐心をした人物です。

しかし、彼には別の一面もありました。彼は、ローマ国家とその財政に関するすべての管理を一手に集中させ、これに対する一切の異議申し立てを却下したのです。こう考えてくると、ローマ的統治形態、すなわちレース・プブリカ（共和制国家）は、最終的にはその権力がすべてカエサルの手に収斂していく独裁的・専制君主体制へと変貌したといわざるをえません。

他方、皇帝アウグストゥスはその絶大な権力をただ政治領域に対してだけ行使したのではありませんでした。彼は、同時にローマ帝国内の芸術や文化の育成にも力を注いだ支配者でした。例えば、自分の宮殿に彼はよく詩人たちを招待したり、彼らが国内で制約なく生活できるような配慮もしたようです。ヴェルギリウス・マロ、ホラティウス・フラックス、あるいはプブリウス・オヴィディウスなどが、その代表的詩人たちです。彼らの文学活動は、後一世紀の初期に全盛期を迎えました。哲学の領域では、ルキウス・セネカがよく知られています。歴史学では、リヴィウスとタキトゥスがその良質の歴史記述の手法において後世に大きな影響を残しました。

ローマ帝国は、後一二〇年前後に最強の権勢をふるい、ローマの平和（Pax Romana）を謳歌しました。地中海地域のすべての王国や種族、例えば後にフランスが誕生してくるガリア全域、ライン川にまで至るゲルマニア地帯、ブリタニアの主要地域、バルカン地帯全域、そして小アジアを含めた黒海周辺地域が、ことごとくローマ帝国の支配下に置かれるに至りました。賢帝でもあった歴代皇帝の中には、帝国の領土拡大を前にして単なる軍事力に頼る統治の手法がもはや不可能に近いことを悟る人物も出現してきます。そこから、彼らは統治政策の一環として帝国に居住する諸民族・種族が彼ら固有の生活上の習慣や様式を現状のまま保持することに寛容であろうとしたのです。ただし、臣民には帝国の全域においてローマ法の厳格な尊重と遵守が義務づけられ、併せてローマ貨幣が帝国内の共通貨幣として導入され使用が一本化されました。また、ローマの神々に対する敬神励行が勧告されたのです。しかし、この後者に関していえば、ローマ神礼拝は決して厳格にすぎるものではありませんでした。

帝国ローマの社会では、共通言語として主にラテン語とギリシア語が使用されていました。帝国のどの地域へ行こうが、人々はこれらの二言語を駆使して互いに意思の疎通を図っていたのです。このことは、当然帝国内で展開される商業活動や貿易を容易なものにしたはずです。可能な限り迅速に軍隊を移動させるために作られた帝国内主要道路も、かなり早い時期に完成していたので、その道路網によって商業取引が大変活発に展開されるに至りました。軍道が帝国の繁栄に貢献したわけです。

同様な現象は、すでに完成していた海洋航路と船舶停泊用の港湾についても当てはまるでしょう。航路と港湾は、実に多面的に使用されたのです。今や、それらが帝国の平和維持のために用いられるようになったわけです。いわば、帝国ローマの中に存在する都市や地域は、歴史的に被占領の状態のもとに置かれながらもそれぞれ空前の繁栄を謳歌することになったのです。

帝国内の都市は次々と建設され、改築されていきます。周囲を巨大な建物に囲まれたその中央には、集会用広場が創設されます。そこで政治集会が開催されたり法廷が開かれるのです。さまざまな職種の仕事場や商店、旅荘、あるいは公衆浴場が次々と誕生し、それら全体がその都市独自の景観をかもし出しています。わたしたちは、今も現代ヨーロッパの至る所でこうした古代ローマの風景や面影を当時のままに発見できるでしょう。同時に、ローマ時代の豪壮な建築技術にあらためて驚嘆させられるのではないでしょうか。

Drama 4

新しい教え——キリスト教の誕生

ヨーロッパ世界を形成した礎石の一つは、古代ギリシアの哲学やローマの政治と並んで、新宗教としてのキリスト教でした。地中海世界に登場したこの宗教は、元来パレスティナ、すなわち当時のヨーロッパ人から小アジアと呼ばれていたアジア西方地帯の一隅にその歴史の源流を持つ宗教を母体としていました。

そこに居住するユダヤ人たちは、ローマ帝国による統治を拒否すると共に、ローマ人が信奉する多神教をも拒絶した民族集団でした。彼らは唯一神だけを信じていた集団であり、その神をヤーウェと呼び慣わしてきました。ユダヤ教徒がこの頃抱いていた希望とは、このヤーウェなる唯一神がいつの日かこの地上にメシア、すなわち救世主を派遣し、支配者のローマ帝国からその〝選民〟イスラエルを解放してくれるであろうという終末的希望でした。そして、ユダヤ人の多くはユダの地・ナザレに生まれたイエスの中にその具体的姿を見、期待していたわけです。このイエスは、年齢三〇歳頃から説教者として公的生涯に入っていきます。彼が説く神の国についての教えに従えば、すべての人間が「神の子」とされ、〝天の父〟である主なる神は人間をすべて平等に愛の中に受け入れてくださる方であり、しかもそれはまったく無条件な招きであるというものでした。人間が今、何を行っているか、あるいはそれまでの人生の中で何を行ってきたかには一切関係なく、ただこの神に人生の方向転換をしさえすれば、神の赦しと愛の対象にされるのだという教えです。

イエスは、主なる神のこうした救済と解放の教えを、この時代のユダヤ教指導者（祭司や旧約聖書の専門家・律法学者）たちのような難解な表現を一切使わず、素朴で平易な民衆の言語でもって解き明かそうとした人物でした。彼は、神の祝福と道を農業や漁業に従事しながら生きていた一般民衆や自分を信仰の世界から縁遠い人間だと思っている人々、あるいは自己疎外の心を持っている人間の現実に即して語る大切さをよく知っていました。そうすることによって、幼い子どもたちですらイエスの語る言葉を十分理解できたのでした。新約聖書が語り伝えるところによれば、短期間のうちにイエスは大勢の支持者を獲得しました。とりわけ、貧しい階層の人間や社会的に〝弱者〟とされていた人々の中に、彼は多くの共鳴者を獲得したのです。

彼らは、イエスの説く「神の国」の教えと道を熱烈に受け入れた人々でした。この神の国は近い将来地上に必ず到来する、だからその備えをしなさいというのがイエスの教えの中心だったのです。神の国の接近とその心構えに関するイエスのこの新しい教説は、具体的にはこの国が平和と正義の支配する場所になる、すべての人間がそこで愛を中心とした兄弟、姉妹としての共同生活を開始できるであろうという内容でした。

しかし、イエスのこうした登場とその教えは、当時のユダヤ教指導者たちや支配者ローマ帝国の官憲から挑発行為として見なされたのです。やがて、イエスは彼らから嘲笑され、侮辱され、ついには誤謬に満ちた宗教上の確信を流布させたという嫌疑を受け、サマリア・ユダ地域のローマ総督ポンティウス・ピラトゥスのもとで死罪判決を受け、処刑されるに至ります。けれども、イエスの信奉者たち、とりわけ〝弟子たち〟と呼ばれていた一二人、いわばイエスの門下生たちは、自分たちの尊師は処刑後、死者から復活し神の国に帰還すること、遠くない将来再度来臨するであろうことを当時の人々に証言し始めたわけです。

キリスト教の宣教がここから開始されていきます。イエスの弟子たちにとっては、導師イエスこそ神の子であり、ユダヤ人が長い間待ち望んでいたメシア、すなわちキリストでした。〝キリスト〟という用語は、救済者の意味だと理解しておけばよいでしょう。パレスティナ地帯から始まり初期キリスト教の共同体、すなわち教会を建設したのは、これら一群の弟子たちだったのです。多くのキリスト者が小アジアから西方地域、すなわちヨーロッパ大陸に向けて、このイエスの〝福音〟、喜ばしい音信を証言・宣教するに至ります。そうした宣教活動において決定的役割を担った人物が、使徒パウロです。〝使徒〟とは、福音宣教のために派遣された存在を意味します。パウロは、ユダヤ教徒から神秘的宗教体験を経てキリストと出会い、信仰の世界へ導かれた人間です。彼は当時の地中海世界でギリシア語も話せる高い教養の所有者であり、また雄弁家でもあったようです。パウロは伝道旅行を数多く敢行し、小アジアのさまざまな地域に宣教の拠点、キリスト教会を建設します。さわやかな弁舌や手法を駆使して彼は人々を信仰告白へと導き、彼らを励まし、その信仰の保持に努めました。他方、ユダヤ人たちもメシア待望という終末信仰に生きていました。しかし、パウロにとってはイエス・キリストは単なるメシアではありませんでした。パウロのキリスト理解によれば、来臨すべき救世主は単にイスラエル民族だけを救済する存在ではないのです。来たるべきメシアは、すべての人間、すべての民族の解放者、すなわち全人類を救済する存在でなければならないというのです。そして、パウロはまさにこのイエスの福音こそ地上のすべての人間に向かって語りかけられていると確信したのです。それゆえ、彼にとっては喜ばしいイエスの訪れ・福音は世界の隅々にまで証言され、伝達されなければならないわけです。ところで、ローマ当局は最初キリスト教徒にはまったく関心を示していませんでした。彼らの目には、社会的にキリスト教徒は何の重要性も持たない小集団だと映っていたからです。帝国にとっていささかの危険もない存在だと考えていたのです。ところが、この新しい宗教に帰依し加わる人間の数が日増しに大きくなり、それが帝国ローマのど真ん中で顕著になっていったのです。帝国にとって、この現実は放置できません。まさに、そこから最初のキリスト教迫害が開始されてきます。他方、キリスト教徒たちにおいても一般のローマ市民同様に、神格化されたローマ皇帝カエサルを帝国の〝神〟として崇拝しなければならない立場に置かれていきます。

しかし、彼らにそれはできません。彼らにとっては、キリストに啓示された唯一の人格神・〝父なる神〟のみが敬愛する対象であり、それ以外の神は一切認められません。この点は、ユダヤ教徒においても同じでした。彼らには帝国の命令を拒絶する道しか残されていません。その上、彼らの理解によれば他の神々はすべて悪魔的存在と同義語でした。しかし、こうした神理解はローマ人には受け入れられません。帝国の神々を拒絶することは、国家に対する反逆以外の何物でもないからです。国家冒瀆罪に問われて当然だという判断になるでしょう。過酷な処罰対象になるはずです。本格的なキリスト教迫害は、第一波として後六四年に訪れました。第五代皇帝ネロ（在位後二七～六八年）のもとで展開された迫害がそれです。ローマ市街の火災がキリスト教徒たちによる放火の結果だとの大義名分のもとで、信徒に対する激しい弾圧と迫害が行われたのです。皇帝ネロは、火災の全責任を意図的にキリスト教徒たちに転嫁しようとしたわけです。ローマの歴史家タキトゥスは、その『年代記』の中でこの「ローマ大火災」についてこう語っています。

「ローマの市民たちは、この新しい信仰を告白したすべての人間、すなわちキリスト教徒たちを捕縛しようとしています。強制下になされた信徒たちの自白に基づき、市民は放火犯という理由よりもむしろキリスト教徒に対する憎悪心から、官憲のもとに多くのキリスト者を連行しようとするのです。彼らを処刑する行為が、ローマ市民の自己満足になったわけです。一群の信徒たちは、野獣の毛皮を着せられたまま犬に噛み殺され、別のキリスト教徒たちは十字架の上に吊るされ、夜明けまで生きたままタイマツ代わりに燃やされたりしました」。

後日、人々は使徒ペトロとパウロも、このネロ皇帝のローマ大放火の時に共に殉教の死を遂げたのではないかと語り伝えています。

その後の数百年間、キリスト教徒に対する帝国ローマの迫害は頻繁に生起し、数知れぬ信徒たちが虐殺の犠牲になっていきます。しかし、キリストを主と仰ぐ信仰者の数はどんどん増え、後三〇〇年の時点で帝国では一〇人に一人がキリスト教徒であったとの記録も残っています。そうした中で、コンスタンティヌス皇帝（在位後三一二〜三三七年）の統治時代を迎えると、キリスト教徒をめぐる政治・社会状況にも大きな変化が訪れてきました。

ローマ皇帝コンスタンティヌス１世（在位後324～337）は，“大帝”と呼ばれるに至った。彼はローマ・カトリック教会のシルヴェスター教皇から洗礼を受け，ローマ史上初めてキリスト教を公認の宗教と見なす宗教政策を導入した人物として有名。この壁画の断面像は，1246年の作品である。

コンスタンティヌスは、帝国ローマの安定化のため後三一三年に宗教上の寛容政策を打ち出すようになりました。キリスト教徒が信仰を自由に表明して生活できるような保障を与えるに至ります。ただ、皇帝のねらいはそうすることによってキリスト教徒を自分の側に取り込む点にあったようなのです。彼らを保護することによって皇帝に対する支持を獲得しようと考えたわけです。事実、その後キリスト教はこの皇帝の庇護のもとで、帝国ローマの中で主要な宗教の地位にまで上昇していくようになります。

ただし、皇帝コンスタンティヌスが実際、そして本当にキリスト信仰を告白した信仰者となったのか、あるいは単なる政治上の思惑からキリスト教に接近し、優遇政策を導入するに至ったのかという問題があります。これは今もなお決着のついていないテーマです。

しかしながら、彼の統治期間中にキリスト教思想が帝国ローマの法の策定に少なからぬ影響を与えたという事実は、疑う余地もないでしょう。その意味でヨーロッパ世界は、コンスタンティヌス皇帝に多くを負っているというべきです。具体的事例を一つ挙げるならば、キリスト教信仰やその精神に立脚した結婚観や日曜日を〝主の日〟（金曜日に処刑されたキリストが、三日目に復活したとされる記念の日）と考える時間理解などです。それらはローマ社会に大きな影響を与えていくのです。

さらに、わたしたちはこの皇帝が成功した統治政策の具体例として、後三二四年東方に位置するビザンティンを〝コンスタンティノープル〟と改名し、帝国ローマの首都にした点を挙げることができるでしょう。この古都は元来軍事上東西大陸の要塞としてきわめて重要だった場所でした。その分岐点が、ボスポラス海峡にあったのはいうまでもありません。コンスタンティヌスは、戦略上重要なこの都に壮麗な建築物や施設を建立することによって、ローマ帝国の独占的支配を確立しようとしたわけです。そうした政治的野望を、彼はキリスト教の神学思想と結合させ展開しようとしました。

他方、皇帝はイタリアのローマを、古代ギリシアや古代オリエント世界が長く保持してきた文化と伝統に結びつけるという役割を果たした人物であったと見ることも可能でしょう。コンスタンティノープルは、当時のローマ帝国の中で最も重要な都市として理解されていました。この東方世界は、経済的、あるいは文化的な重要性という点で、次第に西方世界を凌駕するまでになっていきます。それと共に、キリスト教は帝都ローマの中で、次第に東西の〝連結役〟の役割を担うようになります。そのパトロンはいうまでもなく皇帝自身で、コンスタンティヌスは皇帝としてそうした機能を果たす存在になっていったわけです。

東方のコンスタンティノープルにある教会の総責任者は、当時〝総主教〟と呼ばれていたのですが、総主教は自分をローマ皇帝の〝一臣下〟として位置づけていたようです。しかし、こうした自己理解を西方ローマの教会統括者、すなわち大主教が容認するはずがありません。ローマ大主教の目には、これがキリスト信仰の真理を否定する一大問題だと映ったのです。そこから、彼は他の地域にある諸教会や主教・監督たちに対して、自分自身の優位性、換言すればローマ首座教会の究極の権限を要求する行動に出たわけです。その際、大主教は最高責任者としてイエスの側近ペトロの〝使徒としての究極の権威〟を持ち出すことによって、ローマ教会の絶対的優位性を正当化しようとします。すなわち、ローマ〝首座〟教会の理解に従うならば、使徒ペトロはイエス・キリストの代理者としての役割を帯びた最も重要な人物なのです。だから、キリストもペトロ（ギリシア語で〝岩石〟の意味）の上に教会の基盤を据えようとされたというのです。西方ローマの教会指導者たちは、そのように主張するわけです。自分たちは、このペトロから全キリスト教世界に対する指導を一任されたのだとの自己理解がここに表明されています。

　こうした主張に対して、ローマからはるかに遠い東方のコンスタンティノープルに居住する皇帝は、特別に異議を差し挟みませんでした。その結果、時間の推移と共に西方ローマ教会の大主教がヨーロッパ世界全域にあるキリスト教会の最高指導者となり、その地位が広く認知されていくようになりました。このローマ教皇の公的呼称が、後に〝父親〟を意味する〝パーパ〟、あるいは〝パプスト〟と呼ばれるに至った経緯は、周知の通りです。

　西方ローマは、もはや帝国ローマの首都ではなくなりました。いや、帝国もやがて解体の運命にさらされます。かつて、古都ローマが保持していた重要な地位や役割も、次第に失われていくのです。しかし、政治的地位はともかく、この都が今度は宗教的に〝ヨーロッパ・キリスト教世界の首都〟への道を歩み出していくことになりました。

　他方、帝国の東方世界では、後代の人々から〝キリスト教・ギリシア正教会〟と呼ばれるに至った、まさに西方ローマの教会とは明確な一線を画したユニークなキリスト教が成立し、一〇〇〇年間発展していくようになります。ここにおける教会最高指導者は、すでに言及したように宗教者としての総主教ではなく、皇帝カエサルでした。皇帝が、いわば〝神の代理者〟の機能を果たしたのです。この時代の宗教画や画像などにしばしば登場するその容姿を見ると、彼の後頭部一帯がまばゆい光輪によって描かれ、皇帝はその光輪に囲まれた〝大聖者〟として理解されている事実が分かります。

以上の略述からも分かるように、浅くて短い歴史しか持たないヨーロッパ・キリスト教世界は、結局東西に分断されそれぞれ別な歴史を形成していくことになります。キリスト教界のこうした歴史的展開と軌を一つにして、ローマ帝国は後三九五年に東西に分裂します。帝国の西方地帯は、大陸ヨーロッパの北方から侵入してきたゲルマン諸族の脅威にさらされ、弱体を重ねるのです。その没落への傾斜を、もはや誰一人阻止できません。後四七六年、ローマ帝国最後のカエサルが退位します。それをもって、西ローマ帝国はヨーロッパ史から完全にその勇姿を消し去っていくのです。

他方、帝国ローマの東側地帯、すなわち東ローマ帝国に目を移して見るならば、この地域はビザンティン帝国として存続し、外敵の攻撃によって弱体化しながらも、なおその後一〇〇〇年の歴史を刻んでいきます。東西分裂後のローマ帝国史は、この東方世界を叙述することになります。

Drama 5

フランク王国の誕生——ゲルマン諸民族の統合化

後三世紀以降、ローマ帝国は大陸北方から南下してきたゲルマン諸部族の攻撃にいつもさらされる歴史を歩んできました。もちろん、これに対してローマ人も全力を挙げて戦いました。しかし、この北方未開人（バルバロス）たちはあまりにも強すぎました。バルバロスとは、ギリシア語で〝未開人〟、〝野蛮人〟、あるいは〝粗野な人〟などの意味を持つ言葉で、当時ローマ人たちがつけた蔑称でした。

後四七六年は、その後の歴史に分岐点を画した年です。すなわち、この年に西ローマ帝国が歴史から姿を消したのです。その時点から、コンスタンティノープルに首都を置く東ローマ帝国皇帝は、西方ローマ世界に対する覇権を要求するに至ります。しかし、その権力は結局ギリシアや南イタリアまでには達しませんでした。

ヨーロッパ大陸における諸地域の発展は、そのほとんどがこの時期からゲルマン諸族の決定的影響を受けることになりました。ところが、これら北方諸部族の指導者たちは必ずしもローマ帝国に代わる別な新国家の建設を考えてはいなかったのです。むしろ彼らは帝国西ローマが残していった諸々の遺産や伝統を高く評価していたのです。そして、ゲルマン族に属する多くの人間は、自身をローマ風生活様式へ変えることに努力しました。帝国ローマの文化や生活様式とゲルマン諸部族の伝統的生活習慣が、そこから互いに溶け合っていくという現象が生じてきたわけです。

ゲルマン族は、それ自体としては決して統一された一枚岩の部族などではありませんでした。反対に、彼らの内部ではしばしば対立と抗争が頻発していました。そういった中で、最後に勝利を収めた統治者として登場したのが、智略に長け、厚顔無恥ですらあった人物、後に成立するフランク王国の初代国王クロードヴィヒです。彼は他のすべての種族や部族を撃破し、危険分子になりそうな血縁関係者をことごとく排斥して王座に君臨するのです。その後彼はますます強くなっていき、軍将として軍隊を指揮し、アルマン人、ブルグント人、西ゴート人、あるいはガリア人を制圧します。

こうして、後五〇〇年には巨大なフランク王国が誕生しました。後に、ここからフランス、ドイツ、そしてベネルクス三国（ベルギー、オランダ、ルクセンブルク）がそれぞれ成立してくるわけです。国王クロードヴィヒは、キリスト教信仰を告白し受洗すると共に、家臣たちにもそれを求めます。それによって、彼はヨーロッパ・キリスト教世界の基礎を築く役割を果たすことになりました。とはいえ、クロードヴィヒが、国王としてイエス・キリストの福音の真理、すなわち愛と平和の精神に本当に忠実に生きたか否かはまったく別な次元の

初代フランク王国クロードヴィヒ王は，後498年ライムスの司教から受洗した。この時から，フランク王国におけるキリスト教宣教が本格的に開始された。この絵画は，1375年フランスで描かれた作品。

問題だといってよいでしょう。

ともかくも、彼の統治時代にキリスト教はいわば〝上から〟強制されたかたちで導入され、それと共にゲルマン諸部族の中にあった土着の習慣や生活様式は王国の中から一掃されることになりました。しかしながら、部族の住民たちはその後二〇〇年間このキリスト教と並んで、土着の諸宗教のもとで日々を送る生活を続けていきました。キリスト教は、後八世紀初期に活躍した修道士で、後の司教ボニファティウスの時代にフランク王国の脊椎になったと考えてよいでしょう。彼は、「ドイツ人の使徒・聖ボニファティウス」と呼ばれました。

クロードヴィヒの死後、三〇〇年経過したカロリング一族からカールが出現し、王国を独裁的に統治する指導者になります。彼の本来の目的は、すべてのゲルマン部族を一体化し、統一王国を創建することでしたが、その実現は多くの戦闘を経た後にやっと可能になったのでした。国王カールは、後八〇〇年クリスマスの時にローマ教皇からローマ人の皇帝、すなわちローマ皇帝に任命されるに至りました。彼の戴冠によって、後五世紀後半の滅亡以来数百年間存在しなかった西〝ローマ帝国〟が、再び実現したわけです。皇帝カールは、偉大な歴代諸皇帝の正統的後継者を自認し、同時に一般社会では自らをキリスト教指導者の一人であると理解しました。やがて、彼は人々からカール大帝と呼ばれるに至りますが、これは的を射た称号だったといえるでしょう。なぜなら、彼は単なる卓越した軍将であっただけではなく、同時に他の諸分野、例えば学問や芸術、あるいは文学などの育成にも力を傾けた為政者だったからです。

カール大帝は、他の賢人たち同様に巨大化した王国の維持や管理がいかに困難をきわめるかという事情をよく理解していた賢君でした。そこで、彼はゲルマン諸族の伝統を基盤とし、その上に新しい支配体制の確立を構想するのです。それは、中世ヨーロッパ全体を貫流し、時代の決定的指針になった君臣制度です。ここでの中世とは、時代的に四世紀から一六世紀までの時間帯を指していると考えてください。

カール大帝にとってフランク王国の堅固な安全保障と運営管理のためには、強力な援軍が必要でした。国王である自分に無条件の忠誠を尽くしてくれる一群の重臣を必要としたのです。中世ヨーロッパ史の中では、彼らは〝ヴァザル〟（Vasall：封建家臣・封士の意味）と呼ばれました。封建領主、あるいは封建君主たちは、忠誠の度合いに応じて家臣・封士に対して論功賞を与えるものですが、ヨーロッパの場合それは、金品ではなく領地でした。それが褒賞です。その際、封臣たちには領地と共に、そこを耕作する農民も封主から直接与えられたのです。しかし、家臣は封土（Lehen）としての領地を贈与されたわけではありません。あくまでも、貸与された、換言すれば借り受けたのにすぎません。この受領者たちが、〝封臣〟と呼ばれた理由もここにあります。すなわち、ドイツ語ヴァザルとは、皇帝領の一部を家臣に貸し与えるわけで、借り受けた一群の臣下全体を指す言葉です。中世時代初期においては、一般的に領土や領地の全体が直接皇帝に属しているとの理解が支配していたのです。した

“大帝”と呼ばれたフランク国王カール１世（後742～814）のブロンズ製騎馬立像。ただし，実物のカール大帝がこの形姿であったかについては何の確証もない。

がって、皇帝側も寛大な心を持って領土を封臣に貸し与える行為がありえたわけです。

多くの封臣たちは次第に力をつけていき、今度は彼ら自身がさらに下位の家臣たちに封土を貸与することも可能になりました。さらに、これら下位の封臣もさらにその下の従僕たちに対して、まったく同様な対応が許されていました。

特定の状況の中で形成された〝封建〟的秩序は、時代の経過と共に次第に固定化されていきます。そして、誰が、誰の封主、あるいは封臣となり、いかなる義務と権利がそこに生じるのかといったルールが次第に明確化していきます。すなわち、封主と封臣の間の義務と権利に関する明確化です。例えば、封土は特定の封臣に対して貸与されたものでした。そして、その封臣が死去すれば、その封土は当然封主に返却しなければなりません。

ところが、時の流れの中でこの慣習が定着化されていくと、父に貸与された封土が封主に返されず、長男に引き継がれていくという形式が成立し固定化されるに至ったのです。正確な年月日の確認までは不可能ですが、歴史的経過のある時点でこうした慣習が公的に承認・受容され、法的権利として効力を発揮するようになったのでしょう。

中世の社会秩序は、ヨーロッパの広範な地域や国々に確認できるように、この封主・封臣・封土という君臣関係を基本原理として成立していると考えてよいでしょう。封土という言葉のラテン語形は、フォイドゥム（feudum）で、その意味はまさに〝封土〟です。そこから、後世のわたしたちは、中世を封建時代、その社会を封建秩序の社会という具合に表記するに至ったわけです。

封建時代の社会秩序は、ピラミッド的構造を持っていました。そこには、さまざまな階層がありました。身分制社会秩序と呼んでもよいでしょうか。階層の最上段には、神聖ローマ皇帝が君臨していくようになります。皇帝の下には政界、あるいは宗教界の指導者たちが権力の座を占めます。彼らは封土を直接皇帝から受領していました。

彼らの社会階層は、他の貴族や教会上級聖職者、あるいは大修道院院長たち共々、第一身分を構成します。その下位に位置したのが、騎士、官吏、裕福な自由市民、あるいは自営手工業者たちでした。そして、社会の最下層に位置づけられていた人々が、農奴、農民たちです。彼らには人間としての尊厳や人格など認められていませんでした。古代の奴隷たちのように、人間としてではなく物件扱いをされていました。彼らが置かれた状況は、家畜よりも過酷なものでした。

第三身分、すなわち社会の最下層に属する民衆の家庭では、子どもの日常生活はおとなのそれとまったく変わりませんでした。現代のわたしたちが想像する子ども時代は、この時代の彼らにはまったく存在しなかったのです。

子どもたちは、すでに幼少の時から自分の家や領主の城壁や宮殿などで強制労働に狩り出されていきました。結婚年齢はかなり早くて、女子の場合は一三歳で、男子は一八歳から二〇歳の年齢ですでに結婚するといった事例が多く見られました。これは、領主が統治する家臣・従僕の人数を少しでも増やしたいと考え、意図的に導入した婚姻政策の結果です。

この時代の人間の大半が、貧困と無知の生活の中で苦しみや悲しみに満ちた日々を過ごしていたといってよいでしょう。残念ながら、そうした現実はヨーロッパではその後数百年の間ほとんど変わりませんでした。

Drama 6

フランク王国から、フランス人とドイツ人が分立

カール大帝を継承した歴代君主は、残念ながらフランク王国を長く存続させることができませんでした。すでに、大帝の息子・敬虔王ルードヴィヒは、王国を分割して三人の息子たちに与えています。その際、彼がとった手法は王国をあたかも自分の個人的財産を勝手に処理できるかのごときやり方でした。二人の弟たちは結束して、長兄の皇太子ロタールに対抗しようとします。それが後八四二年に交わされたシュトラースブルク盟約で、弟二人は兵士たちの前で誓約を取り交わしますが、この誓いは西フランク族の兵士たちに対しては、古フランス語によって、また東フランク族の兵士たちに向かっては古ゲルマン語でそれぞれ朗読されなければなりませんでした。

そうしなければ兵士たちは、誓約の文言をまったく理解できなかったからです。すなわち、すでにこの時点で広大なフランク王国は、地理的のみならず使用言語の領域で境界線が引かれていたことになります。ロタール一族が死滅してしまった時、王国の大部分は東西のフランク族によって分断されていたのです。

この後に続く数世紀間、これら二つの分立王国では対立と紛争が多くの種族支配者の間でひっきりなしに発生しました。彼らは、内部にこうした困難な状況を抱えると共に、外部から再三攻撃を受け

ていました。それが、スカンディナヴィア半島に起源を持つ北ゲルマン族の王国襲撃です。ノルマン族やヴァイキング・ノルマン人たちの攻撃もありました。彼らは、西フランク王国の海岸地域を越えて襲来し、フランク王国の多くの土地を奪取していました。後八八五年には、外来軍はパリのすぐ近くにまで押しかけてきます。この古都は、フランク王国史において最重要な都市としての役割を果たしていたのです。

オド公爵はカペティンガー一族出身の支配者ですが、北方敵軍との間に激しい防衛戦を展開し、パリを死守しました。その功績によって名声が上がり、彼は他の領主たちから後八八八年国王に推挙されます。彼の死後、カロリンガー一族が王位の奪還に成功はしますが、後九八七年カペティンガー一族のフーゴーが王座に復帰、彼の統治時代に王朝支配の確立を成し遂げるに至ります。彼の統治は、実子ロベルトを自分の生存中に次期国王に指名し、その承認を他の領主たちにも求めた行為に象徴されていました。そして、確かにそれは成功を収め、その後歴代国王の選任も順調になされたといえるでしょう。

しかし、それが可能であったのは、歴代の国王たちの統治能力が抜群で後継者の育成にも成功したからなのです。実は、ここから世襲制統治が確立されていくことになります。王の宮殿は、パリに置かれました。同時に、その間有力な領主たちが数多く出現していますが、彼らのうち誰一人王座を奪取しようとは考えませんでした。これは、統一国家フランスの実現のために大変幸いな事態となりました。

カペティンガー家は、一三二八年まで消滅することなく長い歳月続いた王朝でした。王国と王冠安定化のための最大の功労者はフィリップ二世で、彼の統治時代に真の安定期が訪れたといってよいでしょう。彼は、イングランドに奪われていた領土の奪回を計画し、国内領主たちの積極的協力を得て

封主と封臣の間に交わされた「誓約締結」の一場面で，1827年フランス人画家の手による作品。縦5.1メートル，横9.5メートルの巨大な絵画で，当時のフランスにとってこの忠誠誓約がいかに重要な位置を占めていたかを物語っているといえよう。

実現に成功します。その際、国王は広範な〝国民感情〟を利用して、多くの人々に戦闘参加を呼びかけるのです。王侯貴族たちも、互いに誓約を交わし、ほぼ全員が国王に忠誠を誓って戦いに出陣したのです。

この誓約の締結と戦闘の勝利は、一二一四年七月の出来事で、イングランドに対する圧倒的勝利となりました。この時から、多くのフランス人の中に国民国家という思想観念が形成されるに至ったと考えてよいでしょう。

さて、フランク王国の東方地帯では、国王と並んで強力な権勢を保持した多くの領主が存在していました。彼らの頂点に立っていたのは、バイエルン、ザクセン、あるいはシュヴァーベン地域の領主たちでした。しかし、彼らはフランク王国が東西に分断されてしまったにもかかわらず、分断の初期段階ではなおカロリング朝を中心とした統一王国の実現に固執していました。

しかし、一〇世紀に入ると王朝が死滅してしまい、結局フランク王国の分裂はもはや既成の事実になってしまいました。それ以後、東側地域では本格的にドイツ国家建設への歩みが開始されていくわけです。後九三六年、東フランク地域の領邦君主たちはザクセン朝第二代国王オットーを、ドイツの初代国王に推挙します。オットーの神聖ローマ皇帝即位によって、ドイツにはカール大帝以後一五〇年ぶりに実力を備えた統治者が登場したことになります。事実、彼は即位後権力を誇る他の領主たちの無力化を推進し見事それに成功します。これは、彼が単に卓越した統治能力の所有者であるだけではなく、同時に秀でた武将でもある事実を証明した出来事でした。

後九五〇年、ベーメン人とメーレン・モラヴァ人、さらにはハンガリー人などが彼の軍門に次々と降りました。これら諸部族は、何十年来強力な騎馬軍団と共にくり返しフランク王国を襲撃し、略奪を欲しいままにしていた集団、元来ヨーロッパ大陸の東方地帯から遠征してきた種族でした。

軍将オットーが、彼らとの戦闘で決定的勝利を手中にしたのは、後九五五年アウグスブルク近郊のレヒ草原における戦いでした。オットーは、東方ハンガリー軍を徹底的に撃破したのです。それ以後、この騎馬軍団によるフランク王国遠征と略奪は終焉しました。皇帝オットーは、戦場で大々的な戦勝祝賀セレモニーを挙行します。それと共に、彼は王国内キリスト教会と修道院のすべてで戦勝感謝の記念礼拝の開催を命じます。これら一連の式典は実に巧みな演出によって進行し、結果的にオットーの勝利が大々的に宣伝されるに至りました。当然、彼の名声と地位は以前にもまして高いものになっていきました。

国王オットー一世は、カール大帝の後継者を自認していた統治者でした。ですから、この偉大な大帝と同じように振る舞い、彼は後九六二年ローマ教皇から皇帝の称号を拝領します。すなわち、「神聖ローマ帝国」初代皇帝の地位に就くことになったわけです。彼のこの皇帝戴冠の時から、歴代のドイツ人皇帝が再びローマ皇帝として帝国の統治に責任を担うようになりました。同時に、歴代皇帝は自らキリスト教庇護者の役割を果たす存在になっていきます。

Drama 7

ヨーロッパ北部の動向——スカンディナヴィア半島を中心に

ヨーロッパ大陸の最北端では、カール大帝の時代以降デンマーク人が、フランク王国からの分離と独立を求める動きを開始していました。彼らは、バルト海から北海にまで及ぶ長蛇の防御壁を築き、戦闘を通してデンマーク独立を可能にする体勢を準備していたのです。後九五〇年、ハラルド・領主ブラウツァーンはすべてのデンマーク人を統一王国に組み入れることに成功します。彼は国王として洗礼を受け、キリスト教に入信、同時に家臣たちの強い抵抗をはねのけながら支配下の王国全体をキリスト教化する政策を展開します。

ノルマン族系デンマーク人、別名ヴァイキング族は、九世紀以降フランク王国やイングランド、さらにはヨーロッパ南部地域にまで進出して欲しいままの略奪をくり返していました。後一〇〇〇年イングランド攻撃のため彼らは総力を結集し、クヌート二世の領導下にこの島国を徹底的に打ち破り、彼はイングランド国王の座にも君臨します。

しかし、北海を中心にしたデンマーク国王クヌートのこうした覇権主義的行動はスウェーデン人やノルウェー族にとって許容の範囲を越えていました。二種族は共同戦線を組み、デンマーク征圧に乗り出します。ところが、デンマーク人はこの攻撃を見事に阻止してしまったのです。のみならず、反撃にも成功し、その結果クヌートはノルウェー領土の一部をすら奪い取ったのです。クヌート二世は統治者として、この勝利を通して大国の支配者の一人になると同時に、当時のヨーロッパ諸国・諸部族の中でも最高権力者として認知されていくようになります。そうはいっても、デンマークのこうした権勢はわずか数年後に終わりを迎えます。一〇三五年に大王クヌートが死去すると、この国は再度小国に戻ってしまうのです。

ヨーロッパ大陸最北部の半島には、歴史的に元来ゲルマン系種族が多く居住していました。数世紀にわたる時間の経過の中で、シュヴェアー（スウェーデン）人がスカンディナヴィア半島南部の諸地域を占領・支配し、後一〇〇〇年の時点ですでに固有の支配領域を確保していたようです。それらの領域は、ほぼ現代スウェーデンが保持する国土と同じだと考えてよいはずです。

宗教的側面を見るならば、すでに九世紀以降ドイツ人のキリスト教宣教師たちがこの国のキリスト教化のために活動を開始していましたが、地元住民シュヴェアー人の激しい抵抗を受けてその活動は悪戦苦闘の連続でした。一〇〇八年、国王オルヴァ三世が受洗し、キリスト教に入信することによって、この国における宣教活動はやっと安定したものになっていきます。

戦う集団であり、同時に商人の一団でもあったスウェーデン・ヴァイキングたち（ヴァランク人とも呼ばれていました）は、当時ヨーロッパ大陸東部地帯の川や海を越え、激しい南下行動を開始していました。バルト海から黒海に至る通商・交易の往復路は、そうした彼らの動きの中で形成されるようになったのです。当時人々は、この通商街道を〝ヴァランク人から、ギリシア人にまで至る街道〟と呼んでいたとのことです。

スカンディナヴィア半島西部地域の歴史も、これまで略述してきた種族たちとほぼ同様な発展を示しています。この地帯は、九世紀まで実に数多くの種族が集団で住み着いていました。東方地域と同じように、彼らもまた戦いをくり広げ合っていたようです。後八七五年、そうした対立と小競り合いの中から他の部族を征圧して登場してきた種族長が、ハラルド・シェハールでした。ノルウェー王国の土台を築いたのは、この人物です。

しかし、この王国も彼の死後は崩壊してしまいます。その後、ノルウェーは長い年月デンマークとスウェーデン両国の支配下に甘んじる他はない辛い歴史を歩むことになります。

ヴァランク族出身の軍将ルーリック。1900年に描かれた作品。後860年ルーリックは，戦闘集団を率いて現在のロシア大陸にまで侵攻した。ヨーロッパ史では，多くの軍船と共に未知の世界や地域に突進する男たちを“野生の群れ”として記述し，北方ヨーロッパから南下してきた“ヴァイキング”の名前で有名になった。青少年向けの絵本や書物を通して，彼らは大きなロマンを提供しているといえよう。

Drama

8

アングロサクソン王国の誕生──アンゲルン人とサクセン人、そしてユトラント人

イギリス諸島の大部分は、かつてローマ帝国の領土の一部でした。四世紀に開始された民族大移動の時代に、帝国ローマは自国の軍隊を少しずつ撤収させ、主力をイタリア本国に侵攻してきた北方〝未開人〟、すなわちゲルマン種族との戦闘に振り向けようとしたのです。五世紀以降、イギリス諸島にはアングロ人とサクソン人が住み着くようになりました。後に、ユトラント半島から移住してきたユトラント人も居住民を構成しました。

彼らは、現代ヨーロッパの大陸北西部シュレースヴィヒ・ホルシュタイン地方から海峡を越えて渡ってきた部族集団です。時代の経過と共に、彼らは次第にまとまりのある単一部族、すなわちアングロサクソン族へと成長していったのです。彼らは支配権を確立すると共に、先住民族のケルト人たちを列島北西地域へどんどん追いやっていきます。そこが、今日スコットランドとウェールズと呼ばれている地域であることはあえて指摘するまでもないでしょう。

アングロサクソン族は、占領地域住民の抵抗や外部からの攻撃にもかかわらず五〇〇年間支配を継続しました。その間、一一世紀初頭デンマーク人ヴァイキングによる短い統治がありましたが、アングロサクソン族の上層領主たちはウェセックス出身のエドワードを亡命先のフランス・ノルマン

ディーから呼び帰し、彼をイギリス国王に選出するのです。

王侯貴族たちは、この人物が人間的に堅実な人柄であり、しかも政治領域にはそれほど大きな関心を寄せていない人物であることを熟知していました。外地からわざわざ彼を連れ戻し、国王に推挙したのはそのためです。彼らは、このエドワードが国王になったとしてもそれほど政治権力を拡大しないであろうと読んでいたのです。換言すれば、アングロサクソン族の権力者たちにとって強大すぎる権力を持つ国王は不必要だったということです。むしろ、彼らの率直な思いは、国王エドワードを表舞台に押し出すことによって自分たちの権勢をさらに拡大したかったのです。地元実力者たちのこうした野心は、その後一見功を奏したかに思われました。

しかし、その後の事態は、彼らの思惑を飛び越えてまったく別な方向へ展開していくのです。上流貴族・領主層の中で最強の影響力を保持していた一族に、伯爵ゴッドウィン家がいました。彼とその息子たちは、支配層の中で徐々に権力を掌握し始めます。国王エドワードに後継者となる実子がいないことを知った彼らは、国王の後釜をねらうようになりました。国王の死後、王冠を自分たちの手中に奪取したかったわけです。

ところが、国王はすでに王座を甥のノルマンディーのウィリアム公爵に禅譲する約束をしていました。一〇六六年一月、国王エドワードが死去しました。地元の貴族たちは、ハロルド・ゴッドウィンを王に推戴しようとする動きを示します。しかし、国王の血縁筋に当たるウィリアムとしては亡き叔父からの王位禅譲の約束を断念することはできません。王座への執着が当然あります。そこで、彼はフランス・ノルマンディーから一万人の兵士軍団を引き連れドーヴァー海峡を渡航し、島国イングラ

フランス西部の町バイユーに起源を持つバイユー・タペストリー（つづれ織）は今日でもよく知られたカーペットで，全長70メートル。ここには，1066年北方ノルマン人によるイングランド制圧をめぐる一部始終が描かれている。

ンドの地に総攻撃を仕掛ける行動に出ます。

一〇六六年一〇月一四日、ウィリアム公爵指揮下の軍隊はヘイスティングの戦闘でアングロサクソン軍を撃破してしまいます。敵将ハロルド・ゴッドウィンは戦闘中に殺害されてしまいました。〝征服者〟の異名がウィルアムにつけられました。彼は、ウェストミンスターの地でゴッドウィンに代わり、イングランド王国の新王に着任します。自分の権力維持のために、新王はアングロサクソン系上流階級の総無力化政策を断行します。

その代わりに、彼は自分が絶対的信頼を置くノルマン系フランス人貴族たちを、政府の管理と運営のため多数登用します。これらの貴族階層は、イングランド上流階級の使用言語でもあったフランス語に堪能な人々です。国王ウィリアムは、イングランドの国家機構とキリスト教会の秩序化と組織化のために、フランス式生活様式を大幅に導入する政策を推進しようとしました。

ウイリアムは、イングランドの元首・国王でありながら、同時にフランスのノルマンディー公爵としてその統治を続けました。フランスにある領地の放棄など、彼にはまったく考えられなかったからです。

実は、この事実関係がその後絶えざる紛争の火種になったの

1215年6月12日に締結された「マグナ・カルタ・リベルタートゥム」は，ヨーロッパの議会制民主主義制度と理念の根底を形成する記念碑的歴史文書だといえよう。

でした。なぜならば、フランス王国の歴代統治者たちにとって、こうしたイングランド国王ウィリアムの態度はきわめて不快な目の上のタンコブ、大変目ざわりであり鋭いトゲに映ったからなのです。

他方、イングランド王国の領主たちにとっても、国王ウィリアム、さらにはその後の歴代国王たちがしばしばフランス国内の領地ノルマンディーに出かけ、そこに長期滞在しながら王室の土地や財産を必死に確保しようとする姿は、決して快適なものではありませんでした。当然、国王のこうした長期にわたる母国不在を巧みに利用しようとする貴族たちが出現し、自分たちの政治的影響力を拡大しようと動き始めます。国王ジョン・オーネランドが、このノルマンディー帰属をめぐる戦いで敗北を喫した時、そうした貴族たちの中には好機が到来したと考える人々もいたのです。戦闘によって弱体化した国王ジョンに対して、イングランドの貴族たちは一二一五年有名な勅許状「マグナ・カルタ・リベルタートゥム」（大憲章）への署名を強要するに至ります。

後に、世界的によく知られるに至ったこの重要な署名書によって明確になったことは、イングランド国王は領主や司教、あるいは貴族階層の同意なくして、いかなる課税措置も講じてはならないという、具体的案件に対する禁止事項の相互承認でした。そして、この国王を監視する機関が、上層貴族層から構成された組織です。

時代の経過の中で、一つの機構が成立しました。それは、国王は国家の重要案件に関する決定を下す際、自分に助言を与える機能を担う組織と必ず合議しなければならないという諮問組織です。それによって、国王が所有する権限に対する最初の制限措置が現実に設置されたわけです。同時に、これが後日議会制民主主義、すなわち有権者を代表する議員たちによる共同合議という民主的決定の道程の萌芽になりました。

Drama 9
ヨーロッパ東部の動向——野生と未開拓の地帯

四世紀以降、ヨーロッパ大陸の東方地域にはスラブ系部族が数多く居住してきました。相互の戦闘も数多くくり返されていました。そうした時間の経過と共に、最後は優勢を誇る強い種族が生き残り、そこに独自の王国を建設するに至ります。

九世紀に入ると、そうしたいくつかの強国の一つとしてキエフ王国が誕生しました。その地に居住してきたスウェーデン系ヴァランク人による支配と統治が、いよいよ開始されるわけです。彼らは、ルース（Rus）と呼ばれましたが、この言葉はフィンランド語から派生した言語系列に属しているようです。そこでは、ルオーチ（Ruotsi）とルオーツァライネン（Ruotsalainen）という表現が使用されていて、それぞれスウェーデンの大地・国、およびそこの住民全体を意味していました。後に、このルースという名称がキエフ王国に居住する全住民を指す言葉に変化していきました。キエフ王国は、現代のロシア大陸西側、すなわちヨーロッパの東部地域、ウクライナ地方、あるいは白系ロシアに至る地域までを包摂した王国になったのです。

しかし、すでに一〇世紀には別の王国が出現し、キエフ王国と覇権を争う強大な国として歴史の表舞台へ登場してきます。これら二国は、互いにヨーロッパ東部地帯の主導権をめぐって戦いをくり広げるに至ります。当時、この地方一帯を旅行したあるユダヤ系商人は、次のような見聞談を書き残しています。

「この地方一帯、すなわちミュスコス大公国に関していうならば、この地方は近隣諸地域において最も発展した地域です。穀物や肉、蜂蜜、あるいは魚介類などが本当に豊富にあるのです。さらに、このミュスコス大公国には三〇〇〇人を超える重装備騎馬部隊が控えていて、彼らの戦闘能力は文字通り一騎当千の強靭さによって証明されています」。

ミュスコスは、ポラーネン地方の公爵でした。現代ポーランドの国名は、この地名に由来しています。後九六六年、彼は洗礼を受けてキリスト教徒になりました。同時に、この国のキリスト教化に力を尽くした人物でもありました。ポーランドが、ヨーロッパ諸国の中でも古来キリスト教を基盤とした国家形成を推進してきたのは、まさに彼の統治以降のことです。彼の息子ボレスラフは、ポロニア王国の初代国王になりました。この国名は、後一〇〇〇年以後の名称です。彼の統治は大変強力なものがあって、よく訓練された軍人たちがシュレージンやポンメルン、あるいはメーレンといった諸地域を制圧し、占領するようになりました。その後、ポーランド軍はさらに東部地域へと行軍を展開し、キエフまでの諸地域をその支配下に置いてしまいます。

しかし、この強国の出現はドイツの君主やキエフ王国の貴族たちに許容できない大きな障害物と映りました。数回に及ぶ戦闘によって、ポーランドはそれまで独占していた領域の大半を失うことになってしまいます。最後に残された土地や境界線地帯は、ほぼ今日のポーランドのそれらと大差ありません。その後数百年間、この国は有為転変の歴史の流れの中に投げ込まれます。とりわけ、東方ロシアと西方ドイツという両大国によって基本的な方向が決定されていく歩みを余儀なくされてしまうのです。

ポーランド南側に位置する近隣諸国に、マジャール王国とハンガリー王国がありました。ところが、これら二部族は民俗学的に、スラブ系種族に属しません。彼らの本来的誕生地はウラル山脈とカスピ海の中間地帯にあると考えてよいでしょう。そこから、時代の経緯の中で数世紀をかけてヨーロッパ大陸西方地域への移動が始まったのです。

後九〇〇年頃、彼らはカルパート山脈を越え現在の土地に定着するに至ったのです。ティサとドナウ川中流一帯の肥沃な土地におよそ一万世帯が最終的定住をするようになります。しかし、勇猛果敢な遊牧民族でもある彼らは、その当時まだこの地に永住しようとは考えていなかったようです。かつて、フン族がローマにまで遠征していった時のように、マジャール人は不安心理と恐怖感をヨーロッパ世界に撒き散らしたのです。俊敏に駆けめぐる騎馬軍団の攻撃によって、彼らは略奪を重ねました。さらには、北海方面にまで出陣、あるいはフランス、イタリアなどヨーロッパ大陸南部地域にまで南下を試みました。東ローマ帝国の首都ビザンティンの玄関口に押しかけてきたこともあります。しかし、彼らは、レヒ草原の戦闘での敗北後最初の地域に定着を決定するようになったわけです。この戦いは、後九五五年アウグスブルク近郊で展開された記念すべき戦闘になりました。

マジャールの人々が使っていた言葉は、ヨーロッパ大陸近隣諸族のそれとは完全に異質な言語でした。それは同時にスラヴ語でもなく、ゲルマン語でもありません。あるいは、ギリシア語系でもないし、ロマン語などとも共通性がありません。この異質な言語は、ヨーロッパ諸国の中では唯一フィンランド人や、エストニア人が使用していただけでした。エストニア人は、このマジャール人同様、フィン・ウゴル系民族に属していたと考えられます。

彼らの風俗や習慣は、フン族のそれとも共通性を持っていました。そこから、彼らがフン族やウゴル族からある時期に、ラテン系ハンガリア語を使用する集団に成長したのだとの理解も登場したのでしょう。現代でもこうした痕跡は、例えば国際自動車標識の大文字に、ハンガリアの「H」が使用されている事実を見れば一目瞭然です。

定住後、スラブ系諸族との段階的融合が開始されました。一〇世紀末には、賢君として有名なゲザ大公がハンガリー王国を統一し、王として君臨します。彼は、その際こうした複数民族の融合に反対をしませんでした。彼が君主として獲得した確信によれば、将来にわたるハンガリアの唯一の延命の道は国民のライフ・スタイルを根底から変えることにあるというものでした。そこで、彼はその実現のために自国をヨーロッパの西側諸国のように、キリスト教化すること、すなわちキリスト教の導入を政策として掲げたのです。

もっとも、彼自身はこの新宗教を受け入れて、信徒になることはしませんでした。その代わりに、国王は一〇歳の王子ヴァジクにシュテファン（一世紀キリスト教の初代殉教者ステパノ）を入信名として、受洗までさせました。そうした行動をとらせたのは、国王がただ単にキリスト教を純粋に理解しようとしたからだけではないはずです。彼には、閨閥・結婚外交の可能性打診という意図もありました。

この王冠の絵で目を引くのは，最上部にある十字架が左に傾いている点だろう。伝説によれば，1440年に宮廷のある女官がこの王冠を無教養な国王ヴァディスラフ１世から盗み出し，ウィーンに運ぼうとした折損傷した名残だという。国王の死後，この王冠は再びハンガリーに運ばれたが，曲がった十字架はそのままにされたといわれている。

事実、後に王子ヴァジクはドイツ・バイエルン公爵の娘と結婚するに至るのです。この婚姻成立によって、ハンガリア王国は西ヨーロッパ諸国とより深く強い結合関係へと進むことが可能になったのです。

新国王シュテファンは、父親のこうした外交政策を継承します。彼は、イタリア・ローマ教皇の祝福と認知が絶対必要だと考えるに至りました。母国ができる限り早く西側ヨーロッパ諸国から正当な一員として承認されるための布石です。そこで、彼は神聖ローマ皇帝の支援を取りつけ、計画の実行に移ります。先ず、ローマ教皇シルヴェスターから、ハンガリア国の格上げ同意を取りつけます。教皇は、一司教区にすぎなかったエスツェルゴム・グランを大司教区にまで昇格すると同時に、シュテファンをハンガリア国王として正式認知するのです。これは、一〇〇一年一月一日の出来事です。

国王シュテファンが、その王冠を神聖ローマ皇帝の手からではなく、カトリック・キリスト教会の最高権威者ローマ教皇を介して直接受領したという事実は、この国の将来にとって決定的に重要な意味を持つことになりました。その後、この「シュテファンの王冠」は現代に至るまでハンガリーの自主独立を象徴する代名詞になりました。

第Ⅱ部　ヨーロッパ世界の《展開》——古代から中世へ

Drama 10

誰が、権力を掌握したのか？

国家を建設したいという大きなうねりは、一〇世紀および一一世紀ヨーロッパの政治地図を根底から変えてしまいます。そうした奔流の中央に君臨した国が、神聖ローマ帝国でした。この帝国は、その後一〇〇〇年も続くことになるヨーロッパ最大、そして最強の国家となっていきます。

世界史のこの時期には各地域に帝国が数多く誕生し、それぞれ独自な性格を発揮しているのですが、神聖ローマ帝国の場合、それは国家と宗教の関係として出現しました。すなわち、キリスト教がほぼ国家宗教に近い公認の宗教として存在するに至るという顕著な特徴を指し示すのです。

しかし、たとえキリスト教が国家の庇護のもとで強力になり進展していったとしても、教会を取り巻く周囲の社会状況は必ずしも楽観を許さないものがありました。先ず、帝国の中に生活している民衆の多くは、国家公認のキリスト教が存在するにもかかわらず、昔と変わらず民俗的土着宗教のもとで毎日を過ごしていたのです。農山村にある教会司祭たちの生活は貧しく、所属信徒に対する司牧上の配慮よりも、自身の住居や生計維持のために神経と時間を注がざるをえないのが実情だったのです。都会にある教会の指導者・上級聖職者たちは、大半がお世辞にも模範的とはいえない宗教生活を送っていました。

修道院も、世俗化を加速させていきました。こうした現状を厳しく批判した信仰改革運動が開始されるのは、もはや時間の問題でした。改革運動は、フランス南東部ブルゴーニュのベネディクトゥス・クリュニー修道会から始まり、広くヨーロッパ全域にまで展開されていく運動になりました。この修道士たちは、「祈り、そして働け！」（ora et labora）に凝縮される信仰生活を提唱した導師・修道士の聖ベネディクトゥスの精神に立ち返る改革運動に乗り出していくわけです。

しかし、修道士たちの批判は、単に修道院の現状批判にとどまりません。彼らは、世俗化されすぎたこの時代のキリスト教会に対しても、厳しい批判を浴びせかけたのです。事実、カール大帝以降帝国の統治をめぐる教会（宗教）と世俗社会（政治）の関係はどんどん緊密なものへと変化して行きました。そこから、大きな本質的問題として議論されたのは、宗教世界と世俗世界、この両者のあるべき関係とは何であり、どこに見出されるのかという論点でした。二つの世界における本来的統治に対する問いかけが、今やあらためて提出されたわけです。

ところで、ドイツ人皇帝のハインリヒ三世は歴代諸皇帝同様に、自分をキリスト教世界の庇護者として位置づけていた世俗界の統治者でした。彼はそうした自覚に立って、教会内部に発生した信仰改革運動とそれを契機にした対立と紛争に対して、皇帝の立場から決着をつけようと考えました。そこで、皇帝は教会司教たち、果てはローマ教皇までをも、一方的に、すなわち彼らから事前の了解を何一つ取りつけないままに、解任する行動に出たのです。

当然のことながら、教会陣営は皇帝のこの措置に激怒します。皇帝ハインリヒが三九歳で死去し、皇太子がハインリヒ四世として若年で帝位を継承した際、教皇は今や好機到来とばかりに大反撃を開始するに至ります。七人からなるローマ教会枢機卿たちは、世俗世界の最高権力者、すなわち神聖ローマ帝国の皇帝の介入を一切させぬまま、一方的にカトリック・キリスト教という宗教界の最高権力者、ローマ教皇を選出してしまったのです。

一〇七三年、クリュニー修道会所属のヒルデブラントがグレゴーリウス七世として、ローマ教皇の〝聖座〟に着任しました。彼は、非常に敬虔な信仰の所有者として知られ、自ら教皇として文字通り神の代理人である立場に絶対的確信を持っていた人物でした。聖座への着任二年後、グレゴーリウス七世はきわめて先鋭的な内容の「教皇回勅」（Dictatus Pape）を内外に発表しました。そこには、この指導者がどのように宗教界と俗界の関係を理解していたかが、明快に表明されています。以下のような箇条書き文章です。

1. 司教たちの叙任権と罷免権は、ただ教皇にのみ存する。
2. 皇帝の表章（王冠・王杓など、統治の可視的記章――訳者注）を采配できるのは、ただ教皇のみである。
3. 帝国内領主は、すべて教皇に服従しなければならない。彼らは、口づけをもって教皇の足元に平伏し、恭順の意を表明しなければならない。
4. 皇帝を解任する権能は、ただ教皇にのみある。
5. 教皇の審判は、それに何人も意義申し立てをしてはならない。
6. 教皇の座に関して、何人も異議申し立て訴訟を起こすことは許されない。

7．悪しき支配を行う統治者に対する臣下の恭順誓約を解除する権能は、ただ教皇にのみある。
8．ローマ・カトリック教会は、古来一度も誤謬を犯さなかった。また、カトリック教会は永遠に誤謬を犯すことはありえない。

しかし、グレゴーリウス自身は、この先鋭性を帯び突出した教皇回勅の発布を通して、神聖ローマ帝国の多くの領主たちと交渉し、何らかの妥協点を探ろうなどと考えていたわけでは毛頭ありませんでした。彼の真意は、そこには全然なかったのです。反対に、教皇はこの回勅の文章通り、何の抵抗もなくすべてが貫徹され、実行に移されていくであろうと信じて疑わなかったのです。

ところが、今回はヨーロッパ諸地域の支配者たちがこの回勅に触れ、激怒したのです。その中でもローマ皇帝ハインリヒ四世の怒りは、すさまじいものがありました。青年皇帝には、教皇から送付されてきたこの回勅を容認することなどとてもできません。特に、彼は司教任命権を手放したくありませんでした。なぜなら、叙任権とも呼ばれたこの権限を失うことは彼をきわめて不利な立場に立たせることを意味したからです。

そこで、皇帝は自分と気脈を通じ合える司教たちをイタリアのいくつかの司教区に任命するという示威的行動に出たのです。これに対して、教皇は早速一通の手紙を書き送り、正面からハインリヒと対決しようとします。その書簡は、次のような言葉と共に始まっています。

「主なる神の下僕《しもべ》中の下僕である兄弟グレゴーリウスが、挨拶とキリストの使徒としての祝福をもって、この書簡を皇帝ハインリヒ宛に書き送る。ただし、それは皇帝がキリスト者として、真にふさわしい存在である限りにおいて有効な挨拶と祝福である」。

すでに、この書き出しの文言に教皇の書簡送付の意図がすべて言い尽くされていると考えるべきでしょう。しかし、さらにグレゴーリウスは、この後に続く文面でいっそう具体的に断言しているのです。すなわち、もしもハインリヒが皇帝として、教会の最高統治者である教皇のグレゴーリウスに従順でないのであれば、その行為は神の前に犯した大罪とみなされるであろう。その時には、皇帝はキリスト教会から完全に破門されるであろう。教皇は、そうした強硬な姿勢に終始した対応をしているのです。

「売り言葉に、買い言葉」の格言通り、皇帝ハインリヒと彼の側近者たちは、直ちに教皇宛に返信を書き送ります。それを見ると、ローマ教皇はそこで「ハインリヒの兄弟」としか位置づけられていません。さらに、この返信書簡では、教皇グレゴーリウスがかつて修道士時代「ふしだらな信仰生活を送り、教皇の座も不正手段を弄して入手した」との非難もなされています。その上、教皇就任後もグレゴーリウスは「周囲に不和の種を撒き散らし、教会に対して恥の上塗りを重ねている」とさえ批判しているのです。

この反論書簡に対して、破門者の教皇は、皇帝を「皇帝を自称するハインリヒ」と呼び捨てた表現を使って反撃を開始します。教皇は、正式文書によって皇帝を教会から破門します。破門された身分である以上、もはや教皇の臣下ではなく、君臣の誓約も破棄されざるをえませんでした。ゆえに、皇帝ではない――そうした解釈がここになされているわけです。

「神聖ローマ皇帝ハインリヒが教会から破門された！――の知らせが、帝国下に生きていた人々の耳に届いた時、すべての人々は一様に驚愕し、震え上がりました」。

これは、ある同時代人の一人が書き残してくれた当時の記録からの一節です。この事態は、少なくともごく普通の庶民には完全に理解能力を超えた事件として映ったのです。自分たちが属する帝国の、しかも最上位の統治者である皇帝が、あたかも犯罪人でもあるかのごとく処遇され、その挙句キリスト教世界から永久破門されてしまったからです。一般民衆にとって、こういった出来事はそれまでの帝国の歴史の中で一度も体験しなかった驚愕すべき事態だったのです。

教皇による皇帝破門は、直ちに目に見える効果を生み出しました。ヨーロッパ各地の大半の領主たちは、間髪を入れず教皇グレゴーリウス支持の態度表明をしたのです。そうしなければ、いつか自分たちも、このハインリヒ四世のようにローマ教会の最高権力者から破門されかねないと恐れたからです。しかし、彼らは同時に皇帝の教会破門を契機にして、自らの権力と影響力の拡大もねらっていました。

皇帝ハインリヒにのしかかる圧力は日増しに増大します。結局、彼は教皇グレゴーリウスとの和解のためにイタリア出立を決行せざるをえなくなりました。〝荒布を身にまとった〟改悛者の装いで、ハインリヒ四世はカノッサの城に赴き、教皇の前に平伏して反逆に対する罪の赦しを乞うのです。グレゴーリウスは、ともあれ神の愛と赦しに生きるキリスト者として決断せざるをえません。

最終的に、教皇は目の前で罪の告白をし、赦しを乞うている皇帝を再度キリストの聖なる教会の中に受け入れます。すなわち、破門状の撤回です。こうして、ハインリヒ四世は〝カノッサ詣《もうで》の皇帝〟として、長く歴史にその名をとどめることになったわけです。

他方、彼は世俗世界の聡明な統治者でもありました。この事件以後、皇帝と教皇の関係は安定するどころか、かえって対立がより深刻化していきます。双方が互いに歩み寄るまでには数十年の歳月が必要とされました。先ず、イギリスにおいて、次いでフランスで、さらには神聖ローマ帝国内部で、和解に向けた胎動が開始されていくわけですが、一一二二年それは具体的なかたちをとるに至ります。両者が、いわば妥協の産物とも表しうる相互の約束条項、すなわち〝ヴォルムス協約〟と呼ばれた相互協定を締結するのです。

ハインリヒ４世は，クルーニュのユーゴ大修道院長とトゥチェンの辺境伯爵夫人マチルダの前に跪き，ローマ教皇グレゴーリウスへの仲介の労をとってほしいと切願している。

この協約には、宗教界と一般世俗界双方の責任と権利が、それぞれ記載されています。この協約締結によって、後世の人間が「教会と国家の分離」を中心に議論するに至る主要テーマに関して大きな前進がなされたことになるのです。

しかし、同時にこの協約には、ヨーロッパ・キリスト教世界全体の最高権力者としてのローマ教皇の地位が、併せて確約されている文言があるのです。その事実も忘れられてはなりません。

Drama 11

十字軍遠征——ヨーロッパ世界とアラブ世界の遭遇

中世の人間にとって、宗教は抽象的な存在ではなくきわめて直接的なものでした。キリスト教信仰が日常生活と人生の根底を形成していました。人々はキリスト信仰に基づいて未来に対する希望を抱き、この地上の今の生活がもたらす苦しみや悩みが、天国に行けば正しく報われると確信して日々を生きていました。

しかし、そうした信仰の道をうまく進められない人々は、神に赦しを乞い、罪の懺悔を行わなければなりませんでした。キリスト教徒の多くは、彼らの主イエスが日々を過ごし苦難の人生を歩まれた聖地、すなわちパレスティナの地エルサレムへと巡礼の旅を計画したのです。現地のパレスティナ人、イスラム教徒でもあるアラブ人たちは、最初キリスト教徒たちのこの巡礼旅行を快く許容しました。

ところが、一〇七一年トルコ系セルジューク人がこの地域を占領したのです。彼らは、この巡礼団を利用価値の対象だと位置づけ、そこに格好の収入源を見出したわけです。巡礼団がこの〝聖なる土地〟エルサレムに入る際、いわば〝入場料〟の徴収を開始したのです。巡礼者たちはパレスティナからヨーロッパに帰り、人々に彼らの〝忌まわしい〟体験談を報告しました。現代の私たちからすればこれはかなり誇張された報告だというべきでしょう。けれども、ローマ教皇のウルバン二世にとってこれは無視できない事柄であると同時に、絶好のチャンスにもなったのです。〝異教徒〟イスラム教信者に対する先制攻撃の格好の口実になったわけです。一〇九五年、教皇はヨーロッパ在住のキリスト教徒たちに向かって、燃えたぎる口調でトルコ人、すなわちイスラム教徒に対する戦いを呼びかけます。

「呪われた民族、神なき群れの手で、キリスト教徒の聖なる土地が暴力によって奪い取られてしまいました。彼らは、そこを略奪し焼き払ったのです。（中略）わたしは、この不信の民に対し武器を取って戦わんとするすべてのキリスト信徒に宣言します。この聖なる戦いに参加すれば、その報酬として犯したあらゆる罪科が完全に赦され、永遠の生命が約束されるであろうことを」。

教皇のこの呼びかけは、ヨーロッパ全土に巨大な反応を引き起こしました。この呼びかけはもともと主に貴族や騎士たちに向けてなされたものでした。しかし、農民や手工業の従事者層、さらには家庭の女性たちにも実に大きな反響を呼んだのです。三三万人もの人々が教皇のこの呼びかけに応えるべく参集してきました。とはいえ、キリスト教徒のこの〝聖戦〟参加の動機に関しては、決して一枚岩ではなく多様な動機があったはずなのです。

彼らの中には、単に現世の過酷な生活から抜け出したい人々もいたはずです。また、遠征に参加すればたくさん獲得物があるかも知れないと考えた人間もいたでしょう。さらには、純粋に信仰面から判断し自分の魂の救済を願い参集した人々もいたはずです。ヨーロッパ全域で遠征に向けた〝十字架軍団〟が組織され、一〇九六年八月に十字架の旗を掲げてパレスティナ遠征が開始されます。

住民たちの激しい抵抗も功を奏さず，タルソスの町はヨーロッパからこのパレスティナへ遠征してきたキリスト教十字軍団に，町を空け渡す破目となった。その生々しい光景が14世紀に制作されたこの挿絵からも十分伝わってくる。

三年後、第一期十字軍遠征は初期の目的を達し、パレスティナの地に到着しました。キリストの名のもと、十字軍団はエルサレムを占領し、すでに定住していた現地イスラム教徒やユダヤ教徒たちの間に恐るべき血の粛清がくり広げられるに至ります。ヨーロッパ人は先住民であるトルコ人たちを追放し、そこに故郷へ帰らなかった人々によって〝小都市〟とも呼びうる彼ら独自の共同体を形成しました。当然、先住民から脅かされます。そこで、彼らはヨーロッパ諸国に支援を要請し、それがさらなる十字軍の派遣という結果をもたらします。遠征が継続されました。

しかしながら、こうした遠征軍の派遣によってもエルサレムと彼らの聖なる土地をキリスト教徒が手中にすることはできませんでした。一三世紀に入るや、この土地は再びイスラム教徒の手に奪還されてしまうからです。

この遠征は、〝軍事〟的には何の成功ももたらしませんでした。けれども、キリスト教・ヨーロッパ世界にとってこのオリエント行軍は、大変重要な意味を持つに至ります。すなわち、大陸の西方に生きるヨーロッパ人は歴史上初めて自分たちの水準を超え、卓越した文化を所有する東方オリエント世界と接触することが可能になったのです。遠征軍を構成した人々の大多数は、都市ではなくむしろ農山村といった地方の出身者で占められていました。彼らは、パレスティナに出かけ、そこで初めて華やかな都市社会に触れたのです。平屋の家屋ではなく、二階、三階建ての華麗とすらいえる建造物、公共の浴場施設、病院、薬局、威厳に満ちたモスクの建物、あるいは学校施設を生まれて初めて眼前にしたわけです。彼らはそこで、ビロードや絹の原料、さまざまな陶芸・ガラス製品、オリエント風の香辛料などに触れる機会を得ました。

西方と東方世界間の交易は、すでに十字軍遠征以前の時代から増大し、十字軍遠征と共にイタリアのヴェネツィアやピサ、あるいはジェノヴァなどは裕福、また強力な港湾都市として海外貿易の中心に成長していったのです。同時に、多くの物資の流入と並んで、東方アラブ世界の医学や自然科学に関するさまざまな知識、アラビア数学、さらには古代アラブのユニークな文化遺産が西方ヨーロッパ世界にもたらされ紹介されたわけです。

やや誇張していうならば、一一世紀末に開始された十字軍遠征は所期の目的遂行など結局できなかったのです。キリスト教徒は最初自分たちの〝聖地〟を占領したイスラム教徒、しかも文化水準ではヨーロッパ人より劣っていると思い込んでいた異教徒から奪還し、解放するために、わざわざ遠征軍を組織したわけです。ところが、実際彼らキリスト教徒がパレスティナの地にやってきて、目の前にしたのは自分たち以上に現地の人々が文化面ではるかに卓越しているという現実だったのです。

換言すれば、キリスト教徒はイスラム教徒から学ぶことが多くあったとしても、決してその逆ではありえなかったという体験をしたわけです。しかし、そういう意味において、ヨーロッパ・キリスト教遠征軍、それゆえに西方オクシデント（原意は〝太陽が沈む地域〟）世界は、東方オリエント（〝太陽が昇る地域〟）世界から、実は多大な利益を得たことになるわけです。

Drama 12

自由都市と自主市民層の勃興

丘の上に聳え立つ城と往時の堅固な勇姿を思わせる砦の廃墟は、すでに過去の遺物となった騎士の時代を髣髴《ほうふつ》させてくれます。騎士たちの人生と生活は、今もなお幾多の書物や映画の格好なテーマとして現代人を魅了しています。その際特徴的だと思われるのは、これら中世騎士たちの生活や人生がいつも理想化される中に語られ、あるいは描写されているという事実です。

騎士とは、元来何よりも先ず重装備の戦闘服で身を包み、自分が誓約を交わして仕える君主と共に勇躍戦場へ出陣する存在を指しています。騎士はいわばそれ以外の何者でもありません。しかし、時代の変遷と共にこうした存在様式が除々に変化を遂げ、きわめて厳格な秩序や規律を重んじる独自の身分制度へと発展していくことになったのです。そうした変化は、先ず人間教育から開始されました。そこでは、城や宮廷の小姓や近習などがただ単に乗馬と戦闘の訓練を受けるだけではなく、善意に満ちた礼儀正しい人間としての言動が要求されたのです。

とりわけ、彼らが厳しく訓練されたのは、騎士道のあるべき精神が単なる自己利益の追求にあってはならない、いわんや名誉心の満足などにあるべきではなく、むしろ信仰の節操を守り、正義を実践することにこそあるのだという認識でした。真実な騎士とは、社会で弱い立場にいる人間、困窮の中にある人々に喜んで支援の手をさしのべる行為にある。そして、自分自身は信頼の厚い、誠実さや気品に溢れ、寛容な心を抱き、恐れなど感じさせぬ勇気を持った、そして欠点のない人間を目指さなければならない——こういった精神を、騎士たちは厳しく叩き込まれたわけです。

確かに、これは実に人をうっとりさせ奥妙な響きのする修養徳目だというべきかも知れません。しかしながら、現実は騎士たちも決して聖人などではなくごく普通の人間でした。騎士の全員がこうした倫理的・道徳的要請を忠実に受け止めた生活をしていたわけではありません。それは至難の行でもありました。わたしたちは、そうした具体的実例として野党騎士集団を想起できるはずです。

ところで、騎士たちにとって、城砦での日々は決していつも快適であったわけではありません。む

ヨーロッパ中世に出現した騎士たちの生涯は，大別して3行程を踏襲する。第1期は，近習・小姓時代，次いで騎士叙任式を経て正規の騎士道に入る。最終段階として，臨終期がある。上の図解 La chevalerie（騎士制度，騎士道を意味するフランス語）は，フランスの騎士たちの一生を図柄で紹介している。制作年代不詳。

しろ、それは単調そのものの毎日でした。ことに、厳しい寒さに見舞われる冬の城砦生活は、快適でも豊かでもありません。そこで、気晴らしとして彼らが開発し熱中したのは、馬術競技（騎馬戦）や地域の各種祝祭典（お祭り）への参加、あるいはミンネゼンガーと呼ばれた恋愛詩歌の朗誦と披露などでした。

騎士たちは、自作の詩や歌を伴奏楽器に合わせて人々の前で朗々と歌い上げるわけです。ヨーロッパの中世文学に決定的影響を与えたといわれる伝統的吟遊詩人たちと、これら騎士集団の歌い手たちとの間には、顕著な相異があります。前者が高い教育を受け豊かな教養に溢れた人間たちの言語で、すなわちラテン語によって作詞・朗誦したのに対して、後者の騎士たちはむしろ一般民衆の生活言葉を使って詩を作り、朗読し、そして歌を披露し合ったのでした。この騎士集団から成立してきた作品が、イギリスのアーサー王と円卓騎士団物語であり、中世ドイツ（一二二〇年代）の英雄叙事詩ニーベルンゲンの歌であるといってよいでしょう。騎士の時代は、一三世紀にはすでに終わりを迎えます。

騎士に代わって歴史に登場してきたのが、都市と自立的な市民階級です。両者には共通の特徴がありました。それは、急速に成長してきた通商・交易の活発な展開に双方が深く関係していたという点の特徴です。その中央に広い交易市場を伴った新しい都市が、ヨーロッパの随所に誕生してきました。

通商路の主な交差場所に、渡し船で往来する河川の両岸で、海路の港湾地で、あるいは城砦や修道院に隣接した地域などに、新しい都市がどんどん成立し、それに平行して人間の移動も開始されたのです。こうした場所や地域に大勢の商人や職人集団、あるいは自由農民たちがそれぞれの生産物を携えて参集するわけです。

しかし、こうした場所で外来者としての彼らが商売や取引を始めるためには、前もってその地域・場所の実力者、あるいは修道院などの上位聖職者に、いわゆる上納金（場所代）を納めなければなりませんでした。そして、これは地域や教会にとって潤沢な収入源になったのです。都市は次第に裕福になっていきます。それを悟った都市の統治者たちは、できるだけ多勢の商人や職人を自分たちの地域に移動させようとあれこれ策を講じるのです。他方、効率よく商売や取引を展開したいと願う側の人間も、自分の製品や商品を多く買い求めてくれる人々、すなわち顧客がどれほど多くその都市に参集してくるかに大変神経を使います。居住地の変更は、それが最終的決め手になります。ですから、土地の実力者たちの努力は、いかに多くの人々を自分たちが統治する場所に引き寄せるかに集中されていきました。

この時代に勃興した自立的都市と市民層の一風景。

「この都市（街）は、自由で実に住みやすいぜ！」——このうわさに惹かれて、大勢の人々が他地域から移動してくるようになれば、そこは大都市に成長していくことが可能となります。職人の手工芸や物品の売買交易が盛んに展開されると、ほどなくそうした社会に全体を取り仕切る元締め階級や経済的に裕福な市民層が誕生し、彼らがこうした新都市で強大な影響力行使を開始するようになります。都市の重要な政策決定に、彼らは大きな影響を与えるに至るのです。ほどなくこうした社会階層は、人々から古代ローマの階層の呼称でもあった都市貴族と呼ばれるようになりました。

しかし、こうした都市が生み出した自由は、社会の貧しい階層と富める階層の格差解消には何の貢献もしませんでした。新興都市には、富裕階級のすぐ横に下働きの女や男たち、棟梁のもとで丁稚奉公をしている若年労働者、毎日をただ食いつなぐのが精一杯という貧しい人々、あるいは自由の享受など最初から考えられない階層の人々が同時に生活していたのです。

さらには、当時ヨーロッパの多くの都市にある別なグループが、一般社会から隔離された地域に居住していました。それがユダヤ人集団です。彼らは、ローマ帝国の追放令によって故国のパレスティナから駆逐されたユダヤ教徒です。後二世紀前半以降、ユダヤ人はヨーロッパのいたる地域でディアスポラ（流浪の民）と呼ばれる生活を余儀なくされてきた人々です。彼らが告白する一神教信仰、すなわち主なる神ヤハウェに対する絶対的信頼とその生活習慣は、彼らに非常に強固な共同体意識と一体感を生み出しました。中世ヨーロッパの多くの都市で、ユダヤ人は一般キリスト教社会から隔絶された居住空間の中で共同生活を送っていたのです。当時人々はその場所を、ゲットーと呼んでいました。

一二一五年以後、ユダヤ人は他のキリスト教系・ヨーロッパ人と明白に識別可能な特殊な衣服の着用が義務づけられました。例えばユダヤ人男子は頭の上に先の尖った帽子をかぶらされ、すべてのユダヤ人には上着の胸部に黄色の記章（ダビデの星）縫いつけの義務が課せられたのです。こうして、すでに中世に突入する時代から、ヨーロッパ社会ではユダヤ民族に対する嫌がらせや暴行が頻発したのです。それらがユダヤ人迫害や殺害にまで突き進んでいったというわけです。

　都市の誕生における最大の受益者は、何といっても商人階層、とりわけ遠隔地域との通商貿易によって蓄財に成功した商人たちでした。彼らは、この時代に金融経済という新しい経済形態を産み出し、そこから巨万の富を築くことに成功したのです。また、マニファクチュアと呼ばれる小規模家内製工業を始めたのも彼らです。一四世紀には銀行業務も開始され、利子付きの貸付制度も導入されています。これら初期資本家たちの中でも、イタリアのメディチ家やドイツのフッガー家は、今日までよく知られている大財閥です。彼らは非常に裕福で、神聖ローマ帝国の皇帝たちやローマ教皇などキリスト教上層部に金の貸付けを行うことを通して、帝国や教会の重要な政策に大きな影響を与える存在になっていくのです。

　このような中世の都市勃興と深く関連するかたちで発展したのが、中世ヨーロッパの華麗な建築様式であり、ヨーロッパ史上最初の高等教育機構、すなわち大学の誕生です。先ず、キリスト教の大聖堂や大伽藍の完成が目を惹きます。これらの宗教系建築物は多くの場合、中央市場や豪奢な市庁舎前広場共々ヨーロッパの都市景観を今に至るまでより華やかな世界に変えてくれています。

　これらの建築物と並んで中世時代の大きな特徴の一つは、各国に誕生した大学の豊かな発展でしょう。ヨーロッパの大学は、一二世紀から一四世紀にかけて最初期の成立が見られます。よく知られている大学として、例えばイタリアのボローニャ大学（一〇八八年創立で、ヨーロッパ最古の大学です）やフランスのパリ大学、イギリスのケンブリッジ大学、チェコのプラハ大学、オーストリアのウィーン大学、あるいはドイツのハイデルベルク大学とケルン大学などが挙げられるでしょう。より本質的な事実は、これら諸大学でキリスト教信仰の正しい受容のあり方（神学）が教授されていただけではなく、すでに近代に通じる科学的な思考形式、すなわち学問的・客観的な思惟のあり方も同時にそこで教えられていたという点です。

中世という時代は、ここまでわたしたちが確認できたような多くの秀逸な業績にもかかわらず、しばしば〝暗黒の時代〟だと考えられてきました。恐らく、そうした否定的見解は、この時代にくり広げられた多くの悲惨な戦争が主要な原因になっていたからではないでしょうか。確かに、中世に展開された戦争が同時代に生きた多数の人間に、いつも新たな困窮や悲劇をもたらしました。それは事実です。

同時に、〝暗黒〟の中世と見なされるに至った第二の原因として、わたしたちは当時の女性に対する偏見と誤謬を挙げることができるはずです。多くの女性たちが、この時代に逮捕され、拷問を受け、挙句は魔女として火あぶりの極刑に処せられたのです。こうした事実も忘れるべきではないでしょう。確かに中世は、陰惨な暗い時代でした。拘束され殺害された女性たちは、キリスト教会から悪魔と親密な関係を結んだとの嫌疑を受けて処刑されてしまったのです。これが、この時代をより陰鬱なイメージで振り返らせる原因の一つだったのです。

しかし、これら以上に最悪の災難として全ヨーロッパを襲ったのが、黒死病と恐れられたペストです。この疾病は、一四世紀にヨーロッパ大陸全体に蔓延した伝染病でしたが、当時のヨーロッパ人口全体の三分の一に相当する人々がこの病気のために落命したといわれています。

後世の人々、とりわけ中世末期から近世初期に生きたヨーロッパ人が、これら一連の出来事を回想的に振り返った結果「中世は、暗い、時代、だった」と解釈したのです。多分、それが事態の真相なのではないでしょうか。

1656年に制作されたこの銅版画は，イタリアのローマからドイツへやってきたある医師を描写しているが，彼の服装，特に顔と頭部の装束は異様とすらいえよう。ペストの感染防御のために彼はこうした重装備をしている。いわゆる“ペスト用マスク”も見られる。後代のヨーロッパ人は，こうした装束から彼を“口ばし博士”と呼んだ。銅版画上段に，「ローマから来た口ばし博士」というドイツ語タイトルを読み取れる。

Drama 13

キリスト教会の分裂──守旧派と改革派

ヨーロッパ大陸の西方地域は、宗教的に数百年間キリスト教一色の世界と化した歴史を歩んできました。しかし、一六世紀に入ると、その地図が大幅に変更されていきます。このキリスト教世界の最高責任者は、伝統的にイタリアのヴァチカンに本部を置くローマ教皇によって継承されていました。

しかし、時代の経過と共に教皇傘下のカトリック教会は、次第に世俗化の度合いを深めていきました。特に、上級聖職者たちは、イエス・キリストの教えや信徒の魂の救済に対する関心以上に、金品や華美な生活、あるいは世俗世界での権力掌握により大きな関心を抱くようになっていたのです。教皇が居住するヴァチカン宮殿の現実も、過度に奢侈《しゃし》な生活のため多額の金を必要とする状況に置かれていました。

そうした中で、ローマ教皇レオは全世界をあっと驚かせてやろうとの野心に燃え、新聖堂の建設を計画するのです。けれども、そうした野心を満たすためには先ず建築資金、しかも経常外予算・特別収入が必要です。そこで、彼は一計を考案します。それが、後に関係者の中に大論争と分裂を引き起こすことになった免罪符販売という奇想天外な特別財源の獲得策です。この贖宥券をめぐる問題が、一六世紀ヨーロッパ・キリスト教世界を最終的に二分する大きな契機になったわけです。教皇レオは、この免罪符の販売と販路拡大のために特別訓練を受けた説教者団を組織して、各地域の国民一般に次のような説明をし、免罪符購入を説得するのです。

「あなた方は、罪から解放され、地獄の苦悶から救われなければなりません。しかし、それは至難の行為です。けれども、今ここでもしあなた方がこの贖宥券を購入しさえすれば、それがすべて可能になるのです」。

しかし、罪の赦しをこの免罪符購入と引き換えに保障するというローマ・カトリック教会の考え方や実際的手法に対して、断固異議申し立てをした人物がいました。それが、他ならぬマルティン・ルターです。

マルティン・ルター（1483～1546）の肖像画。1528年頃にルカス・グラナハによって描かれたもの。

彼は、当時修道士であり、同時に神学教師の立場にありました。ルターはこの問題に関して、一五一七年一〇月三一日計九五項目からなる質問をテーゼ形式（「九五箇条のテーゼ」と呼ばれています）で提出します。そこで、彼は聖書の文言に論拠を置いた批判を展開し、この免罪符の販売を推し進めている司祭たちを激しく攻撃するのです。彼らが明らかに聖書の真理を誤解している、そうでなければ彼らは悪意を持って民衆を誤導している。そのいずれも明白な誤謬である。ルターはそのように弾劾するわけです。次のような文言にもそれが読み取れます。

「自らの罪を真実に悔い、そこに苦しみの心を抱くキリスト者は、それが誰であれ、ただ主なる神の恩寵に全幅の信頼を寄せさえすれば、完全な罪の赦しが与えられるのだ。免罪符を購入するといった手段などとる必要はない」。

免罪符発行問題に対するルターのこうした批判には、多くのドイツ人キリスト者と教会聖職者たちが深く共鳴しました。彼らは、以後大挙して教会改革を求める運動を展開するようになっていきます。これに対して教皇はルターに向かって自己批判と自説の撤回を要求すると同時に、破門、陪餐停止、あるいは破門制裁、すなわちエクスコミュニカツィオ（excommunicatio）という教会法を動員して彼に脅迫をかけてきます。しかしこのドイツ人修道士、そして神学教授は、その脅しに屈服せず、反対にローマ教会を相手にした論争を挑んで行きます。その際彼はローマ教皇の言辞以上に聖書の言葉に信頼と根拠を置きながら立論を展開しようとします。最後はローマ教皇自身を〝アンチ・キリスト的存在〟という表現を用いて厳しく論難します。

教皇側は、ルターに破門警告回状を送りつけてきます。そして、彼を教会戒規法に基づきカトリック教会から正式破門する旨の通告をしてきます。これに対する抗議の表明として、ルターは自分に同意を表明した大勢の熱狂的支持者たちが歓声を上げながら見守る中に、回送されてきたその文書を即座に焼き捨ててしまいました。この光景を目撃したある人物、すなわちルター宛の最後通告書を持参した使者の一人は、次のような報告書をローマの教皇宛に書き送っています。

「ドイツ全土が、今や地獄の喧騒のような大騒乱に落ち込んでいます！」

神聖ローマ帝国皇帝のカール五世はこの騒乱に決着をつけるために、一五二一年帝国議会の開催を決定し、〝頑固で融通のきかない修道士マルティン・ルター〟をヴォルムスの地へ召還する行動に出ます。皇帝のねらいは、ルターに議会、そしてそこに参集した教会の高位聖職者や現世の支配者・領邦君主たちの前で、持論の撤回を最終的にさせることにありました。けれどもルターは頑として自説撤回に応じようとはしません。恐らくこの時、もしザクセン選帝侯がルターを擁護し、ひそかにかくまうことをしなかったならば、彼は間違いなく異端者の烙印を押され、焚刑の宣告を受け、いつでも着火可能な薪の上に投げ出されていたことでしょう。

そうこうしている間に、帝国内の多くの領主たちが次第にルターの側に立つという態度表明を始め、カトリック教会からの離脱をするようになりました。事態は深刻化していき、ローマ・カトリック教会と改革推進派教会（後に、プロテスタント教会と呼ばれるに至ります）の関係が、もはや修復も和解も不可能な状態へ突き進んでいくのです。

ついに、一五四六年両者の間に〝宗教戦争〟が勃発してしまいます。この戦いは、結局九年後（一五五五年）に和平へと動き始め、アウグスブルクの「宗教和議」として落着するに至ります。この会

ジャン・カルヴァン（1509～1564）の肖像画。同時代人の手になる作品といわれている。

議で双方が合意した点は、まずルターの救済理解とプロテスタント（〝抵抗する群れ〟、〝異議申し立て者〟の意味を持つ言葉です——訳者注）教会が、ローマ・カトリック教会と同等な立場に立つことの確認です。次に、神聖ローマ帝国内領邦各君主が、統治するそれぞれの領邦国において選択する宗教的立場、換言すればカトリック教会を選ぶか、あるいはプロテスタント教会に所属するかに関わる選択権と決定権を領主自らが行使できることの承認などでした。

教会改革の要求は、ドイツにとどまりません。スイスでは、人文主義の教育を受けたウルリッヒ・ツヴィングリ牧師とジュネーヴに滞在していたフランス人ジャン・カルヴァンの二人が、こうした教会改革運動の旗手の役割を果たしていました。とりわけ、早逝したツヴィングリに対して、カルヴァンは独特な信仰理解、その救済論を発展させた宗教改革者として知られています。しかし、彼の救済理解には明らかにルターのそれとは異なる内容があるというべきです。カルヴァンの出発点は、救いに関するいわゆる予定説にあります。すなわち、彼の理解によれば人間の生涯全体はすでに神によって予め決定されているのです。そう考えるべき教義がそこにはあるといってよいでしょう。カルヴァン自身が次のように述べているからです。

「すべての人間が、神によって同一の条件下に創造されたわけではない。むしろ、ある人間には永遠の生命が、そして他の人間には永遠の破滅が、それぞれ主なる神によって前もって決められているのである」。

カルヴァンのこうした救済論に従って考えるならば、神が〝選ばれた人間たち〟に誰が属することになるかならないかは、全的に彼あるいは彼女の誕生の時から、すなわち日々の生活の中にすでに可視的なかたちをとって現れているのです。もしも、ある人が勤勉と節約の生活によって自分の所有する物を少しでも増やすことができたとすれば、その人は神の祝福、すなわち永遠の生命の約束により神の選びに接近することになるというわけです。反対に、そうした勤勉と節約の生活に失敗してしまうならば、その人間はいつまでも恐ろしい地獄の世界に辿りつく以外ないという理解になるわけです。カルヴァンの救済理解をより簡略化して説明するならば、このようになるのではないでしょうか。

まさに、カルヴァンの救済思想の中心点はこうした予定の狭義にあるというべきです。現代的表現を用いていうならば、彼はその予定説との関連で、いわば〝利潤追求〟の積極的意義とそのプロセスを当時のジュネーヴのプロテスタント・キリスト教徒たちに熱心に説いた宗教改革者であったということです。そうした意味で、彼のキリスト教倫理は近代資本主義の形成にとってきわめて重要、かつ魅力的な駆動力になったと考えてもよいでしょう。

カルヴァンの信仰思想は、後にヨーロッパ大陸の他地域にも広く浸透していきました。例えば、ドイツの南方地域、オランダ、フランス（ユグノー信仰集団）、スコットランド、あるいはイギリスなどへの浸透です。

清教徒（ピューリタン）という呼び方は、スコットランドとイングランドのカルヴァン派プロテスタント・キリスト教徒たちから産み出された歴史的呼称です。一六二〇年以降、彼らは現在のアメリカ合衆国に向けて故国を脱出し、大西洋の船旅を経て新大陸アメリカの地で再出発を敢行した一群の人々で、構成の人々から巡礼父祖（the Pilgrim Fathers）と呼ばれるに至りました。彼らがその後の合衆国史に与えた思想的影響は巨大なものがあり、わたしたちは現代アメリカ（USA）社会の至る場所と機会にそれを確認することができます。

Drama
14
イベリア半島の二王国——スペインとポルトガル

ヨーロッパ大陸の中央と東方の地域では、一〇世紀から次世紀にかけて次々に新王国が誕生してきます。そのいくつかについては、すでにこれまでの叙述を通して紹介してきました。それ以降の歴史を見ると一四世紀から一六世紀の数世紀にかけて大陸の南方イベリア半島に、後述する二つの王国が誕生してきます。

これらの半島諸国をトルコ民族がアラブからジブラルタル海峡を越えて、地中海世界に押し入ってきます。七一一年、彼らはこの地域全体を支配下に置くに至ります。この半島の北方境界線はピレネー山脈（標高三四〇四メートル）です。アラブ人による七三二年の襲撃は、カール大帝の祖先に当たるカール・マルテルによって阻止され、それ以来彼はヨーロッパの救世主と呼ばれるようになりました。

元来イベリア半島、特にアル・アンダルシア地方には、すでに当時からイスラム教徒とキリスト教徒、そしてユダヤ教徒が三〇〇年間も、平和共存の関係を維持していたのです。この姿は当時のヨーロッパ大陸では類例のないきわめてユニークな現実でした。同時に経済、学問、あるいは文化といった諸領域でこれらの地域はきわだった繁栄を享受していました。例えば、居住地区であるコルドバは、

スペインの古都グラナダの丘に，アルハンブラ要塞が建てられた。グラナダの町は現在でもアラビア建築美術の最も美しい姿を誇り，旧市街地区は城壁に囲まれた宮殿や広大な庭園がそのまま保存されている。

当時世界の中で景観の最も秀麗な都市としてつとに知られていた都会でした。現在このコルドバはスペイン南部に位置する長い歴史を持つ古都の一つとして有名です。

しかし、平和と繁栄に満ちた三者の関係は、いわゆる奪還（レコンキスタ）と呼ばれる大陸ヨーロッパ・キリスト教の南進によって破壊の一途を辿るようになります。多くのキリスト教徒、とりわけ歴代ローマ教皇たちには、イベリア半島のアラブ勢力の存在、そしてイスラム教徒の統治は大変目ざわりな事態に映っていたのです。そこで、一〇六四年教皇アレクサンダー二世はヨーロッパ大陸の全キリスト教徒に、半島のイスラム教徒に対する戦いを大々的に呼びかけるのです。スペインでは当時これを、防砦構築のために必要な措置であると説明されていました。教皇はこの戦いに参加するキリスト教徒たちに対して、神の祝福だけでなく、罪の赦しを約束するのです。こうして、ここにこの後に開始される十字軍遠征によく似た性格の出兵が展開されることになりました。数回にわたる戦闘によって、イスラム教徒は南方地域へどんどん追いやられていき、最後はグラナダと呼ばれた狭隘な地域に追い込まれ隔離されるに至ります。

しかし、ヨーロッパの現代歴史学ではキリスト教によるこうした一連の軍事的行動を、もはや〝奪還〟とは呼びません。反対に、キリスト教側の〝侵略〟（コンキスタ）と呼んでいます。その理由は単純明快です。イスラム教徒がこのイベリア半島に移り住んだ時、彼らはそこに居住していたキリスト教徒を追放することなどまったくしなかったのです。むしろ、イスラム教徒がキリスト教徒の便宜を図ってやり、後進地域であったこの地方により高い文化をもたらしたのでした。こうした事実関係を視野に入れて考察するならば、わたしたちがキリスト教世界のそうした行動を〝奪還〟と呼ぶのはきわめて不当です。なぜなら、奪還という言葉にはそれ以前の時期に奪い取られたものを、取り戻すのだという意味合いが込められているからです。両者の場合、この点は最初から該当しなかったのです。

さて、長い間このイベリア半島全域の支配をめぐって、キリスト教系君主たちの間で覇権闘争が展開されて行きましたが、そうした中からこの頃二つの強国が登場してきます。スペイン北部地域にあるカスティーリャ王国と南部のアラゴン王国です。一四六九年、カスティーリャ王国の女王イザベラとアラゴン王国のフェルディナンド国王が、政略結婚をするに至ります。この国際結婚によって、スペインの国家統一に対する基盤がより強固なものになりました。一〇年後、これら二王国は第一回目の統合化を実行に移します。異なった二つの王国が一体化される際の重要な目標の一つは、合併された国家の宗教的統一に置かれていました。そして、それは成功しました。しかし、そうした宗教政策の結果、新王国の中に居住するイスラム教徒やユダヤ教徒は今やキリスト教に改宗するか、あるいはこの国スペインを離れ他国へ亡命するかという、二者択一の道を迫られることになりました。数十万の人々が、この国を去らざるをえなくなったといわれています。この国に残りたい、けれどもキリス

カトリック・キリスト教会のスペイン人異端最高審問官トルクエンマダが，非キリスト教徒（ユダヤ人かアラブ人）の若い女性に圧力をかけ，キリスト教信仰への改宗を強要している。その一方で，彼は彼女の父親を拷問にかけ，それを娘に指し示している。19世紀に描かれた異端者尋問の一光景。

ト教への改宗は拒否するという立場の〝異教徒〟たちは、生命の危険にさらされざるをえなくなります。数知れぬほど多くのイスラム教徒とユダヤ教徒が、当局の拷問によって無残にもその生命を奪われてしまったのです。言語を絶する過酷な異端審問に召還された人々もいました。この異端審問（インクイジチオ）によって、無数の非キリスト教徒の血が流されたわけです。一四九二年には、イベリア半島でイスラム教地域として唯一残っていたグラナダまでも征服の対象にされてしまいます。換言すれば、この時点からスペインは全土がキリスト教を国教とする王国に転換したということです。

他方、野心家でもある女王イザベラには、遠洋探検家クリストフ・コロンブスに金銭的支援を申し出る側面もありました。このコロンブスが、海路でアジア大陸インドに航海して上陸しようと試みました。しかし偶然にもヨーロッパ人として最初のアメリカ大陸発見者になったことによって、スペイン王国はまたたく間に豊かで強力な海洋帝国になりました。

こうした経緯もあって、イベリア半島には最終的に二国家が成立し、覇権を競い合うに至ります。これは、半島全域における統合化の結果でもあったといえるでしょう。伯爵領ポルトガリアは、それまでずっとカトリック・キリスト教を中心とした王国で、スペイン帝国の封土という立場に置かれていました。しかし、一一世紀にはいると、最大の隣国、すなわちスペインの支配から自由になりたいとの志向が強まり、そこに独立運動が開始されるようになります。一一三五年、ついに伯爵アルフォンス・ハインリヒは、統治者スペインとの主従関係の更新を拒否する行動に出ます。彼は、一一三九年トルコ軍との戦闘で輝かしい勝利を手中にしたのですが、それ以後独立実現の日を願い続けます。

そして、今やその好機が到来しました。伯爵は、正式にポルトガリア領独立を宣言し、自ら初代国王アルフォンス一世と名乗ります。すなわち、ここにポルトガル王国が誕生したわけです。彼は、カスティーリャ地域を外敵の攻撃から守るために、熟慮の末自分の王国独立をローマ教皇から認知させるべく、カトリック教会と折衝を開始するのです。この時以降今に至るまで、ポルトガル王国はカトリック・キリスト教を国教とした歴史を刻み続けています。

Drama 15

ロシア正教会とツァー王朝――〝第三のローマ〟の自負

ヨーロッパ大陸の東側、まさに西ヨーロッパの対極に位置する東方地域では、一三世紀以後アジア大陸から来襲してきたモンゴル民族が、キエフ王国を制圧し統治を開始していました。特徴的なのは、支配した地域の政治体制や宗教制度に彼らが過度の介入をせず、そのまま放置していた統治形式です。モンゴル人が重要だと考えていたのは、むしろ可能な限り沢山の物品を支配地から徴収・奪取することだったのです。ですから、地元領主たちは、支配者モンゴル人の求めに応じて兵士や農奴を提供し、貢物を定期的に納入しさえすればよかったわけです。支配者に反対する反乱も何回か試みられました。しかし、それらはことごとく残忍なかたちで鎮圧されてしまいます。二〇〇年以上こういったモンゴル支配が継続され、人々は彼らを〝黄金の放浪集団〟と呼ぶに至ります。

ロシア全土を一体化させていく試みは、当時辺境にあった無名の小公国モスクワによって敢行されました。巧みな外交政策によって、モスクワの領主たちは、「ロシア全土を一つの束に結び合わせよう！」を合言葉に近隣の大公諸国の統治権を奪い取ることに成功し、自分たちを対等な大公国の地位へ押し上げました。

一三八〇年のシギ平原と呼ばれた場所での戦闘で、モスクワ軍は勝利を手中にします。これは、支配者モンゴル人に対してアジフ海へと注ぎ込むドン川付近で獲得した画期的勝利でした。それ以後、このモスクワ大公国は近隣諸公国を代表する存在を自認し、外勢の支配と搾取に対する戦いをくり広げていく強国になるのです。やがて、彼らはロシア領土の他の君主たちから正式に認められるようになります。イワン大帝の時代にロシアは長期に及ぶモンゴルの支配から解放されることに成功しました。帝政国家としての統一が、彼の統治時代から進められていき、ピョートル大帝下のツァー王朝へと連動していくわけです。

一四五三年、東ローマ帝国の首都コンスタンティノープルがイスラム教徒からなるトルコ軍によって占領され、制圧されてしまいます。そして、これは東西ローマ・キリスト教世界の終焉を意味しました。モスクワ大公国はこれを知り、それ以後自分たちが東西ローマに代わる第三の、キリスト教擁護者を自認するに至ります。同時にロシア正教会の指導者たちも、終焉したビザンティン帝国の皇位継

イワン４世（1530～1584）はロシア内外の敵対者たちから“恐怖大帝”という別名で呼ばれていた。統治に手段を選ばず，恐怖を引き出すやり方を常套していたからだ。この肖像画の作者は，そのことを十分踏まえて大帝の目つきを意図的にひどく険しいものにしている。“雷大帝”とも呼ばれた。

承者としての自己理解を持つようになるのです。

ロシア人・キリスト者たちはこのように主張するのです。東ローマ帝国が崩壊した今、われわれこそキリストの福音的真理を正しく継承した唯一の歴史的存在である。だからわれわれが〝ロシア正教会〟を名乗ることは、真理に即した正当な措置である。彼らはそのように考えて、モスクワを中心としたキリスト教世界を〝第三のローマ〟と誇らしげに自称しました。そこには、キリスト教の中心が、今やローマからこのモスクワに移ってきたという自負が現れています。そして、彼らは自分たちをヨーロッパ大陸の西方地域と意図的に切り離した歴史を歩もうとしたのです。

一五四七年、イワン四世がロシア大陸の最高統治者として皇帝の座に就きました。彼は、人々から〝恐怖の皇帝〟と呼ばれ畏怖されていた人物でもありました。初代ロシア皇帝の誕生です。ロシア正教会の中で指導的立場にいたある人が、手紙の中でロシア皇帝とキリスト教会との関係について、次のように書いています。

「敬虔なキリスト教徒である大帝よ！　どうぞ、お知りおきください。ロシア正教会に属する信徒のすべての栄光は、あなた御自身のこの帝国の中にことごとく譲渡されてきました。あなたのみが、地上において全キリスト教信徒の上に君臨する皇帝であります。今日までの歴史において、二つのローマ帝国が誕生し没落しました。すなわち、西ローマ帝国とビザンティン東ローマ帝国です。けれども、わたしたちの第三の帝国は、今ここに厳存しております。そして、将来第四の帝国が存在することなどありえないでありましょう」。

ここに理想化されている指導者像は、神の助けと教会の支えによって非キリスト教諸国を次々と征服し、彼らをキリストへと導く役割を担ったロシア皇帝です。注目すべきは、その際ロシア正教会の上位聖職者たちが、自分たちの国の政治的支配者である皇帝に、無制限・無条件の宗教的権能を委託しているという点です。ロシアにおける宗教と政治の関係が、いみじくも一元化された現実がこれです。この問題との関連で、次のような一文も紹介しておきましょう。

「ロシア皇帝は、事柄の当然の成り行きですが、人間として他のすべての人間と同じ存在であります。しかしながら、皇帝に許された権能から考えるならば、ロシア皇帝は絶対至高の神と同格の存在であります」。

Drama 16

自主と独立を求める二小国――スイスとオランダの解放闘争

ヨーロッパ史の特徴の一つは、蛇行と錯綜の連続にあるといってよいでしょう。ですから、単なる年代に従った記述や説明が、必ずしも成立しない歴史展開がそこにはよく見られます。

わたしたちは、この章でそうした二つの具体的事例を取り上げ、その顛末を追っていきたいと思います。先ず、神聖ローマ帝国のいわば心臓部に位置するスイスの三地域、ウーリ、シュヴィーツ、そしてウンターヴァルデンの原初三州、および近隣の諸都市が、ハープスブルク家による支配から独立と自主を求めて起こした解放運動が挙げられるでしょう。

このハープスブルク一族は、一二七三年以降神聖ローマ帝国に歴代皇帝を輩出してきた名門でした。ですから、独立を要求する諸州や地域の動きを見過ごすわけにはいきません。フィーアヴァルトシュテッテ湖の戦いで、帝国側軍隊はこの運動を壊滅させ、再びその傘下に連れ戻そうとします。これに対してウーリとシュヴィーツ、ウンターヴァルデン州の住民たちは、勢力を結集し直します。彼らは一二九一年永世同盟を結成し、共闘を約束し合います。後世に生まれた伝説によれば、これら原初三州の代表者たちは、リュートリの地で相互に堅い誓約を交わし、自分たちの領地をハープスブルク家の統治と支配から解放させるために共同戦線を組織化するに至ります。

この木版画は1606年の作品。本文中の「原初三州」代表者が13世紀後半にリュートリに集まり，誓約同盟を結んだ。ヴェルナー・シュタウヒャー，ヴァルター・ヒュルスト，アーノルド・メルヒタールの３人である。

〝誓約を交わした者たち〟は、神聖ローマ皇帝側の戦力に比べると明らかに劣り、敗戦必至に思われていました。しかしその劣勢を見事逆転させて勝利したのです。モルガーレンでの戦闘で、民衆はハープスブルク家の軍隊を撃破してしまいました。一三一五年の歴史的大勝利です。この勝利をきっかけに、スイス内の他の諸州もこの誓約者同盟に加盟を申し出るようになりました。この後に続く一五〇年の歴史的展開を通して、彼らは結成した誓約者同盟を総動員し、支配者ハープスブルク家にあらゆる手段を用いて抵抗をくり広げていくのです。スイス人のこうした戦いの歴史は、例えばフリードリヒ・シラーがその記念碑的文学作品『ヴィルヘルム・テル』を通して鮮明に描写している通りです。

一四九九年、スイスの住民たちは国家としての実質的独立の達成に成功します。ただし、国際法的にはウエストファリアの講和（一六四八年）によって初めて独立主権国家として全世界から承認されました。

さらに、スイス同様、母国の独立と主権を要求して声を上げた小国があります。ヨーロッパ史のきわだった特徴を示す第二の事例です。ここでも、戦う相手はハープスブルク家と神聖ローマ帝国でした。わたしたちはこの事例紹介を通して、ヨーロッパの長い歴史の中に蛇行と錯綜の具体的姿に触れることができるはずです。この小国こそ、オランダに他なりません。

一五五六年、スペインの元首を兼任していた皇帝カール五世が退任しました。彼の息子がフィリップ二世としてその公認国王の座に就きます。そのことは、彼が同時にオランダの支配者として君臨することを意味したのです。当時、オランダはスペイン王国の属国の立場に置かれていたからです。複雑多岐にわたるこういった国際（統治と被統治）関係こそ、冒頭で言及した歴史の入り組んだ諸関係、換言すれば国と人間とが必ずしも年代記風に一致しない典型的な事例だというべきです。そこには、ヨーロッパ大陸に展開された支配者同士の世界と、そこから必然的に派生する相続権の要求などといった複雑に錯綜した問題が、王国を越えた政略結婚をいわば必要悪として解釈できる現実が、垣間見えてくると考えてよいでしょう。

ここで国王フィリップ二世について一言するならば、彼は宗教的にローマ教皇をしのぐ敬虔そのもののカトリック・キリスト教徒だったといわれています。そうした宗教信条から、彼はその頃オランダにも急速に浸透してきた宗教改革者カルヴァンの影響下に成立したプロテスタント・キリスト教を、可能な限り撲滅しようとしました。ところが、まさに彼の異常な熱心さが逆にオランダ人住民の心に、独立自主の思いを起こさせてしまったのです。独立と主権獲得への強い願いは、一五六六年の一斉蜂起に連動し、爆発します。国王フィリップは、帝国軍隊を派遣しこの蜂起を無残に叩きのめしてしまいました。独立闘争の指導者は、エグモント伯爵とフールン伯爵の二人でしたが、両者とも国王によって処刑されてしまいます。

この後、八〇年間オランダ人による自主と独立を求める戦いが継続されることになります。その初期段階は、ヴィルヘルム・オラーニエンが人々を指導しましたが、二〇年後の一五八一年、彼らはスペインの支配を断固拒否し始め、内部でオランダ同盟共和国の建設に向けた努力を共に開始します。その際、彼らは自分たちの対スペイン解放闘争を次のような言葉でもって理論化しました。ここには、今日でも注目に値する文言が頻回に登場してきます。

「国民が、君主のために存在するのではない。そうではなく、君主が国民のために存在するのである。なぜなら、国民なしに君主の存在はないからだ。統治を可能にする君主の条件は、彼が臣下を法と正義に基づいて正しく処遇することである。けれども、その君主がもし臣下をそのように遇せず、奴隷のごとく扱う時には、もはや彼は統治する者であることを辞めているのだ。君主は、暴君になり下がってしまったのだ。

エグモント伯爵の肖像。彼は1568年6月5日に処刑された。母国のために戦った彼について，ゲーテは，悲劇作品『エグモント』で詳しく描写している。

そうした理由から、われわれは今ここで、オランダ支配に関するスペイン国王の要求のすべてが明白に不当であることを宣言する。われわれは、今日までスペイン国王に対して捧げてきたわれわれの従順と忠誠の誓約を無効だと宣言する。官吏や政府関係者、王国諸領主、領邦封士、あるいは個々の家族に至るまで、あらゆる領域における誓約の無効を宣言する」。

この宣言文を読めば、一目瞭然ですが、世界史においてオランダ人は〝抵抗の権利〟を具体的に文章化した最初の国民です。後に、この抵抗権をめぐる法的・政治的思想は、世界の多くの国々において国家基本法、すなわちその国の根幹を形成する憲法に多大な影響を与えることになりました。

スイス同様、オランダに対する国際法上の承認は、右に言及したウエストファリア講和条約の批准をもってなされ、一六四八年独立主権国家オランダが世界史に初めて産声を上げました。

Drama

17

新しい世界像の登場——理性と人間性の復権

時代全体を通して、中世ヨーロッパに生きたほとんどすべての人間は、ある確固とした世界像のもとで日々を送っていました。彼らは、天上と地上に存在するあらゆる関係が創造主なる神によって定められた実体、それゆえに永遠に不変であると信じていたのです。

しかし、今や一群の学者、芸術家たちが出現し、彼らはこうした固定化された世界像をもはや受容できないと主張するようになりました。これらの人々は、もっと優れた正確な世界の形姿を描き出そうと懸命に努力するのです。興味深い事実は、その際彼らが新しい世界像を構想するに当たって、観察の目を前方の未来にではなく、むしろ後方の過去に向けたという点です。すなわち、これら一群の学者や芸術家たちは、古代ギリシアとローマに対する注目と観察から新世界像の模索を開始したのです。彼らには今存在している世界像よりも、古典時代の世界がはるかに接近しやすいと思われたからです。わたしたちは、この認識から始まる世界像発見の時代をルネサンス、すなわち再生、あるいは復興と呼ぶようになりました。

中世キリスト教の根本思想は、人生と生活すべてが何にも優って来世に向けての準備として理解する点にその特徴がありました。しかし宗教に起因するそうした理解を、これらの学者、芸術家たちは正当ではないと考えるに至るのです。彼らはそこからもう一度、来世にではなく現世に目を向け直し、超越的神をではなく、あるがままの人間自身を中心に据えた学問的関心、あるいは芸術理解を新たに深化させようとしたわけです。

別言すれば、そこには人間存在が単に全体の中の一部分なのではない、むしろその存在自体に完結した目的が秘められているという、世界と人間に関する新しい認識が示されていたのです。人間は自分自身に関して、あるいは自身の人生について、自らの主体的判断に基づいて決定を下すべきであるという思想です。

同時に、ここにはまた人間が自分の能力を自分自身で十分開発できる存在であるという人間理解も登場しています。こういった認識や理解の前提として、わたしたちはルネサンス時代の独特な思惟形式に注目する必要があるでしょう。この時代の基本的考え方は、古代ギリシアやローマを学ぶべき模範とした包括的な教養の獲得にあります。この上に広範な思想運動が、イタリア中部のフィレンツェや北東部ヴェネツィアを皮切りに、大陸ヨーロッパの各国へと展開されていったのです。端的にいうならば、ヨーロッパ大陸の文化は大筋においてルネサンス時代に最も華麗な大輪の花を咲かせたのです。なぜなら、そこでは人間自身がどこまでもすべての営みの中心に位置しており、活発に動き回り、強靭な思想を創造していったからです。そういったこの時代の姿を、わたしたちは人間中心主義、あるいは人文主義と呼んでいます。

これらの教養を豊かに身につけている人々は、一般的に人文主義者と呼ばれましたが、彼らには共通に見受けられる特徴があります。それは、彼らすべてが自分の新たな理解や認識の根拠を、聖書にではなく、人間と自然に対する正確、かつ客観的な観察や研究の上に置いていたという共通点です。例えば、その典型的人文主義者として、わたしたちはレオナルド・ダ・ヴィンチの名前を挙げることが許されるでしょう。彼は、まさにルネサンス時代の新しい人間像を代表するにふさわしい天才的人物でした。

彼は、単に「モナリザ」や「最後の晩餐」といった有名な絵画芸術の創作者にとどまりません。彼は同時に、彫刻家であり、学者、建築家、技術者、そして発明家でもあったのです。さらには、空を飛ぶ飛行機の基本設計をすら進んで手がけたことでも知られている、航空工学の専門家でした。医学に属する死体解剖にも彼は関わっています。人体構造と各部所の機能を正確に知りたいと考えた彼は、その観察や解剖内容を図画文書に要約しているほどです。解剖学的所見に基づく人体スケッチです。

レオナルド・ダヴィンチ（1452〜1519）の手になる自画像で，晩年（1515年）の作品だといわれている。

その際、この天才ダ・ヴィンチは医学徒、そして発明家としての社会的責任感を最後まで失わずに行動しました。だからこそ後世の人間たちは、彼の中に卓越した良心的学者の理想像を見出そうとしたのでしょう。彼はわたしたちに次のように書き残しています。

「わたしは、食物を口にせず長時間水中にとどまり続ける秘訣を知っている。しかし、他の人間にそれを明かそうとは思

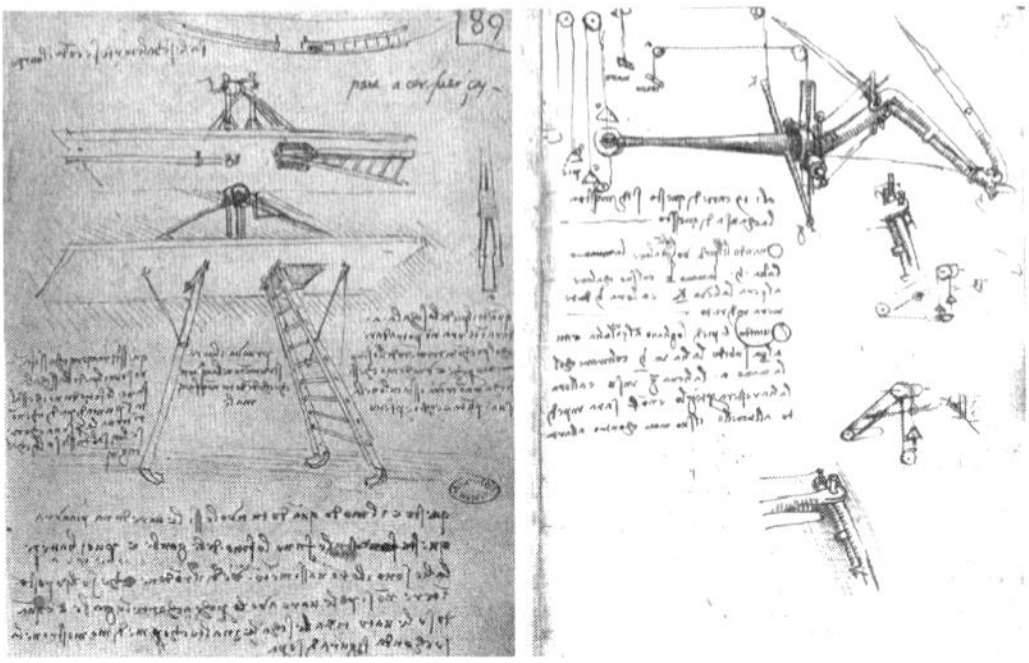

ダヴィンチは人類の大きな夢に挑戦した人物。“空中を飛行する人間”の夢だ。彼の手になるこの図解には，左右に拡大され，発着用機能を備えた飛行器具が見える。彼は恐らくその着想を大空を飛ぶ鳥の翼から得たのであろう。

この写真は，ニコラウス・コペルニクス（1473～1543）の主著『天体運動論』（1543年）の見開きページ。まだ，活版印刷には付されず，手書きの著作として知られている。

わない。なぜなら、人間の本性は善意よりも悪意に満ちているからだ。秘密を明かせば、すべて闇に葬り去ってしまいかねないからだ。船底に穴を開け、乗船している人間共々海底に沈没させてしまうに違いない」。

わたしたちがもし人類史に登場した幾多の偉大な先人たちの名前を挙げよといわれるならば、恐らく他のいずれの時代にも優って、このルネサンス期が多くの偉人たちを輩出した時代であったと答えることができるでしょう。レオナルド・ダ・ヴィンチの同郷人ミケランジェロも、間違いなくその一人です。画家・彫刻家として彼はよく知られています。また、オランダ・ロッテルダムの卓越した人文主義者・哲学者のエラスムス、宇宙物理学者として地球が惑星の一つであると共に、他の惑星同様に太陽の周りを回転する物体であるとの事実を発見したニコラウス・コペルニクスの名前も忘れられてはなりません。

ところで、こういった一群の学者や芸術家たちの新思想と思惟形式が、他のいずれの時代以上に迅速にヨーロッパ各地へと波及していった背景には、何といっても活版印刷術の発明という画期的貢献があります。恐らく、それは同時代の多くの発明の中でも最も重要な位置を占めていると考えられるでしょう。書籍を、伝統的手法、すなわち手彫りの木版印刷によらず、柔らかい亜鉛版に基づき、しかも大量に印刷する道が開拓されたわけです。これこそが、一四五〇年にドイツのマインツ出身ヨハネス・グーテンベルクによって、世界史上初めて発明された活版印刷術です。彼による発明の恩恵を受けて、書籍はより迅速により廉価で多くの人々のもとに届けられるようになったのです。従来の木版印刷に比べると、想像もできないほどのスピードで書籍印刷ができるようになりました。印刷部数が飛躍的に伸び、その品質もきわめて良好なものになったのはここに指摘するまでもないでしょう。フランスの詩人ヴィクトル・ユーゴーは、後にこの時代を回想しながら次のように書いています。

「世界史における最大の出来事は、まさにグーテンベルクによるこの活版印刷術の画期的発明だといわざるをえません」。

Drama 18

宗教戦争——カトリックとプロテスタントの確執

激しく揺れ動いた教会改革運動の後に、カトリック教会は新しい信仰理解を主張するこの改革派・プロテスタント教会をもはや無視できないと考えるに至りました。その一方で、カトリック陣営は、教会改革の波がこれ以上他のヨーロッパ地域に拡大していかぬようにと、全力を傾けて阻止しようとします。それが、一五五四年に召集されたトリエント公会議です。これは、カトリック教会のあるべき自己改革をテーマとして、一八年間継続されたカトリック側の世界会議だといってよいでしょう。長い歳月をかけて継続されたこの会議を通して、カトリック信仰の根本的理解が新規に更新され、それがより明瞭な表現のもとに整理され文章化されました。

例えば、そこにはプロテスタント・キリスト教の〝誤謬に満ちた〟信仰理解に反論し非難する言葉が、はっきりと語られているのです。また、対内的にはローマ教皇や司教たち、あるいは一般司祭たちの義務と権利が明確に規定されています。さらには、教会を司牧する第一線の司祭たちに関する勧告と指示も出てきます。自らが神に仕える立場にあることの自覚をさらに強く持ち、司祭が俗世界の統治者やその政治権力と競合したり、彼らと不必要な関係を持つべきではないとも書かれています。

換言すれば、カトリック教会全体が所属する一般信徒たちへの霊的配慮、とりわけ社会的な困窮の中に生きている貧しい人々に対する愛の配慮に、もっと多くの時間と精力を割くべきではないか――そういった認識が、このトリエント公会議を通して表明されたわけです。失墜したカトリック教会に対する社会と信徒の信頼を、もう一度回復させようとするカトリック教会の姿勢がここに現れていると見てよいでしょう。後に、人々はカトリック教会が試みたこの自己改革を〝対抗宗教改革〟の時代と呼ぶようになりました。そして、事実彼らのそうした懸命の努力は報われたのです。多くの民衆がカトリック教会に復帰してきました。

けれども、カトリックとプロテスタント両陣営の平和的関係は結局長くは続きませんでした。ヨーロッパ諸国のあらゆる場所で、プロテスタント信徒とカトリック信徒の対立と紛争が始まり激化していくのです。例えば、フランス国内を見ると、両者の対立が一五七二年八月二三日夜半から二四日にかけて起きたバルテルミの夜事件が象徴的実例として挙げられます。両者間の対立と紛争のクライマックスがこの大事件でした。この夜、熱狂的なカトリック信徒集団がユグノーと呼ばれていたプロテスタント・キリスト教徒を大挙襲撃し、殺害行為をくり広げたのです。その折落命したユグノーたちの数は、二万人を超えたといわれています。

しかしながら、こういった醜悪な事件が発生したとしても、フランス国内でプロテスタント教会による改革運動が、いつまでも弾圧され続けることはありえませんでした。一五八九年になると、フランスのキリスト教史上初めてのユグノー教徒である君主、すなわちプロテスタント国王ナヴァーラのアンリが登場したのです。彼は後に錯綜した政治的理由から再度カトリック教会へ復帰するようになります。しかし、一五九八年彼が国王の立場で公布したナントの勅令には、実に画期的な条項が見受けられるのです。すなわち、国王アンリはそこでプロテスタント信徒に対して、カトリック信徒と宗教上の同等な権利、独自の信仰告白の自由を保障したわけです。

当時のヨーロッパ諸国の中で、フランス国王アンリとはまさに逆の方向に位置していた元首がいました。スペイン王国のフィリップ二世です。彼は日頃からいかなる手段を用いてでも、プロテスタント信徒をヨーロッパ大陸から追放し根絶したいと願っていた人物です。ついに、宗教改革派キリスト教徒に対する戦闘の布告さえするに至ります。

彼の当面の敵国は、イギリスでした。この時代で最強といわれる戦艦を数多く建造し、ドーヴァー海峡を渡り大艦隊を、島国のイングランドへと送り出すのです。当時、イギリスは女王エリザベス一世の治世下にあり、王妃は個人的に宗教改革者の信仰を受容していた支配者でした。この頃、エリザベス女王はスコットランドの王妃、同時にカトリック信徒のメアリ・スチュアートと対立の関係にありました。この戦いではイギリス軍が勝利し、スチュアートは逮捕されてしまいます。ついに、彼女はエリザベス女王の命令によって処刑されてしまうのです。

忠実なカトリック信徒でもあるフィリップがあえて大軍団をイギリスに向け派遣した理由の一つは、まさにここにありました。他方、エリザベスの側でもこのフィリップを相手に独立運動を進めているオランダ人を支援すると共に、イギリス国内に住むカトリック教徒に対する弾圧や迫害に手を染めていました。そこで、イギリス王妃をフィリップ二世は打倒し、あわよくばこの国を自分の支配下に組み入れたかったわけです。しかし、現実の海戦では、大型軍船のスペイン艦隊が決して広くはない海峡で大苦戦を強いられる展開になってしまうのです。小型船で快速、しかも自由自在に動き回れるイギリス軍船に翻弄され、スペイン軍はどんどん敗北へ追い込まれていきます。その上、天候が悪化し嵐となり、暴風が吹き荒れたのです。これはイギリス軍には、まさに願ってもなかった天佑の助けとなりました。

一五八八年、イギリス軍はこの海戦で当時世界最強を誇っていたスペイン大艦隊アルマダ（無敵艦隊）を見事撃破し、大勝利を手中にしたのでした。スペイン国王フィリップは、もともとこの戦いをヨーロッパ大陸におけるカトリック・キリスト教の足場をより堅固にしたいという衝動から開始していました。それゆえ、スペイン無敵艦隊の惨めな敗北は、彼のそうした野望が無に帰したことを物語りました。反対に、勝利者イギリスにとってこの勝利は、以後スペインを押しのけて世界最強の海洋国家、同時に植民地支配国家としていよいよ世界の強国へと飛翔していく絶好なきっかけになったのです。

1588年イギリスとの海戦で，スペインが投入した“無敵艦隊”アルマダ。当時ヨーロッパ最強の軍艦といわれていたが，敗北を喫した。以後ヨーロッパの支配は，スペインからイギリスに移る。大破する前のアルマダがこの絵画からうかがわれる。

　ここから大陸の一国ドイツへ目を転じて見るならば、わたしたちはそこに、カトリックとプロテスタントの対立が一七世紀初頭に至るまで、さまざまな領域でさらに激化するといった時代の状況を確認することができます。この対立の激化が、ついに一六一八年に勃発したいわゆる三〇年戦争へ収斂していきます。カトリックとプロテスタント、この両陣営で戦われた宗教戦争が、以後三〇年間継続していくわけです。

確かに、この宗教戦争は初期の段階において、まだなおカトリックか、プロテスタントかといった宗教上の、あるいは信仰告白上の〝宗教〟問題をめぐって展開されていました。しかしながら、神聖ローマ帝国（皇帝）とカトリック教会（教皇）が送り出した軍隊が、軍将ヴァレンシュタインの指揮下にプロテスタント信徒主体のドイツ北方地帯を占領し、そこにある教会領地と教会財産をすべてカトリック陣営に併呑しようとした時、現地カトリック領邦君主たちが他ならぬ神聖ローマ皇帝に反旗を翻し始めたのです。その理由は、皇帝が必要以上に強大な権力を保持すべきではないという彼らなりの政治的判断が働いたからです。すなわち、カトリック教徒でもあるこれら領邦君主たちにとっては、本来の信仰問題よりも、俗世界での権力闘争の方がはるかに重要に思われたということです。

そして、ドイツ国内に見るこうした変節ぶりは、近隣ヨーロッパの諸国がこの三〇年戦争に介入を始めたその動機や思惑をより仔細に考察してみるならば、同じように確認可能です。彼らにとってこの戦争に関係する第一義的関心は、宗教上の立場や信仰告白の真偽の明確化などではなく、圧倒的に国際政治上の権力掌握にあったのです。

一例を挙げるならば、スウェーデン国王グスタフ・アドルフのとった行動がそれです。なるほど、彼はプロテスタント信仰死守の旗を掲げて軍隊を出動させ、カトリック勢力と戦い始めました。しかし、そうした軍事行動の背後にある彼の真のねらいは、北ドイツ全域をカトリック・キリスト教会から奪取することだったのです。それに成功しさえすれば、バルト海沿い一帯に対する母国スウェーデンの指導権がいっそうに強まるはずだというしたたかな読みが、この国王にはありました。しかも、そうした野心を抱いていたグスタフ・アドルフを背後から支えていたのは、他ならぬカトリック教国フランスでした。

他方、フランスはこの三〇年戦争に介入することを通して、ドイツの疲弊・弱体化を願っていました。そうなれば、ヨーロッパ大陸の覇権争いからドイツを蹴落とすことができるであろうとの希望的観測をしていたのです。戦争の後期になると、フランスのこの読みは見事に的中します。

「30年戦争」は，実に過酷で悲惨きわまる展開を見せた。兵士たちは一般市民にまで無差別の殺戮をくり広げた。この絵はその一端を示している。

しかし、各国の利害や思惑がこのように錯綜していけばいくほど、この戦争がもはや宗教や信仰をめぐる〝宗教戦争〟などではなくなっていかざるをえません。そうした真実が、関係者すべての目に鮮明になってきました。

この恐るべき三〇年戦争は、ウエストファリア講和条約の締結をもってやっと終焉を迎えます。この会議で、関係諸国は一五五五年の「アウグスブルク宗教和議」の合意事項を再確認し合います。同時に、今回の講和条約では新たに重要な一点が補足的に相互確認されました。すなわち、「この時点から臣下は、どのような領邦君主、国王であれ、あるいはい

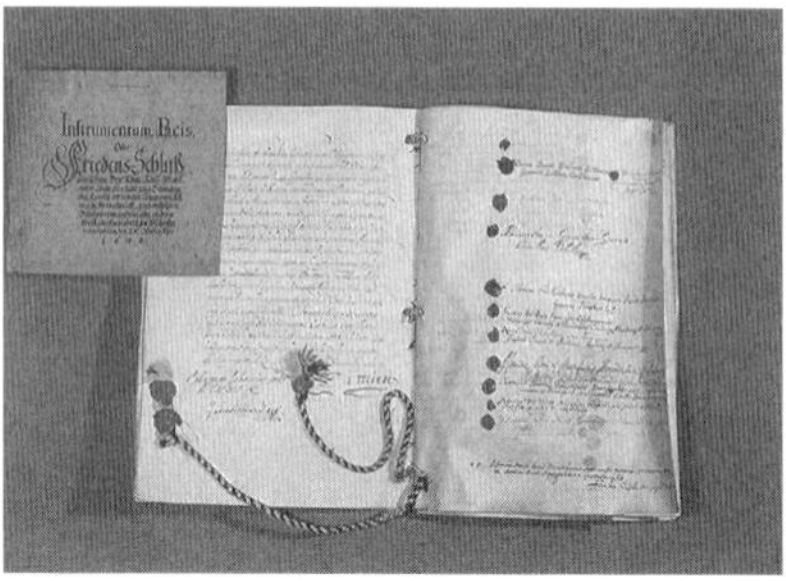

領邦君主たちによる停戦和平条約の調印をもって，30年戦争はやっと終わりを迎え，ヨーロッパ大陸にも平穏の時代が訪れた。

かなる官憲当局であれ、統治者の宗教信条を強制されることがない」という文言です。いわば、ドイツ領邦君主たちは、神聖ローマ皇帝の犠牲の上に自身を強化したのだといってもよいでしょう。戦後ドイツは、フランスとスウェーデンに領土の一部を割譲しなければならなくなります。それと共に、先述したようにこの条約の発効によって、スイスとオランダはそれぞれ国際法上正式に国家の主権が承認されるに至ります。

この戦争前のドイツには、一七〇〇万人の人口であったといわれていましたが、戦争終結後その数は一〇〇〇万に激減したのです。戦争のために荒廃したこの国に居住する一般民衆は、戦争の惨禍やその傷跡から回復するのに何十年も費やさなければなりませんでした。

Drama

19

「国家、それは余の所有物だ！」――ルイ一四世とフランス絶対主義

この表題の言葉が直接ルイ一四世によって語られたか否かに関しては、多々異論があります。しかし、仮にそれが真実でなかったとしても、このセリフは一八世紀フランス絶対主義時代における専制君主としてのルイ一四世の本質を、見事に語り出しているというべきでしょう。なぜなら、世界史のどこを探しても、彼ほど無制約、かつ絶対的な権力行使をくり広げた専制君主は存在しなかったからです。同時に、世界史に出現した支配者の中で、彼ほど長い歳月母国に君臨した統治者は一人もいなかったでしょう。

ルイ一四世は五歳にもならない幼少の年齢で、一六四三年すでに王座に就いています。それ以後、彼は一七一五年死去するまで合計すると七二年間もフランス国王の地位にとどまり続けた人物です。もちろん、五歳にもならない幼児に国家の管理運営ができるはずがありません。当然、後見役がいました。それが、枢機卿マザランでした。しかし、彼は一六六一年に他界します。すると、青年国王ルイ一四世は直ちに重臣たちを呼び集め、次のように訓示を与えこう宣言をします。

「今日、わたしがこの場にあなた方を呼んだのは、他でもない。ただ一点、今後はわたし自らが

国王の職務を担当するという通達です。それをあなた方に伝えるためです。あなたがたは、今後わたしが必要と考える時にのみ国王であるわたしに助言をしてほしい」。

これを聞いた高位聖職者の一人が、国王にこう質問しました。

「国王陛下、それでは陛下自身はいったいどなたにご相談されるのでしょうか？」。

ルイ一四世は、即座に質問したカトリック教会の重鎮に向かって次のように答えたのです。

「大司教殿、それはわたしだ。わたしは、自分自身に相談してすべてを決定する」。

国王ルイの最終目的は、国内の想定しうるすべての競争相手を権力の座から追放することにありました。それゆえ、彼は国王の自分に対して無条件の忠誠を捧げる人間（男性）たちだけを召し抱えたのです。高い地位や官職就任の権利を保持している旧来の貴族たちに対しては、巧妙な手法を駆使して彼らを国王の宮殿に招集しそこに生活させるのです。すなわち、ルイは彼らを国王助言者に任命し、同じ宮殿で共同生活を開始する命令を出します。それによって、彼はフランス社会の上層貴族たちを常時自分の監視下に置くことに成功しました。

もちろん、実際には彼がこれら廷臣の助言など必要としていたわけではありません。形式的であれ、国王が彼らの助言を求めたことなど一度としてありませんでした。フランスの伝統貴族たちは、こうしたかたちで国王と共に宮殿の中で華美そのものの生活を送ることになりました。しかし、彼らから政治上の影響力や権力の行使はまったく遠ざけられていたのです。宮殿の外でも、ルイ一四世は例えば国内の地方貴族たちから全的に権力を剥奪し、彼らに代わって平民階層から国王にひたすら服従する官僚を選出・登用したのです。

租税や関税など国家歳入のすべてが国王宛に送られる構造に変更され、彼が直接管理する国庫に収納されるようになりました。換言すれば、国王のみが国家財政を誰の妨害も受けず自由に動かせる絶対的権限を掌握したということになります。ルイ一四世は、つねにこういった独占的権力を要求したのです。法令の発布と停止も彼だけに決定権が与えられ、外交政策上の交戦や和平に関する権限も、彼が一手に独占する体制に変更されていきました。

“太陽王”を自称したルイ14世（1638～1715）少年時代の肖像画。8歳の頃の作品。すでに，“太陽王”を予知させる片鱗がうかがわれる？

彼は、こうして事実上今やフランス国内で絶対に近い権力を掌握するに至ったわけです。ルイ一四世に見る統治の手法が、絶対主義のそれだといわれたのはここに由来しています。また、彼は好んで太陽王だと自らを称し、人々にもそう呼ばせました。自分自身を天空の太陽になぞらえた自己理解から、後に人々が彼を〝太陽王ルイ〟と呼んだのでしょう。

この太陽王ルイは、ヴェルサイユ地域

に巨大な宮殿を建立しようとします。現代の貨幣の価格に換算して計算するならば、このヴェルサイユ宮殿建立にはおよそ二五〇億から三〇〇億ユーロという巨額の金が投じられたと推定する人もいるほどです。これは、一七世紀後半フランスの金銭感覚からすると、文字通り天文学的な数字だといわざるをえません。

この宮廷国家建設のために、常時四〇〇〇人を超える国民が国王によって毎日徴用され、労働に従事したといわれています。他方、完成した宮廷での生活をかい間見ると、朝起床し宮廷衣服の着用の瞬間から始まり、夜就寝前にそれを脱ぐ瞬間に至るまで、宮廷におけるあらゆる言葉と行動が劇場の舞台上での役者に酷似していました。いうまでもなく、そうした舞台と演劇における主演俳優は国王であるルイ一四世以外にありえません。臣下全員がそこではいわば端役の役割しか与えられないのも当然です。宮殿拡張のために改修工事が行われれば、それは同時にそれ相応の出費が要求されてきます。しかも、宮殿では華麗な、しかし浪費の限りを尽くした官能的生活が毎日くり広げられているわけです。

奢侈な宮廷生活以外にも、大規模軍隊の維持問題がありました。常設された国王の軍隊の維持です。軍人たちは、権利として兵営での生活がつねに保障されていなければなりません。しかし、兵士の数が多ければ多いほど、彼らの日常生活の維持と保障には莫大な経費が要求されます。

これらすべての必要経費の調達役を、宰相コルベールが担うことになりました。彼は苦心の末、ある妙案に辿りつくのです。冷静に考えれば、それはきわめて単純な経営理論でしたが、彼はそれに基づいて政策を実行に移します。フランスが他のヨーロッパ諸国に比べて、より繁栄し裕福な国家になる道は何か、とコルベールは考えたのです。それは、可能な限り多くの生産物を外国へ輸出し、逆に国内へは可能な限り少量の製品を輸入することである。最重要なのは、この点だ――宰相コルベールは、そうしたアイディアをひねり出したのです。彼の見解によれば、この経済思想を実現するには、工場制手工業、すなわち後の人々がマニファクチュアと呼ぶに至った初期産業活動の展開が最適なのです。そして、この産業活動は低金利や課税免除などの優遇政策によって、活発・重点的に推進されていくようになります。

このマニファクチュア式生産プロセスは、相互にきわめて密接なシステムに整理されていました。その結果、何千人もの専門職人や彼らのアシスタントたちが中心となって、一般衣服、絨毯、家具、馬車、あるいはその他多くの製品が、高い質を保持したまま大量に生産されていくのです。その姿は、ちょうどベルトコンベアの流れ作業のようでした。しかも、それらの製品は、主として廉価で外国に輸出するために生産されたのです。反対に、外国からの輸入品には、ことごとく高額の関税がつけられました。事情がこうなると、フランス国内に生活する大半の人々にとっては、右に触れたような製品などとても買えませんでした。彼らには最初から不可能な現実だったのです。

コルベールの考案になるこの経済政策を、後代の人々は重商主義の経済政策と呼ぶに至ります。この経済理論は、何にも優先して先ず国家の金庫に収入を集め、会計を一本化することを目標とした理論であり、金融政策です。しかし、結果的には国内一般民衆の生活上の基本的ニーズは、すべて無視されてしまいます。

一六九八年、国王ルイのある側近はフランス国内の民衆が抱いている不安な心理や困窮について、次のような報告を後世に残しています。

「国内の多くの民衆が毎日落ち込んでいく生活は、杖を頼りにホームレスが街を歩き回るその生活とまったく同じだ。しかし、彼らは誰からも顧みられない。社会底辺層の人々のことは、不十分なまま放置されてしまっている。それを少しでも改善しようという動きも見られない。それゆえ、大半の場合悲惨で悲劇的な状況にある人々がフランス王国の中に数限りなく存在することになる。

他方、彼らはその数において国内の大多数を占めている。しかも、納税や賦役によって国家に奉仕しているという点では、彼らこそ国家にとって最大の功労者だというべきである。彼らこそ、最も重要な社会階層である。労働や商業・交易活動、あるいは種々の物品税納付などを通して、国王とその王国を維持し成立させているのは、まさにこうした一般民衆なのだ」。

たとえこの種の報告が側近から国王のもとに届けられたとしても、それに傾聴する心と耳などルイ一四世はまったく持ち合わせていなかったのでしょう。フランス国内一般民衆の苦悩に満ちた生活には、何の変化も改善も見られませんでした。ルイ一四世は、冒頭で言及したように一七一五年の九月一日死去しました。結局、国王ルイが死後に残したものとは、外面的にはまことに華麗に映った、しかしその内部では幾多の困難な課題に充満したフランス王国だったのです。国家の財政は絶望的なほど破綻をきたし、ヨーロッパの中で誇ってきたフランスの主導的地位と優位さは、今や失墜してしまいました。ヨーロッパ世界から消え去っていくかに見えたフランスでした。

他方、国民一般の惨めな生活環境はその後も改善されませんでした。ルイ王朝のこうした時代が、絶対主義のそれとして理解されているのは、周知の事実です。ところが、この絶対主義的政治の体制は、他のヨーロッパ諸国において、多くの専制君主たちから踏襲すべき模範として受け止められた側面があるのです。彼らは、フランス・ルイ王朝風の生活様式に多大の関心を寄せ、現実の規模でははるかに小粒であったにせよ、国王ルイ一四世の統治手法を賞賛と共に導入しようとしたりしました。国王ルイのように卓越した〝大太陽〟にはなれないとしても、せめて〝小太陽〟君主になりたいと願う支配者が多く出現したほどです。

ヨーロッパの多くの地域と王国でも、フランス同様、一般庶民層はこうした専制君主・領主たちの抑圧下で苦難の生活を余儀なくさせられていました。とりわけ、それは農民層にとって厳しい現実でした。民衆は、支配者に納税や賦役などの義務を負わされたり、王侯貴族の豪奢な邸宅や修道院、教会、あるいは市庁舎の建設のために頻繁に徴用され、強制労働に従事させられたりしたのです。

わたしたちは、現代に生きる者として、一七、一八世紀ヨーロッパの絢爛豪華な建築物が存在する名所旧跡を訪れる際に、驚嘆のまなざしでそれらを仰ぎ見るだけではなく、同時に本章でこれまで確認してきたような屈折した歴史の背景や展開に対しても、思いを深く馳せるべきではないでしょうか。

第Ⅲ部　ヨーロッパ世界の《変革》——近世から近代へ

Drama 20

自由の旗手イギリス——議会制民主主義の萌芽

絶対君主思想から自由になった国は、海洋国家イギリスでした。この国では一二一五年以降、無制限の支配権力を独占した専制君主は一度も出現しませんでした。勅許文書マグナ・カルタが、この年に成立しました。すでに、そこには最高統治者・王は、領主、イングランド教会上位聖職者、あるいは貴族たちの同意を得てのみ、課税措置を講じることが許されると明記されているのです。時代を経てこの大憲章の思想から、上院と下院という二大分立議会制が誕生するに至ります。上層貴族と教会の高位聖職者が上院を、地方下層貴族と平民・自由市民が下院をそれぞれ構成しました。そして、このマグナ・カルタ成立の時代、一三世紀初頭から一七世紀に至るまでは、制定される法律上の諸規則の遵守に関して国王であれ女王であれ、上下院と一切トラブルがありませんでした。統治者と議会が、協力し合って生きていたのです。

この関係に破綻が生じたのは、一六二五年チャールズ一世の国王即位の時からです。国王チャールズは、即位にあたり自分は神から直接選任された存在であるから、統治の仕方もすべて自分が決定するという要求を掲げました。国事に関する決定は、すべて一人の元首に任せさえすればよいのだ、その者はただ神に対してのみ釈明責任を負う、その人間こそ自分なのだというのが、彼の主張でした。

オリヴァー・クロムウェル（1599～1658）は，“神の戦士”を自称したプロテスタント・キリスト教清教徒の一人であった。

しかし、議会と国民が、これに同意するわけにはいきません。両者間の対立と緊張は、ついに一六四二年の内戦にまで発展していきました。

議会側の軍隊は、〝神に代わって戦う者〟を自認し徹底した清教徒（ピューリタン）でもあったオリヴァー・クロムウェルの指揮下に、市民戦を開始します。二回にわたる激戦の末、クロムウェル軍は勝利を手中にしました。

しかし、彼はその後自分に同調しない、あるいは国王となお交渉の余地ありとする議会関係者すべてを、議会から追放してしまいます。クロムウェルを支持する議員たちだけの議会、いわゆる〝残部議会〟は、国王チャールズ一世を法廷に召喚、直接彼に死刑を宣告します。一六四九年一月三〇日、国王は王宮の前ロンドン塔の断頭台で、首をはねられてしまいます。世界史において、支配される側の人間が蜂起して、支配する側の人間、すなわちイングランド国王を、民衆自身の手で処刑したという出来事は、最初の政治的大事件ではないでしょうか。

この直後に、クロムウェルを頂点に戴く新政権が樹立され、イギリスは近世歴史上初めて共和制を敷く政体を誕生させるのです。けれども、権力を一手に掌握したクロムウェルはやがて議会側の権限や民衆の要請をほとんど無視した政権運営を始めるのです。彼のその対処の仕方は、先に処刑した国王チャールズ一世とほとんど大差ないものでした。一六五三年に入ると、クロムウェルは自身を終身

〝護国卿〟と呼ばせるに至ります。それと共に、彼は支配下の軍隊を背後に従えてイングランド全土を統治しようとしますが、その姿は軍部独裁者とほとんど変わりませんでした。

クロムウェルの死後息子のリチャードが父同様護国卿に就任しますが、政治的に非力な彼はすでに一年後に退位を求められます。イギリス国民のほとんどが、この頃もはやクロムウェルの統治手法に嫌気が差していたのです。彼らは、むしろ王政復古を望んでさえいました。とはいえ、国王の統治権限は議会の厳しい監視下に置かれていなければなりません。

この光景は，1649年執行された国王チャールズ１世の処刑場面。作品の成立年代は不詳。

一六六〇年、チャールズ二世が王座に就きました。即位時、国王は議会の権限を十分尊重する旨の誓約をしました。しかし、彼もまた、前王同様に、国家の絶対的権力を自分に要求したのです。国王が議会を無視する行動に出るまでに、時間はさほどかかりませんでした。その上、彼は一六世紀の宗教改革運動を認めないカトリック・キリスト教会を援護し、所属信徒たちの官職登用に便宜を図ったりしたのです。宗教改革推進派の議会は、当然これを承服できません。議会は、王側の措置に対抗して立法府で法律を策定し、カトリック教徒に国家のあらゆる公職への就任を拒否する決議をしました。さらに、議会はカトリック・キリスト教を受容した人物は誰であれ、王位就任を承認しないという即位案を議決し国民にも通達するために動きます。

国王の死去後、弟ジェームス二世が王位を継承します。この新国王は、カトリック信仰を告白していた人物でした。議会と国王側の関係は、それによって一挙に緊迫し、先鋭化していきます。とりわけ、国王によるカトリック教会の勢力拡大と、プロテスタント教会の勢力弱体化を推進する政策導入を契機にして、両者の関係は最悪の事態を迎えるに至りました。

しかし、最初両者間のこの衝突は議会側に有利に展開します。というのは、国王ジェームス二世の娘メアリーが、プロテスタント信徒でオランダ人のオラニエ家ウイリアム三世と結婚していたからです。議会側は二人に加勢を要請し、勝利後の見返りとしてイングランド国王の座を約束します。提案を受け入れた二人は、一六六八年オランダ軍と共に大挙ロンドン攻撃のためドーヴァー海峡を渡りました。恐怖を抱いた国王は、大陸のフランスへ逃亡を図ります。その結果、実際の白兵戦に入る前に議会側はほぼ勝利を手中にします。ウイリアムとメアリーはロンドンに上陸し、何の抵抗も受けず〝無血入城〟を果たしました。

国王への就任に際して、二人は議会から同意書への署名を要請されます。これが、歴史的に有名な「権利宣言書」です。一国の最高統治者がこの権利宣言書に署名・誓約することによって、イギリス議会と国民には人間と社会に関する本質的権利が保障され、確約されたことになるわけです。

いくつか重要な事例を紹介すれば、以下の通りです。

いかなる法律も、議会の同意なくして有効、あるいは無効とすることはありえない。課税や関税、あるいはその他の賦課は、ただ議会の承認を得てのみ実施される。議会の同意なくして、これらの課税措置を執ることは許されない。議会選挙は、完全に自由な雰囲気のもとで、しかも何物にも一切拘束されることなく実施されなければならない。上下院に所属する議員たちには、言論の自由が保障されなければならない。また、彼らには議員免責権が保障されなければならない。議会の承認なくして、国王は平時に軍隊保持を試みることは一切許されない。独立した司法府は、決定された法の遵守と監視を主要な任務としなければならない。何人も、法に基づいた判決を受けずして、処刑、あるいは拘禁されることはありえない。

一六八九年に文書化されたこの基本的権利の明文化は、人類史上まことに革命的な意義を持っているというべきです。文字通り、イギリス〝名誉革命〟(Glorious Revolution) の成功と呼ぶに値する画期的な市民革命の所産です。その本質的意義の高邁さは、同時代のヨーロッパ諸国に見る政治や社会の現実と比較して考察するならば、いっそう明白に理解できるはずです。この頃、ヨーロッパ大陸のほとんどの国では、フランス・ルイ王朝の統治形式に範をとった専制君主的支配が、大陸領主たちの大小を問わず、一般的な形態だったからです。そうした同時代的状況の中で、イギリス議会が人間社会に関わる権利の獲得のために、新しい戦いを開始し、同時に国家の進むべき道に関して重要な役割を担ったのです。その意味で、イギリス議会や市民のこうした革命闘争は、自由な近代国家の基本法、すなわち国法(憲法)の策定という点で本質的前進を画した貴重な第一歩であったというべきです。フランスの啓蒙思想家・哲学者フランソワ・マリ・ヴォルテールは、イギリス名誉革命とその歴史的意義に関して、次のような言葉を残しています。

「この権利宣言を完璧であると考えるべき根拠、それは、この宣言書が公表された結果、ヨーロッパ大陸に居住するすべての人間が人間としての諸権利を今や満喫できるようになったという事実の中にある。まさに、そうした人間的権利を、ヨーロッパ大陸の専制君主たちは今日までいずれの国であるかを問わず国民から奪取し、剥奪してきたのだ」。

Drama 21

ロシア帝国の動向——西ヨーロッパを模範にした近代化

数百年間大陸ヨーロッパの一角にありながらも、多くのヨーロッパ諸国とは異なり近代化の潮流にはあえて背を向けてきた国が、帝国ロシアです。ロシアは、大陸東方に位置していますが、西方ヨーロッパ世界とは長い間距離を置く歴史を形成してきました。そうした態度に変化が生じてきたのは、一七世紀後半から一八世紀にかけてこの国を統治したピョートル大帝の時代以後のことです。彼は、ロシア帝国改革を自分の天命であると自覚していました。その際、大帝にとってこの改革とは、西側ヨーロッパ世界に向けて祖国を開放していくことを意味していました。大陸ヨーロッパの西方諸国から教えを受けながら、母国ロシアの近代化を推進する改革の道を彼は構想していたのです。

その実現のために、ピョートル大帝は一六九七年から翌年にかけて、およそ一国の統治者としては前代未聞の発想に基づく西ヨーロッパ諸国への旅を企画したのでした。すなわち、彼は二五〇人を超える大派遣団を構成するのです。しかも、大帝自身がその一員に加わり、身分を隠して一緒に西方旅行に出立したのです。彼としては、自分自身の目で直接西側諸国を見たり、その多様性ある豊かさやそれを支える経済の仕組み、あるいはその社会秩序一般をじかに体験したいと切望していたからでしょう。

そうした思いの中でも、大帝がとりわけ大きな関心を寄せていたのは、西側諸国が発展させた技術革新の現状であり、その具体的展開の現実でした。彼は、大学に赴き古典力学の講義に出席したり、専門家たちをその研究の現場に訪問して彼らの仕事ぶりをつぶさに見聞します。諸国滞在中、彼はそうした懸命の努力を重ねるのです。

具体例を挙げれば、大帝は〝ピョートル・ミハイロフ〟という偽名を使ってオランダとイギリスの造船所で一年近く一介の船大工として直接働いたことがあります。この出来事は、後日あまりにも有名な逸話になりました。直接現場に身を置くことによって、彼はロシアが将来良質の船舶をどうしたら建造できるかについて多くを学ぼうとしたのでしょう。ピョートル大帝のこうしたユニークな言動は、その後ヨーロッパ大陸で多くの詩人や芸術家たちによって注目され、舞台で上演されたり絵画芸術にも登場したりしたほどです。アルベルト・ロルツィングは、その戯曲『ピョートル大帝と船大工』を通してロシア皇帝のこうした実に独特な側面を華麗に描き出しています。

帰国に際して、大帝は西ヨーロッパ滞在中各国で獲得した近代化の斬新な知識と共に、その数一〇〇〇名ともいわれた広範な専門分野の技術者たち、いわゆる〝お雇い外国人〟を引き連れて母国ロシアに帰ってきました。その時を起点として、帝政ロシアの地で文字通り大変革が進展していくわけです。

男性たちは、伝統的な長いロシアあごひげをすべて切り落とさなければなりませんでした。また、国民はそれまで愛用していた独特の民族服をことごとく脱ぎ捨てなければならないと命令されたのです。それらはすべて、ロシア人が西側近代ヨーロッパ諸国の市民たちのように華麗な言葉と振る舞いに習熟し、近代化を成就するための努力でした。

さらに、大帝は大陸ヨーロッパの北部のバルト海、換言すればスカンディナヴィア半島とユラン半島に囲まれたこの内海に沿って、ヨーロッパ風の新首都建設を決定します。これは港湾都市としての機能を兼ね備えた都市の建設でもあり、大事業でした。しかも、候補地として選ばれた土地は、途方もなく広大な湿原湖沼地帯でした。立地条件として、そこは首都や港湾建設には最初から完全に不向きな場所だったのです。それにもかかわらず、大帝は有無をいわせずここに礎石材を投入して埋め立て、干拓地を作り出し、その上に是が非でも新都市建設を成功させよと命令しました。

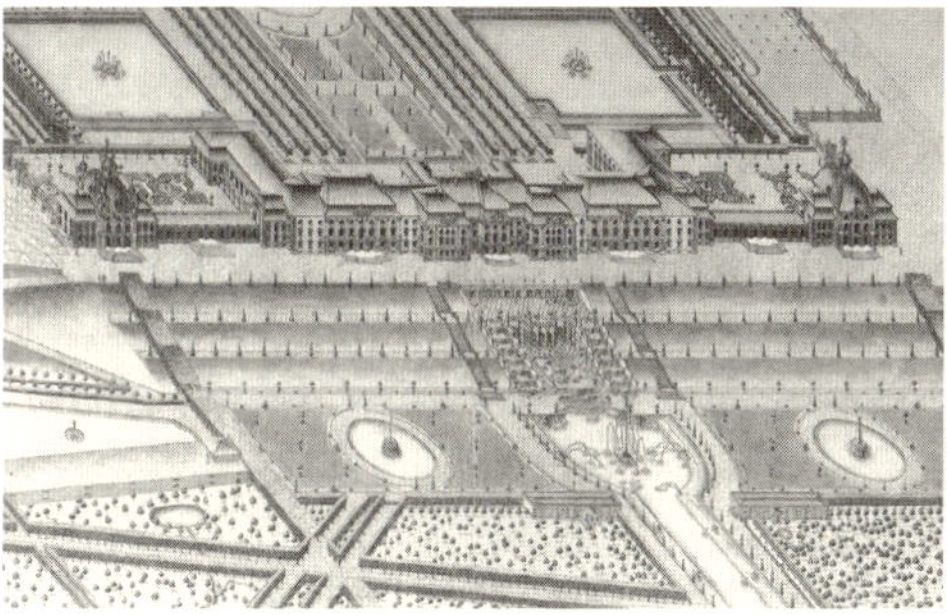

ピョートル大帝の後継者たちは，彼の館を聖ピョートル教会から遠くない場所に移し，巨大な宮殿施設に改造した。この建立物はほどなくここを訪れる人々によって“ロシアのヴェルサイユ宮殿”と呼ばれるに至った。

ですから、この工事は、建物自体の建設に入る前に想像を絶するほど莫大な労働力と働き手が必要とされる、大干拓事業にならざるをえなかったわけです。ある人の推計によれば、この湖沼湿地埋め立て工事だけで一二万人を上回る人命が失われたとのことです。しかし、帝政ロシアの最高権力者であるピョートルにとっては、この帝国首都と港湾都市の完成は西方の近代ヨーロッパ諸国に開かれた〝絶対不可避の窓口〟の開設でもあったのです。

帝国ロシアの世界的地位を高めるために、ピョートル大帝が踏み出した第二の足跡は、堅固な常設軍隊の新設でした。西側ヨーロッパ近代国家の軍隊に範をとって、毎年三万から四万名の男子青年が〝召集〟されるようになりました。いや、その実態は、召集というよりも有無をいわさぬ徴用でした。軍船の建造も同時に進行しました。それは、帝国ロシア軍船が、バルト海沿岸地域において最強の艦隊に成長するまで続けられたのです。

　軍隊強化と並んで、帝政ロシアの行政官僚機構の分野でもピョートルの命による徹底した再編成が実行に移されます。例えば、帝国全土が新たに八地区に分割され、各地区の総督には帝国政府とピョートル大帝に対する絶対忠誠と責任の遂行が要求されるに至ります。ラディカルな機能改革が断行されたわけです。国家のあらゆる分野が、こうして大帝の思惑通りに再編成されるに至りました。

　また、彼はロシアの伝統的貴族制度にも大胆なメスを入れます。すなわち、世襲制を廃止し、業績評価制度の導入を決定するのです。すべてが業績達成の程度に準じた地位と処遇が約束されるという機能主義の改革が、彼の手によって導入されました。こうした新しい社会秩序や位階制は、貴族層だけでなく、中央官僚や軍将校たちの世界にまで導入されていくようになります。こうなると、ロシア人は伝統的な世襲や出自尊重などといった観点からではなく、むしろどのような場所で、いかなる業績を、どれほど達成したか否かに即して、自身の社会的地位が決定されるという現実に生きていくことになります。

　確かに、ピョートル大帝は帝国ロシアの時代にさまざまな領域で多くの改革を断行した人物です。しかし、一般庶民や労働者、あるいは農民たちには、そうした改革のほとんどが何の恩恵ももたらさなかったのです。それどころか、一般国民は以前にもまして強制労働や重税、徴用のために辛苦に満ちた生活状態へと追い込まれるに至りました。
ピョートルと同じ時代を生きたあるロシア人の年代記作者は、わたしたちに次のような記録を残しています。

「ピョートル大帝の改革は、確かに社会上位階層の人間たちを時代に乗り遅れた伝統的風俗と習慣から解放し、民衆をさまざまな社会的悪弊から自由にし、解き放った。今や、すべての国民が西ヨーロッパ風の生活様式を模倣し、彼らが着用する衣服を自分たちも好んで着ようとする。あるいは、彼らの言葉を少しでも流暢に話そうと懸命になっている。帝国ロシアの専制君主制は、今や絶対君主制に変質してしまった。絶対的制約のもととはいえ、それなりに自由を享受していたロシア国民は、もはや彼の奴隷としてしか価値を持たない存在になってしまったのだ」。

しかし、大帝はこうした厳しい批判の声をものともせず、非情なまでの過酷さと徹底さで、ロシア近代化の道を突き進もうとしたのです。そこから人々は後に彼を〝大帝〟と呼ぶようになったといわれています。この大帝のこうした非情さは、例えば次のようなかたちでも伝えられています。
ピョートルの息子、皇太子のアレクセィエフは、伝統ロシアの習俗や習慣に好意を持って接近し、むしろ父親の〝西ヨーロッパ風近代化政策〟を何とか阻止しようと動いた時期がありました。それを知った父ピョートルは激怒し、いささかの躊躇もなく実子を殺させてしまったのです。大帝の死去は一七二五年でした。しかし、大半のロシア国民は彼の訃報をむしろ喜んだといわれています。大帝の絶対君主的統治が長引けば長引くほど、ピョートルに対する臣下たちの憎しみがさらに強くなり、封建時代の君臣関係が断絶してしまったからです。

とはいえ、大局的な見地に立って考えれば、ピョートル大帝がロシアの最高統治者として推し進めた最優先課題、すなわちこの〝後進国〟ロシアの近代化とヨーロッパ政治力学における強力な地位の確保は、それなりに実現を見たと考えてよいはずです。

Drama 22

プロイセン王国の台頭——一領主から国王へ

一七世紀に入ると、神聖ローマ帝国内の王侯君主たちの中から、伝統と由緒ある一族が歴史の表舞台に登場してきました。その出現を誰一人予想できませんでしたが、一足飛びで最高位の座に君臨するに至ります。それが、ホーエンツォレルン家です。当時この一族はブランデンブルク・プロイセン地方の小さな領主にすぎず、国内は不統一、経済的にも何一つ存在感を示しうるものを持たない状況のもとにありました。

そうした状況に変化が起きたのは、四八歳の領主フリードリヒ・ヴィルヘルム選帝侯による領邦統治時代以後のことです。選帝侯はフランスを模範とした行政管理や経済運営、あるいは軍の近代化を強力に推進しようとしたのです。それがその後の領邦国ブランデンブルク・プロイセンにとって飛翔の大原動力と堅固な基盤になったのでした。ヴィルヘルムは、領邦君主として多大な成果を上げたにもかかわらず、人間的にはむしろ謙虚さのある人物でした。

しかし、彼の息子フリードリヒ王子はまったく性格が別でした。彼は一介の領邦君主、単なる選帝侯の地位に飽き足らず、その上の地位、すなわち王座を渇望したのです。長い時間をかけた交渉や莫大な金品の投入が功を奏してか、彼は影響力のある他の領邦君主たちと皇帝の同意を取りつけることに成功しました。実態は、同意を〝買った〟というべきでしょうか。

一七〇一年、フリードリヒはケーニヒスベルクで自ら〝プロイセン国王〟の地位に就任したのです。しかし、神聖ローマ皇帝が居住する古都ウィーンのハープスブルク宮殿は、フリードリヒのこの言動を耳にしても、一笑に付し歯牙にもかけませんでした。初代プロイセン国王の即位は、完全に無視されてしまったというわけです。皇帝側のこうした反応には、根拠がありました。というのも、父親のフリードリヒ選帝侯は政治的野心に関して比較的淡白な人物として知られ、相応の信頼を得ていたからでした。その対極にあったのが、今回プロイセン国王の座に就いた息子フリードリヒ・ヴィルヘルム一世です。国民はやがてこの新君主を〝軍人皇帝〟と呼ぶようになります。

些事に拘泥するこの統治者にとって、最重要の位置を占めたのは、強力な軍隊と無駄を徹底的に省いたプロイセン王国の行政管理でした。それこそ、「余がこの王国と臣民に恒久の幸せを下賜する最善の道である」と国王は考えたのです。こうした堅固な信念のもとに、ヴィルヘルム一世は半ば強制的なかたちで多くのプロイセン青年たちを募集し、結果軍人の数をそれまでの二倍、一万八〇〇〇名にまで増強しました。若者たちは、軍隊生活を送る中で国王に対する絶対忠誠の精神を徹底的に〝叩き込まれた〟わけです。〝プロイセン式特訓〟の教育は、当時ヨーロッパ諸国で有名になると同時に、各国から軽蔑の対象にもされたのでした。しかし、軍人国王にとっての最高価値は、職務に対する透徹した自覚、無私の全的服従、秩序規律の遵守、そしてひたむきな勤勉心などと考えられていました。さらに、国王はこれらの価値が最大限実現される場所こそ軍隊であると理解していたのです。

こうなると、プロイセン全土が一種の〝兵舎国家〟へ変質していくのは時間の問題です。後代の人々から不評と批判の標的にされた〝プロイセンの美徳〟は、国内いたる所においていわば〝不動〟の国民倫理、国家哲学になっていきます。けれども、プロイセンのこうした姿勢や教育は、当時ある意味で国家建設における致し方のない道程であったのかも知れません。なぜならば、プロイセンのような後進性を帯びた小国が、短い年月の間に一八世紀ヨーロッパ世界の中で存在感を持った強国に成長するためには、右に見たようなプロイセン流国家哲学や国民道徳がやはり不可欠な要請としてあったからでしょう。

フリードリヒ・ヴィルヘルム一世晩年の統治時代に、プロイセンはヨーロッパ諸国の中で第三位の軍事力を保持する国家、国債も皆無の王国、いやそれ以上に当時の通貨単位で一〇〇〇万ターレルに上る軍事費を金庫に保有する富裕国にのし上がっていたのでした。

軍人皇帝としての彼が、日頃から切願していたのはただ一つ、王子フリードリヒが将来の帝王として父親の自分と同じ道を歩んでくれることでした。しかしながら、父親のこうした切なる希望は成就しませんでした。

“軍人皇帝”ヴィルヘルム１世にとって，最大の自慢は“巨人近衛兵”の創設にあった。身長1.88メートル以上の若者のみが，この皇帝直属集団への入隊が許可され，ヴィルヘルムはヨーロッパ各地からこの条件を満たした青年たちを募集した。

その最大の原因は王子が心酔していた時代思潮、当時のヨーロッパ人が〝フランス啓蒙主義〟と呼んでいたヨーロッパ大陸の一大思想運動にあったと考えるべきでしょう。次期プロイセン国王、そして王子のフリードリヒは、この一八世紀啓蒙主義の決定的影響下に青年時代を送った人間の一人だったのです。

Drama

23

理性の時代——啓蒙思想の徹底化と宗教批判

一七世紀後半から一八世紀にかけての時代は、理性の時代と呼ばれています。この言葉は、人間が理性的に考えること、言い換えれば理性に基づく思考が、単純に信じ仰ぐこと、すなわち理性が否定された行為から次第に解き放たれる、とりわけ非理性的迷信から、正しく解き放たれなければならない時代の到来を物語っているといってよいでしょう。

あるいは、イタリアを中心に一五世紀末から次世紀中半にかけて展開されたルネサンスと人文主義（Humanismus：〝人間主義〟）運動が、より強化されたかたちで次の二世紀へと継承されてきたのだと考えることも可能です。この新しい時代思潮は、ヨーロッパ諸国の中でも特にイギリスとフランスにその源流を遡及させて考えられる思想・学問、そして社会を巻き込んだ一大運動として開始され、他のヨーロッパ諸国に広く波及していきました。

宗教、国家、社会、あるいは経済といった広範な領域で、それまで当然と見なされてきたすべての見解や理解が、あらためて厳格な検証のまな板に載せられるに至ったのです。実験に基づく真理の発見という自然科学上の手法に示されるように、理性的合理主義に立脚した検証に合格しないものは何であれ、廃棄の対象にされてしまうという思惟形式が出現したわけです。

イマヌエル・カント（1724～1804）。

人間に固有な理性を持って認識できる実体のみが、真理と呼びうる唯一無比の世界である――フランスの数学者・哲学者ルネ・デカルトは、すでに一六三七年に書いた論文「正しい理性の使用について」の中でそのように主張しています。啓蒙とは、いったい何なのかの問いかけに直結するテーゼです。人間はもはや旧来の伝統的権威に自分の後見役を任せる必要などない。反対に、人間は今や独り立ちし、自らに固有な理性に即応した言動に終始すべきである。〝啓蒙〟の真の意味はここにある。そういった主張と理解が、ここに表明されているのです。そうした認識に立ってイマヌエル・カントは、その有名な一文「啓蒙とは何か」の中で次のように啓蒙の定義を提唱しています。

「啓蒙とは、人間が自分の責任に原因を持つ未成熟さから解放されていくその出発点である。未成熟性は、何か他人の力に頼らずとも自分の判断力を十分行使できるその能力が欠如した状態を指す。

また、そうした原因が、理性的判断能力の欠如にではなく、反対に他人の力を借りなくとも独力でやり遂げようという勇気の欠如にある場合、そこに現出する未成熟さの責任は全的に自身にあるというべきである。

〝サペレ・アウデ（sapere aude）！〟、すなわち〝自分自身の理性と判断力を行使する勇気を持て！〟。これこそ、啓蒙とは何かに関する最良の定義である」。

啓蒙思想家たちは、一様に人間の天与の平等を熱く論じます。同時に、彼らは人間の生得的権利と尊厳についても論陣を張ります。そして、人間の尊厳は何人といえども、いや一国の君主ですら、絶対に奪い取ることの許されない天賦の権利であり、尊さなのだと主張します。

一八六九年に、イギリスの哲学者ジョン・ロックは次のように論じています。

「人間は、本来どのような環境のもとに置かれるべきなのだろうか？　そこに思いを馳せる時、われわれが見出す本来の人間の姿、それは自由だ。人間は、本来自由の子どもなのだ」。

その約七〇年後、フランスの思想家ジャン・ジャック・ルソーが代表的著作の一つ『社会契約』を執筆した際、彼はその冒頭を以下のような言葉でもって書き始めています。

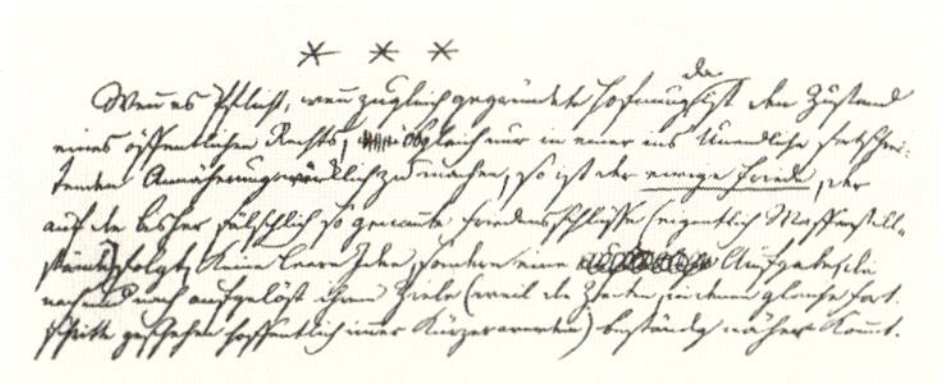

カント「永久平和論」の直筆原稿。ここで彼は，人間や民族間の真の永続的平和が，統一された“世界政策”の導入によって初めて可能となることを力説している。これは21世紀のテーマでもある。ヨーロッパ現代史の中でもカントの主張は，正当性を確保しているといえよう。

「人間は、本来自由の子として生まれたはずだ。しかし、見るがよい、今人間は重い鉄の鎖によって身動きできない状態の中にいるではないか！」。

啓蒙思想家たち、すなわちルソー、ロック、カント、モンテスキュー、ヴォルテール、そして多くの啓蒙思想の擁護者たちは、まさにこの〝重い鉄鎖〟を社会の中で徹底的に粉砕し尽くそうと戦った人々です。

人間は、〝生まれながら〟自由な存在です。しかし、そのことは社会との関係においても、妥当する真理でなければなりません。人間共同体、すなわち社会は、本来人間の諸権利を擁護する立場にあるはずです。しかし、そのようになるためには統治者側と統治される側、別言すれば支配者と被支配者の間において、対等な権利意識に基づく双方の権利と義務に関する契約が締結されなければなりません。

この社会契約思想に従うならば、統治者はもはや伝統的に〝神〟から任命される必要など不要となります。国王は神からではなく、国民によって選任される存在に変化するはずです。さらに、その際国王の第一の責務は、従来のような恣意的支配ではなく、そこに住む民の人間としての尊厳を守り、彼らの本来的自由を擁護し、国民の安寧と幸福の増進に貢献する点にこそ求められなければならないでしょう。

万一、国王が国民と交わした契約を反故にして、自分に寄せられた国民の信頼を裏切るような時には、そう振る舞う支配者を国民はいつなりと退位させることが可能になります。当然の反応として、これまで述べてきた斬新で革命的な社会思想は、当時のヨーロッパ社会を席巻していた支配思想、すなわち絶対主義と正面から対立する概念であり、考え方でした。ですから、当時のヨーロッパではほとんどすべての王侯貴族や領主たちが、この啓蒙主義の主張を最初から拒否したのも当然です。

しかし、そうした大半の統治者の中で、オーストリア帝国のヨーゼフ二世、ロシア・ツァー王朝のカタリーナ女帝、そしてプロイセン王国の王子フリードリヒだけが、一八世紀啓蒙主義思想とその主張に耳を傾け、深い共感を示した統治者たちでした。

Drama 24

〝哲学者〟君主が誕生した？——プロイセン王国とフリードリヒ二世

フリッツ・フリードリヒ二世は、一国の王子としては非常に過酷な幼少時代と青年期を体験した人物です。前話でも短く触れたように、彼の父〝軍人〟国王フリードリヒ一世は、わが子を自分の描いた統治者像そのままに育て上げようとした君主としてつとに有名です。彼はいつも息子に口ぐせのように、こう話しかけていたといわれています。

「フリッツ、すべてこの父と同じように振る舞え！　そうすれば、お前は文句なく立派な国王になれるのだ！」。

この父はすでにフリッツが五歳の時から、この王子に軍服を着せ、駿馬で遠乗りに連れ出し、森での狩猟に同行させ、さらには国軍パレードの閲兵式に隣席、軍事演習に参加させたりしたのです。しかし、息子フリードリヒは、まさにこうした軍人の世界を毛嫌いしていました。あるいは、いわゆる〝プロイセン風美徳〟に対しても彼は強い嫌悪感を抱いていました。この方向とは真反対に、この豊かな天分と繊細な感受性に恵まれた次期国王は、人間の礼節や風流を解するごく普通の生活をこよなく愛していた人物でした。彼は、芸術上の多くの秀逸な作品に傾倒し、中でもフランス文学を愛読していました。また、哲学的思索の時間を意図して持ったりして、自ら詩作に興じるエスプリも忘れていませんでした。さらに、彼は国王の父には内緒で、自らフルートを奏る趣味も持ち合わせていたほどでした。

軍人の父親にとって、こういった王子の言動は、当然の経緯として全的に無意味きわまる愚行にしか映りません。父は、息子を殴りつけムチで引っぱたき、そうした〝愚考〟を何とか止めさせようとします。

軍人皇帝ヴィルヘルムは，目的完遂のためには手段を選ばなかった。この木版画はそうした一場面。王子フリードリヒを何としても父親の意志に服従させようとして，彼はサーベルを抜き，息子を脅迫しようとしている。側近があわてて間に入り皇帝をなだめている。

一八歳になると、フリードリヒは父親のこういった暴力と抑圧から自分を解放したいと心に決めます。そして、心を許す友と連れ立ってひそかに国外脱出を敢行します。しかし、惜しくも彼らは国境線近くで捕縛されてしまいました。激怒した国王は、直ちに軍法会議を招集し、二人の若者たちに死刑を宣告します。

死刑執行の直前、王子フリードリヒは国王恩赦によって執行が免除されました。けれども、彼の無二の友は、求刑通り執行され落命しました。一部始終を王子はその場で直視させられます。この出来事の後、フリードリヒは父親の裁可が出るまで長期間獄中での生活を余儀なくさせられるのです。

こうした一連の事件とそこでの体験が、若いフリッツ・フリードリヒにその後の大転換を迫ることになったというのは、想像に難くありません。間もなく彼は、父親に従順な息子となって国家の行政管理や経営、あるいは軍隊などの教練、いわゆる〝帝王学〟の習得に日々を過ごす生活へ入っていくようになります。さらには、父がいわば〝勝手に〟連れてきた他国の王女と〝愛なき結婚〟まで受容するに至ります。結婚後、王子は妻共々ブランデンブルクのライニスベルク城に入り、新生活を開始します。

この地で、フリードリヒはやっと平穏な毎日を送る機会に恵まれたといってよいでしょう。音楽や文学に親しみ、あるいは哲学研鑽に没頭する時間も与えられたのです。彼が、フランス人哲学者ヴォルテールと書簡を交換し合い、自著を出版できたのも、このライニスベルク城での心穏やかな生活があったからでした。自著の中で、フリードリヒは一人の理想的な統治者、哲人君主を描き出していきます。それは、自らに委ねられた職務を深く自覚し、同時にこよなく平和を愛する君主の理想像です。この統治者は、自身の言葉や行動を他のいかなる思想に優って先ず一八世紀啓蒙主義思想に基礎づけています。

例えば、最優先されるべき国家の責務は、何を差しおいてでも第一義的に全国民の安寧と幸福を実現することでなければならないと理解されています。国家の責任とは、まさにそこにあるというのです。フリードリヒは、こう述べています。

「統治の責任を負う者は、何よりも先ず自身が国家に仕える存在でなければならない」。

彼は、そこまで踏み込んだ哲人君主論を展開しています。こういった理想的指導者像が、その著作の中で描き出されているわけです。

一七四〇年、フリードリヒが死去した父を引き継ぎ、プロイセン国王の座に就きました。多くの国民はこの新王に大きな期待と希望を託します。プロイセン王国に〝哲学者の君主〟が誕生したことを喜び、この国にもやっと平和な時代が訪れてくるであろうと心底歓迎しました。他のヨーロッパ諸国の反応も、一様に好意的でした。

確かに、フリードリヒの即位後しばらくの間、こういった内外の期待や希望はその通り実現するかに思われたのです。例えば、新王フリードリヒは着任後直ちに拷問制度を廃止し、法廷裁判に対する君主介入権の撤廃を実現させたのです。さらに、彼は王国内全住民が裁判訴訟に際して社会的身分の上下や高低を越えて、まったく対等に処遇されるべきであると宣言し、その実現のための尽力を惜しみませんでした。

フリードリヒ二世が導入した第二の政策は、宗教上の所属、すなわちカトリック信徒であるかプロテスタント信徒であるかを一切問わず、自由な信仰告白が保障されていること、同時に一般的な宗教選択の自由が存在することを公的に明示することでした。それとの関連で、彼が後世に残した多くの名言がありますが、次の言葉はあまりにも有名ですので、ここに紹介しておきましょう。

皇太子フリードリヒは，芸術分野にも関心と造詣が深く，アドルフ・フォン・メンツェルの手になるこの大絵画は音楽に対するフリードリヒ“大帝”のそうした側面を見事に描き出している。フリードリヒによるフルート・コンサートの一コマ。

「わたしが国王として統治するこのプロイセン王国では、誰であろうと、自分自身のライフスタイルと世界観に従って生き、それによって精神の至福を獲得する権利が保障されている」。

事実、統治の間国王フリードリヒは、寛容な精神を保持した君主でした。いろいろな局面に、そうした面目がうかがわれます。従来の主従・君臣道徳の大改革はその一つです。また、それと並んで、以前には存在しなかったような斬新さに溢れた思考や実践がその統治時代に登場してきたのです。それは、例えばわたしたちがゴットホルト・エフライム・レッシングの戯曲や彼のその他の作品、とりわけ『賢者ナタン』を一読するならば、その一端を明瞭に理解できるはずです。そこでは、現在統治の任にある国王、すなわちフリードリヒ二世に擬したある〝聡明な君主〟が、〝深い理性と寛容な精神に満ち、そして人間性豊かな統治者〟として描写されているのです。この君主は、同時に多くの国民と親しく交わろうとする人物です。君主へのこうした自由な接近は、すべての国民に保障された権利として理解されているわけです。その接近を阻止できる権利は、君主であっても与えられていません。

ここからも理解できるように、確かにフリードリヒは文人派〝哲人君主〟でした。しかし、同時に、彼にはプロイセン王国の最高司令官としての側面もありました。哲学者は、同時に軍将だったのです。そうした立場を自覚しながら、彼はプロイセン領土を拡大できる機会の到来を待望していました。

最終的に、彼の野心はオーストリア・ハープスブルク一族の犠牲の上に成就される展開を辿ることになります。しかし、その歴史的展開には、他のヨーロッパ諸国が一様に仰天したほどのものがありました。その好機はハープスブルク家出身のオーストリア国王、同時に神聖ローマ帝国の皇帝でもあるカール六世が死去した年に到来しました。帝国の内部に、後任皇帝の座をめぐり一大紛争が発生したのです。死去したカール六世の娘マリア・テレジアが、父親を継いでそのまま即位し、神聖ローマ帝国初の女帝となればよい、しかしそれは現実的に可能なのか、いや彼女はあくまでもオーストリア王国の女王にとどまるべきではないか――この問題をめぐって、深刻な内部対立と抗争が表面化してきたわけです。

オーストリア国内のこういった不穏な対立と抗争を、プロイセン王国の支配者フリードリヒが巧妙に利用し、軍隊をオーストリア領シュレージェン（現在、ポーランド南部の工業都市）に侵攻させ、プロイセン王国に併合しようとしたのです。これがいわゆる〝シュレージェン戦争〟（一七五六～一七六三年）です。別名「七年戦争」とも呼ばれています。

二回にわたる敗北後、マリア・テレジアはロシア、フランスと同盟を結び、彼らの支援を求めて、三国連合でプロイセンに対抗しようと考えるのです。これは、きわめて堅固な連合軍になりました。戦局としては、プロイセン側にまったく勝機はありません。

ところが、この圧倒的優勢さを誇る敵側同盟軍との戦闘で、フリードリヒ二世はプロイセン軍最高指揮官として、大半の予想を超えた知恵と智略を駆使して善戦し、最後は勝利してしまったのです。この戦闘の間、彼はかつて軍人王の異名をとった亡父が築き上げたプロイセン王国軍の徹底した自己訓練や不屈の戦闘能力などを、最大限活用する機会に恵まれたのです。とはいえ、戦いの現実は多勢に無勢で、国王の努力もすべて徒労に終わりかけました。プロイセン側は、敗北必死の局面に追い込まれてしまいました。しかし、まさにその時思いがけず勝利の女神がフリードリヒにほほ笑みかけてきたのです。当時、プロイセン国内ではそれを〝奇跡〟とさえ呼んだほどです。

すなわち、ロシア・ツァー王朝女帝エリザベスが急死したのです。その上、その後継者ピョートル三世は熱烈なフリードリヒ賛美者の一人でした。彼は、ロシア軍の最高指揮官として戦闘の一八〇度転換を決定し、オーストリアと結んでいた同盟を破棄、敵であったプロイセン側に寝返ってしまったのです。一年後、この戦闘は「フベルトゥスベルク和議」として停戦に至ります。

フリードリヒ二世は、この前後から国民によって〝大王〟の冠称で呼ばれるようになります。同時に、ヨーロッパ諸国の中で王国プロイセンの地位がいっそう強固になっていく礎石を築いた人物として評価されます。彼ほど多くのドイツ国民から愛され尊敬を受けた人物はいないほどです。

Drama 25

大英帝国と〝新世界〟アメリカ——合衆国の独立戦争

一七、一八世紀二〇〇年の間に、大陸ヨーロッパから大勢の人々がアメリカ大陸への脱出を敢行しました。彼らがあえて母国を離れる決心をした背後には、それなりの理由がありました。彼らは、すべて〝新世界〟アメリカの地で多少なりとも人間らしい生活を送りたいと切望していた人々でした。ある人々は、母国での厳しく困難な経済事情から抜け出すために、危険を承知で船旅を決行しました。また、ある人々は一七七六年の「独立宣言」の発表以後アメリカ合衆国が掲げた高邁な政治理念に感激して、大西洋を越えてアメリカ大陸へ渡っていきました。別の一群は、自分たちの告白するキリスト信仰が母国では迫害の対象と見なされるか、社会的差別の対象とされるという辛い体験から、国外脱出の道を選んだのです。

そうはいっても、彼らすべてが政治外交史的立場において、脱出してきたそれぞれの母国と深く結びついた関係の中に生きていたのも偽らざる事実です。故国を離れ、この新世界に、その中でもとりわけアメリカ合衆国へ渡航するに至った人々は、イギリス人、フランス人、スペイン人、ドイツ人、あるいはオランダ人などでした。

では、出立してきた彼らの祖国、すなわちヨーロッパ大陸の国々を統治する君主たちは、アメリカ大陸に新たに成立しつつあるこの国（USA）を、どのような目で観察していたのでしょうか。実は、いずれの国もアメリカ大陸に所有する自国の植民地域から、できるだけ多くの収奪物を自国の財産として確保しておきたい、その限りにおいて〝新世界〟アメリカの誕生を認めようとの見方をしていたのです。こうした理解は、とりわけイギリスとフランスにおいて顕著でした。獲得物の分捕り合戦、すなわち新世界アメリカの覇権をめぐる両国の対立が英仏戦争として勃発します。そして、この戦争はイギリス側の勝利として決着しました。

一七八三年、パリで講和会議が開かれました。大陸東岸にあるすべての植民地域、および大陸北部の大半が、大英帝国に帰属するという合意がなされたのです。その直後、ロンドンのイギリス議会は支配下にあるすべての植民地域に対する監視をいっそう強化させ、その監督と管理を一本化する法案を採択・決議します。

しかし、フランスとのこの覇権闘争で、イギリスは莫大な出費を余儀なくされたために今や国家財政が危機に直面するに至りました。議会は、その穴埋めを海外の植民地域に担わせ、その歳入によって破綻に瀕した帝国国庫を健全化したいと考えたのです。

けれども、イギリス本国で議会が提出したこの輸入品関税や一般課税に関する法案は、海外植民地に生活する人々の中に激しい批判と抗議を呼び起こすことになりました。彼らは、大西洋を越えた遠隔地のロンドンが決定したこの独断的な課税措置に対して、全面的な拒絶を表明します。法案には、海外植民地も課税対象とする、だから従順に徴税に応じるべきであるとの言葉が、明記されていたからです。植民地アメリカの住民たちは、こうした明確な拒否と共に、今後本国による〝後見役〟など不要であるとの主張を展開し始めるのです。

その具体的現れが、一七七六年七月四日のアメリカ独立宣言です。本国政府は、この「宣言書」公表に大英帝国の伝統的手段を駆使して、すなわち大規模な軍隊派遣によって、その蜂起の鎮圧を試みます。しかし、戦力の面では圧倒的な優勢を誇っていたにもかかわらず、イギリス軍は植民地のアメリカ軍を決定的には撃破できませんでした。戦闘員数など、物量戦の比較では完全に不利な立場にあったアメリカ軍は、それにもかかわらず、イギリス軍と交戦中の兵士たちをその卓越した戦闘指揮力によって見事に一本化したジョージ・ワシントンのもとで、ついに本国軍隊を撃破し撤退させてしまったのです。それは、彼らの強靭な意志と横溢した戦闘精神の結果としての勝利でした。

これに加えて、大陸ヨーロッパのフランスが側面からこの植民地アメリカ軍を援護したという事実も忘れられてはならないでしょう。その支援は、精神的

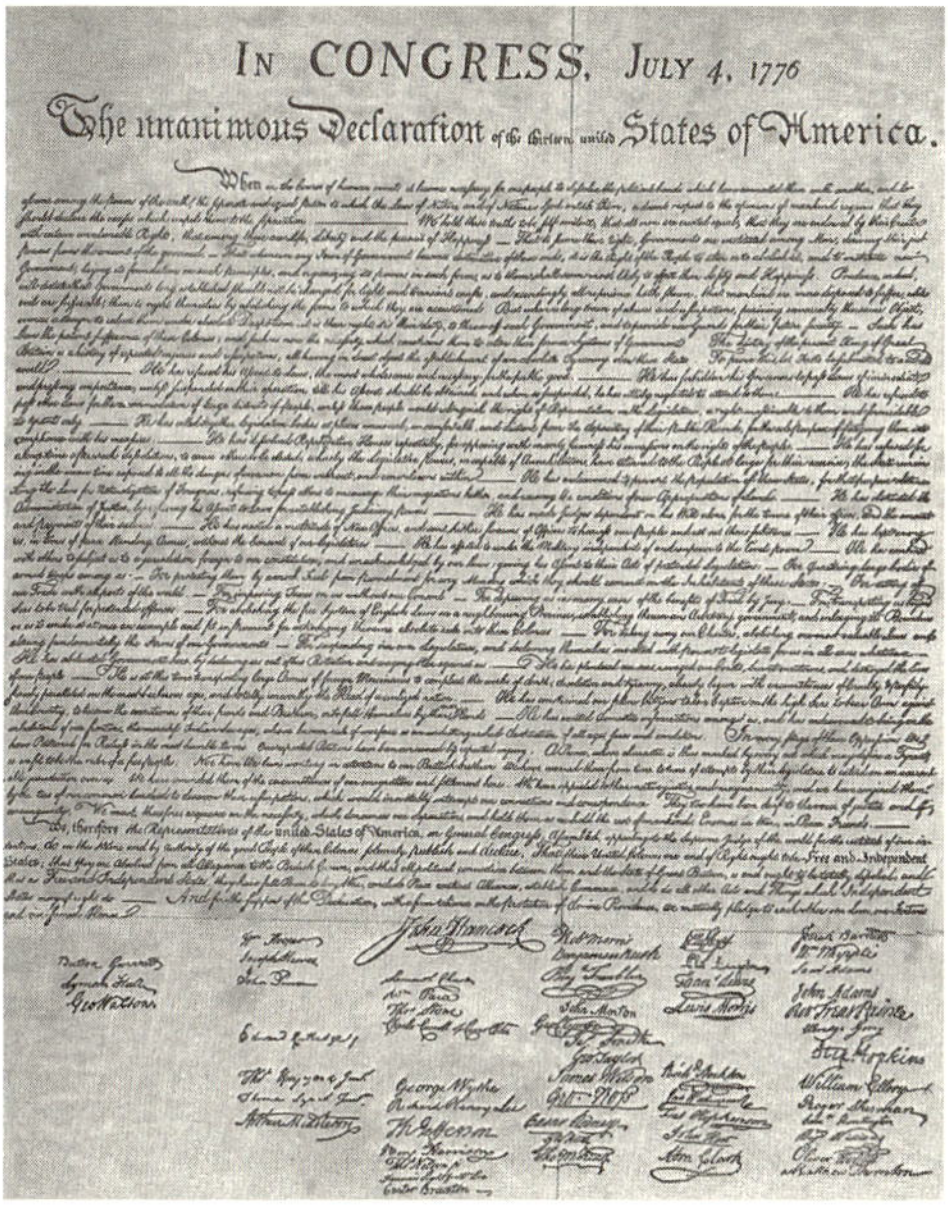
IN CONGRESS, JULY 4, 1776
The unanimous Declaration of the thirteen united States of America.

1776年7月4日全世界に向けて発表されたアメリカ合衆国（USA）の「独立宣言文」。まさにこれがヨーロッパに新時代の始まりをもたらした。

支援にとどまりませんでした。義勇軍の派遣、武器や戦闘資金の提供を通して、フランスは〝新世界〟アメリカの住民たちを鼓舞激励したのです。

一七八三年、ヴェルサイユで開催された講和会議で、イギリス政府は降伏文書に署名すると共に、国際法上新世界アメリカの自由と独立を正式に承認せざるをえなくなりました。ここに、新生国家アメリカ合衆国（the United States of America：USA）が成立し、勇躍世界史の表舞台へと登場するに至ります。同時に、このアメリカ建国時の担い手たちも、新しい課題の前に立つことになりました。すなわち、誕生したばかりのこの合衆国アメリカをいかなる理念に基づいて建設し形成していったらよいのかという稀有壮大な課題との取り組みです。

その後の合衆国史は、わたしたちに語り伝えてくれています。巨大な歴史的課題と取り組んだ人々、すなわち合衆国アメリカの〝建国の父祖たち〟は、国家基本法、すなわち合衆国憲法の制定にあたって、あの一八世紀のヨーロッパ啓蒙主義が生み出した根本理念や人間理解を根底に据えながら、起草作業を進めていたのです。そうした歴史的事実が、今もなおこの時代の人間に伝えられています。

換言すれば、現代のわたしたちはアメリカ合衆国の誕生という歴史的事実の中に、人類史上初めて自由と民主主義に立脚した社会統治が実現した姿を明白に確認できるわけです。

Drama 26

自由と平等、そして友愛——フランス革命の遺産

一八世紀後半に入ると、ヨーロッパ大陸の多くの国々では社会の各所で、不穏な動きが顕在化してきました。それは一般市民層や農民たちによる、国家権力に対する抗議として出現しました。そうした動きの中で、最も激しく劇的な形態をとったのが、フランスに見られた抗議運動です。この国には当時二つの社会層がありました。一方に貴族や〝聖職者〟と呼ばれていたキリスト教会上層指導者たちがおり、それら以外の一般平民層がその対極にいました。そして、両者の間には深い亀裂が生じていたのでした。

この亀裂の元凶は、税制の不平等にありました。すなわち、この税法に従えば豊かな有産階級に対してはより寛大な免税措置が保障されていたのです。しかし、その反対に貧しい一般庶民層には、より厳しい徴税義務が課せられていました。ところが、当時のフランスではこうした不平等な課税体系にもかかわらず、国家財政はすでに破綻をきたしていました。破綻の原因は、主として莫大な軍事費の支出と抑制のまったく効かない奢侈な宮廷生活への出費です。ですから、軍と宮殿の主《あるじ》・国王ルイ一六世には多額の収入が緊急に必要だったのです。

そこで、彼は以前のやり方同様に、課税率を上げてこの財政破綻に対処しようと画策しました。ル

イ一六世は、フランス社会に暴動などが発生することを恐れ、一七八九年三部会と後に呼ばれるに至った国民議会、すなわち身分制議会を召集します。これら三部会を構成するのは、貴族と教会の高位聖職者、そして一般市民です。彼らは議会でそれぞれ、第一部会（議員数三〇〇人）、第二部会（三〇〇人）、第三部会（農民・商工業者中心で、合計六〇〇人）を代表します。当時フランスで、この第三部会の階層に属する人々の数は、国民全体の九八パーセントを占めていました。国王の計画は、税率引き上げ法案を擬似合法的手段によって可決・承認させることにありました。ところが、この〝身分制議会〟という集会は、一六八九年以降ただの一回も開催されたことがない代物だったのです。

その直後開かれた会議では、激論が戦わされました。その論点は、審議・採決を〝身分〟に基づいてするか、〝議員数〟によって実施するかでした。第三部会を代表する平民階層や一部の下位聖職者、下層貴族たちは、数に従った決議の方法を強力に主張したのです。しかし、国王はこれを拒否し、対案として合同会議ではなく、部会別の単独審議と決議を命じます。

けれども、第三部会所属の議員たちはこれに強く反発します。彼らは、そこからむしろ自分たちこそフランスの正当な代表者なのだと主張し、一七八九年六月一七日ついに〝国民議会〟の成立を内外に宣言する行動に出るのです。一部の貴族や聖職者議員たちもこれに合流していきます。ルイ一六世は、ヴェルサイユで開かれている第三部会会議場に、国王軍を派遣し会議の中断を強要します。市民派の議員たちは、同年六月二〇日急遽パリ市内にある舞踏ホールに結集し、新憲法の作成完了の時まで戦い抜く誓約を互いに交わします。

国王は、それにもかかわらず最後の手段に訴えようとします。王自ら会議の場に乗り込み、第三部会の議員たちに彼らの振る舞いが明白な国法違反であることを通告すると共に、部会の解散を再度厳命するのです。国王側のこうした命令に対して、国民議会議長のジャン・ベーユは、次のような言葉でもって反論し、国王の命令を拒否する旨を断固宣言します。

「ここに参集したわれわれこそ、この国の正当な代表なのだ。われわれとしては、たとえ国王の命令であろうともただ隷従することはできない！」。

フランス市民革命からおよそ50年経過した時点の作品。画家はジャック・ルイ・ダヴィド。このすばらしい絵画を通して，彼はフランス革命の偉業をあたかも自分が直接目撃したかのごとく描き出している。

ベーユのこの言葉は、フランスの平民階級がいわゆる〝ヨーロッパ絶対主義〟の時代を正面から否定し、さらに主権在民という人間の基本的権利を堂々と要求したという事実を物語るものです。まさに、ここからフランス市民革命が本格的に開始されることになります。

第三部会所属の議員たちの動向に不安を感じた国王は、宮廷軍をパリ周辺に移動させ、軍事力によってこの古都を制圧しようと動き始めます。しかし、このうわさはたちまちパリ在住の市民たちの耳にまで達したのです。彼らは、自分たちがまるで外国軍隊の占領下に置かれ、しかもそれが自国の君主による命令に基づく事態であるこ

フランスでは，今日に至るまでフランス市民革命の最大の出来事が，無数の民衆によるバスティーユ刑務所襲撃事件であると受けとめられている。

とを知るや、激怒します。パリ市内の公的場所で、男たちが立ち上がり、激越な国王批判の演説を開始します。彼らは一般民衆に向かって、「武器を確保し、国王軍からパリを死守しようではないか！」と檄を飛ばします。一七八九年七月一四日、大勢の群集は武器を求めてパリ市内のあちこちを走り回ります。

彼らは、その第一の標的を以前から悪名高いバスティーユの刑務所に決め、この国営牢獄を急襲する行動に出るわけです。高さ三〇メートルの獄壁の中では、かつて受刑囚に対する拷問と獄死が日常茶飯事であったといわれていました。したがって、多くのパリ市民たちの目にはこの監獄バスティーユは、歴代の〝暴君〟ルイの理不尽な支配と抑圧と憎悪の象徴として映っていたのです。ここが民衆蜂起と攻撃の最初の標的にされたのは、そのためです。

この襲撃による死者の数は、数百名といわれています。この民衆蜂起によってバスティーユの刑務所は、ついに陥落し、囚人たちも解放され、監獄の所長や配下の看守たちはなだれ込んだ群集によって撲殺されてしまいました。この襲撃に参加した市民たちは、歓声を上げながら市内へと行進を始めます。その際彼らは、手に持った槍の穂先に切断した獄吏たちの頭を突き刺して行進したといわれています。

民衆によるバスティーユ監獄の襲撃は、それ自体としては失敗でした。というのは、なるほど獄中の囚人解放には成功しましたが、囚人数はわずか七人だったのです。しかも、彼らは政治犯などではなく、ごく一般的な刑事犯たちだったのです。けれども、民衆が力を結集して共に蜂起しそこへ突入したという出来事は、心理的効果、あるいは政治的意味といった観点から考察するならば実に測り知れない決定的事件だったというべきでしょう。

なぜなら、それまでずっと支配され抑圧されてきた庶民階級が、暴君による専横的支配の象徴であるこの刑務所を、自らの手で攻撃し粉砕することができたからです。さらには、そうした快挙が民衆に深い自覚を与え、この社会を自分自身の手で変革できるのだという深い自覚を生み出したからです。まさに、そうした理解のゆえに、フランスでは今日においてもこのバスティーユ監獄を襲撃した日、すなわち七月一四日は、全国民の挙国的祝祭日として重要視されているのです。

大都会パリでの民衆蜂起の快挙は、間髪を入れず地方に居住する農民たちにまで知らされていきました。彼らを長い間虐待し搾取してきた領主たちに敢然と蜂起をし、彼らの居城や修道院を襲撃して略奪と破壊の行動に出ました。さらに、農民たちはそこで、自分たちの債務証文など、さまざまな記録文書を焼却してしまいます。パリでは、国民議会が地方のこの反乱と蜂起に機敏に反応し、同年八月四、五日にかけて臨時議会を開催します。

議会は、農奴制、および貴族と高位教会聖職者たちが、それまで享受してきたすべての特権の即時撤廃を決議しました。課税措置を始めとする法律上の処遇においても、フランス国民がすべて公平・

対等に遇されるべきことが決定されました。三週間後の八月二六日には、人間の基本的権利と市民的権利に関する宣言、すなわち「人権宣言」が公表されるに至ります。骨子は、以下の通りです。

1．人間は、すべて法の前に完全な自由と平等を持って生を享けた。そして、これらの権利は不変的妥当性を持つ。

2．国家が統合し一致する目的は、人間の生まれながらの権利、そして不可侵の尊厳を正当に擁護することにこそある。すなわち、最優先されるべき国家の責務とは、人間の自由や財産、安全と保障、あるいは抑圧に対する抵抗の権利を正しく擁護することにあらねばならない。

3．一国の統治権をめぐる根拠と起源は、すべて民衆にある。

4．真の自由は、他者を傷つけない限りにおいて、何を行おうと許される点にある。

5．法に基づく決着は、社会に実害をもたらすと判断される場合にのみ導入される措置でなければならない。法が禁じていない行為は、それを妨げてはならない。また、法的規制が存在しない場合は、それを強制してはならない。

この「人権宣言」の発布と同時に、フランス王国の古き体制、フランス語の〝アンシャン・レジーム〟はすべて撤廃されたことになります。ヨーロッパの思想界は、こうしたフランスの激しい変革の推移を羨望のまなざしで見つめていました。羨望の対象となった具体的事例には、次のような一連の展開があります。

国民議会は、新憲法の策定に全力を傾注して、立憲君主制に立脚した国家建設の道筋を確立しようとしました。この憲法によると、革命後のフランスでは国王が国家の元首、そして行政府の長であるとしても、もはや彼には政治的権力の付与はほとんどないと規定されています。今後、政治的権限はすべて国民議会に委ねられることになります。しかし、国民議会も、主権在民の理念を確実に体現化した機能を遂行しなければなりません。さらには、独立した司法府がこれら権力の公平な分配、すなわち明確な三権の分立化を最終的に保障する機構として機能しなければなりません。

もちろん、現代のわたしたちの人権感覚からすれば、例えばそこに規定されている選挙権の現実はなお不十分であり、民主的とはいえない側面が多々あることも事実でしょう。「財産と収入の有無と多少」が、選挙権を確保する大前提になっていたのです。投票が保障された有権者の数は、当時のフランス人口二五〇〇万人中、わずか四〇〇万人でしかありませんでした。しかも、それは男性だけに限定されていたのです。

けれども、確かにこういった個別の限界がそこに存在したとしても、一七九一年発布のフランス憲法によって、この国はヨーロッパ諸国の中で合法性を内に持った最初の民主主義的国民国家という光栄ある称号が与えられると共に、民衆主体の憲法の誕生という点で、今日に至るまで世界各国にとって模範的地位を確保するに至ったのです。ルイ一六世はこうした社会情勢を見て、国王でいることに嫌気が差し家族共々オーストリアへの逃亡を図ります。しかし、国境近くで兵士たちに発見され再度パリへ連行、厳しい監視下に置かれるに至ります。

国王の逃亡と逮捕は、その後予想もできないほど甚大な結果を引き寄せることになりました。フランス国民の大半は、少なくともこの時点でまだ王制打倒、すなわちルイ専制君主体制そのものまで廃止してしまおうとは考えていなかったのです。しかし、今や国王一族の逃亡と失敗を耳にして、民衆の中には激しい抗議運動が展開され始めたのです。人々は国王に退位を迫り、専制君主体制の廃絶を要求し、市民による社会改革のさらなる継続を誓い合い、進んでは共和制に立脚した新社会の建設まで提起するという、ラディカルな革命運動に発展していったのでした。

ヨーロッパ大陸の他の国々では、領主たちがフランスに開始されたこうした過激な改革運動の成り行きを、大きな不安と心配の中に見つめていました。彼らは、深い恐れを抱いていたのです。フランスの革命思想がもし自国にまで浸透してくるならば、自分たちの現在の支配体制も危機にさらされるようになるのではないか、と。そこで、諸国の専制君主たちは同じ立場のルイ一六世に加勢を申し出ると共に、軍隊の派遣を確約するのです。一七九二年から、これら諸外国の支配者たちはさまざまな連合戦線を編成して、フランス国王の支援へ乗り出します。万一国王一家に危害が及ぶような事態になるならば、自国軍隊を出動させ古都パリの破壊も辞さない――君主たちは、革命推進派の人々をそう脅迫したわけです。この脅迫の前で、パリに居住する多くの市民は屈辱的敗北に対する恐れ、欠乏しつつある生活必需品と食糧の不安な現状、あるいは天文学的数字にはね上がった物価高騰などによって、次第に新たな不安の中に投げ込まれていきました。

他方、国王のルイ一六世は極悪の国事犯として逮捕され、同時に数千名の〝革命の敵〟が殺害されていきます。一七九二年九月二一日、後に国民議会と呼ばれるに至る国民集会が新たに開催されます。第一回会議で、正式に共和制国家の誕生が宣言されたのです。それと共に、ルイ一六世が最高の国家反逆罪で告発され、翌一七九三年一月二一日無数の市民の眼前でギロチンによって処刑されました。ルイ王朝は、その絶対君主体制と共にここに終焉したことになります。

一般的に、旧体制が崩壊し、しかしまだそこに新体制の確立が見られない有為転変の状況下では、二つの際立った性格の組織が活動を展開するものです。第一のグループは、穏健派のそれです。ここに所属する人々は、目の前にある諸関係を少しずつ変革していき、旧体制から新体制への段階的移行を主眼とするいわゆる〝中道改革派〟です。第二の集団は、過激な〝革命派〟とでも呼びうるグループです。彼らの主張は、現存する社会関係のラディカルな転換を可及的迅速、そして徹底的に要求する点にあるといってよいでしょう。

ルイ一六世の処刑と共和国の成立宣言によって、フランスではとりあえず立憲君主制度が崩壊し、その擁護者も消滅したと考えることができます。しかし、同時に共和国賛成派・推進者の中にすでに中道派勢力と過激派集団が、互いに相異した見解を持って歴史の表舞台に登場してきました。それらの集団・結社の中でも、最も重要な社会的役割を担うことになるグループは二つありました。ジロンド派とジャコバン派です。それぞれが独自の結社を創設し、党を中心にした政治活動を展開していきます。

いつの時代であれ、革命に混乱は不可避の現象ですが、この両グループは時に暴力を伴った激越な対決と議論に終始します。しかし、結局は過激な革命を党是とするジャコバン派が変革運動の主導権を掌握するに至ります。そうした、一群の指導者の一人が、ロベスピエールです。生業は弁護士でした。彼は〝公安委員会〟の責任者として、国内政策を担当していました。長時間の大演説を平気でこ

マクシミリアン・ド・ロベスピエール（1758～1794）。

なすロベスピエールは、有徳と善行、そして正義の貫徹を本質的に重要だと考え、この民衆革命によってフランス社会をそうした彼の理想、徳・善・義に充満した共和制国家へ改造したいと日頃から願っていた人物です。しかし、そうした個人的願望があまりにも強烈すぎて、ロベスピエールは自らが描き出す社会に有徳市民が出現しない現実に触れるや、その人間を〝革命の敵〟、あるいは〝新生フランス共和国の敵〟と断罪し、最後は殺害してしまうほど過激になってしまったのです。

彼が掲げた〝有徳の国家〟という理念は、現代史の中にあえて比較を試みてみるならば、〝全体主義的独裁国家〟と酷似していると考えてもよいでしょう。すなわち、これら両者には、人間生活のあらゆる領域が終始過酷なほど国家から監視されているという共通点が存在するということです。ロベスピエールによる〝恐怖政治〟が原因で、ギロチン処刑され落命した人々の数は三万五〇〇〇人から四万人になったと推定する専門家もいるほどです。

彼の〝有徳〟な国家建設の野望は、最終的段階では彼の側近者の中にまで拡大されていき、「有徳の人間たれ！」の要求が直接彼らに突きつけられるに至りました。果ては、親しい友人、革命の同志でもあり、そして多くの民衆から敬愛の念を持って受け入れられていたジョルジュ・ダントンさえも、ロベスピエールの掲げる理想の〝有徳人間〟に合致しないと宣告され、断頭台で落命してしまいました。公安委員会の他の委員たちも、自分たちの生命がもはや安全ではありえないと知るに至ります。彼らは急遽国民議会を召集し、そこで逆にロベスピエールを告発する手段に訴えるのです。一七九四年七月二八日、ついに今度はロベスピエール自身が同じギロチンによって首を切断されてしまいます。多数の群集が大歓声を上げながら、このギロチン処刑の証人、そして目撃者になったと記録されています。

この後に続く数ヶ月間に、富裕な市民層（ブルジョワジー）が再び政治に対してより強大な影響力を行使するに至りました。彼らの圧力を受けて、革命憲法は修正がなされ、革命勃発前の状態に引き戻され、特定の政党・個人ではなく、五人制（すべて男子）〝総裁政治〟の体制が発足しました。彼らが、

過激な革命家ロベスピエールに対する批判と風刺が描かれたパンフレット。1793年の革命は，結局最後の死刑執行人をギロチンにかけることによってロベスピエールのみが生き残ったいう痛烈な皮肉。墓碑には「ここに全フランスが眠る」と記されている。

行政業務を担当することになります。

しかしながら、この複数体制の総裁政治はあまりにも力不足でした。フランス社会に平和や秩序を創出することなど、彼らには最初から不可能だったのです。国内では、依然として暴動と反乱が頻発します。対外的にも、フランス共和国はオーストリア、プロイセン、イギリス、あるいはオランダといった〝革命の敵国〟と戦闘をくり広げている現実がありました。まさに、こうした戦争の展開のど真ん中で、軍事的成功談に溢れた一人の少壮将軍の名声が次第に高まってきたのです。彼の名は、ナポレオン・ボナパルトです。

ナポレオンは、フランス国内で衣・食・住など、住民の生活条件が日々悪化し、そうした現状に対する不満と批判が国中に充満してきた社会の一般情勢を背後にして、先ず無能な総裁政治に終止符を打ち、次いで武力による威嚇を通して国民議会を解散させるのです。さらに、今度は自身が〝初代執政官〟となって、国家権力を一手に独占してしまいます。しばらくして、将軍ナポレオンは、「もはや、革命は終焉した」と高らかに宣言します。

その後一〇年間は、フランス社会に混乱と困窮の歳月が支配し月日が経過しました。国民の心には、平穏と秩序を願い求める感情が次第に高まってきました。多くの民衆は、そうした自分たちの思いや願いを成就してくれる屈強な指導力を秘めた人物の出現を、待望するようになっていたのです。確かに、この時点でフランスはまだなお共和制国家でした。しかし、それにもかかわらず、ナポレオンはまるで独裁的専制君主のように初代執政官に就任したのです。それは、まさに今触れたような国民の一般的心理状態が社会の根底に存在したからなのです。その上、彼は一八〇二年に入るや、執政官の任期制を撤廃し〝終身執政官〟の地位にまで自分を引き上げてしまいました。ただし、野心家ナポレオン・ボナパルトはこの程度の地位に決して満足できません。〝皇帝〟の地位を彼は要求するに至るのです。それには、現行革命憲法の改正が要求されます。そして彼はそれに成功します。ついに、一八〇四年一二月二日ナポレオンはフランス皇帝の座に君臨するに至ります。初代ナポレオン皇帝の誕生です。皇帝誕生によって、フランスの民衆革命はまさにこの瞬間、事実上瓦解し終焉を迎えたことになるわけです。

しかしながら、一八世紀フランス革命の三大スローガン、すなわち自由・平等・友愛の理念と精神、そして長いヨーロッパ史の中で史上初めて成文化された権利文書、すなわち人間に関する諸権利（人権）と国民に関する諸権利（市民権）の思想は、その後の世界史においても人類の貴重な共有財産として長く存続し続けてきたといってよいでしょう。

Drama

27

ナポレオン支配下のヨーロッパ――革命の挫折と王政復古

逆説的表現をあえて用いていうならば、フランス革命はナポレオンの皇帝即位と共に、終焉を迎えました。フランス国民は、その革命によって専横的支配に終止符が打たれた国王ルイ一六世よりも、はるかに強力な権力の所有者を再び君主として推戴するに至ったわけです。この事実は、文字通り歴史の皮肉としてしか表現の仕様がありません。

ところが、そのナポレオンは自分が皇帝の座に着座することでもって満足できる人間ではなかったのです。確かにこれまでもヨーロッパ史の中で権力の独占的掌握を目論んだ支配者が数多く出現しました。その意味では、ナポレオンをそれら〝偉大な〟権力掌握者たちの一人として見るのは間違っているとはいえないでしょう。彼はその寡占的権力をフランス国内で奪取した後に、今度は矛先を大陸ヨーロッパ西方全域の支配、いや国境線を飛び越えて大陸東方地帯までを視野に入れた進攻作戦を開始するに至ります。こうなると、もはや誰一人、いかなる力をもってしても、皇帝ナポレオンと破竹の勢いで進撃を続ける彼の軍隊を阻止できません。

彼はすでに一八〇六年、プロイセン王国軍を完膚なきまでに叩きのめし、後九六二年から一〇〇〇年間連綿として続いてきた神聖ローマ帝国のヨーロッパ支配に終止符を打ちました。プロイセン国王妃ルイーゼは、この皇帝ナポレオンとその人間性について次のような一文を書き残しています。

「彼は、人生の本質的問題や人間の固有の課題について真摯に考えることなどしない人物です。彼は途方もない名誉欲に支配され、つねにその念頭にあるのは自らの利益だけなのです。愛の心を持って彼を見つめることなどとてもできません。そこにあるのは、ただ驚天動地の心境です。彼は、自分の大成功に目がくらみ、自分には不可能なことなどないと思い込んでいる人物なのです。ナポレオンには、〝中庸〟という言葉などありません。しかし、自ら分際をわきまえない人間は平衡心を失い、結局は没落してしまうものです」。

ルイーゼのこの観察は実に的を射ていると思われます。

正装した皇帝ナポレオン・ボナパルト。ルイ14世を想起する人がいても決して不思議ではない。

皇帝ナポレオンは、自分の〝身の程〟を超えた独占的支配を過剰なまでに求めた人間で、その姿は世界史に登場した専制君主たちとまったく同じでした。そして、彼も決定的な破局を迎えることになります。それが一八一五年ワーテルローにおける戦闘でのフランスの大敗です。ベルギーの首都ブリュッセル南東に位置する地帯を主戦場として戦われたこの戦争は、後世の人間が

ワーテルローの戦い。最初ナポレオン軍の勝利は確実に思われた。イギリス軍の指揮官ウェリントン将軍は，有名な言葉を口にせざるをえなかった。「夜まで忍耐しょう。そうすれば，プロイセン軍が応援に駆けつけてくれるはずだ！」。将軍，そしてナポレオンにとっても驚きであったが，ドイツ軍が事実イギリス軍を加勢するに至った。英独軍は協力し合って，ナポレオン指揮下のフランスを撃破してしまった。

〝身の程をわきまえない戦《いくさ》〟の代名詞としてしばしば口にするほど無謀に近い戦闘でした。

しかし、このワーテルローの戦い以上に、ナポレオンにとっての決定的敗北はこれまた無謀きわまるロシア大陸侵攻作戦です。結局、一八一二年のロシア行軍開始は、同時にナポレオン支配の終焉を招来する運命になりました。最高司令官ナポレオンは、六〇万人の軍隊を編成し、大陸東部の征服を目指して行軍を開始します。当時フランス軍は世界最強の軍隊として有名でした。ですから、このロシア遠征を聞き世界の誰もが戦闘の早期決着を予想し、フランス皇軍の圧勝を信じて疑いませんでした。

ところが、大方のそうした戦前の予想を裏切って戦局はまったく意外な方向に展開したのです。侵攻されたロシア軍は、不思議なことにフランス軍との直接交戦を避けて退却を始めるのです。しかも、どんどん後退しロシア内陸部へ一方的に退却を続けていきます。これを見た将軍ナポレオン、そして〝偉大なフランス皇軍〟は、同年九月にナポレオンの命令を受けロシア軍追撃を開始し、短期間でほとんどモスクワに近い場所にまで進撃を続けるのです。しかし、この時モスクワ市は完全に無人化の状態でした。力を得たフランス軍は、喜び勇んでこの古都に乗り込んできます。

数日を経ずして、ロシア軍の猛反撃が開始されました。砲弾がフランス軍目がけて打ち込まれます。同時にロシアの兵士たちは、この街に火を放ち全市街を焼き尽くすという奇襲作戦に打って出るのです。

当然、ナポレオンは、フランス軍がロシアの厳冬を乗り切るために相応の宿泊先と十分な食糧が不可欠であることをよく知っていたはずです。そこで、彼はツァー王朝政府に停戦を呼びかけます。しかしながら、ロシア側からは何の応答もありません。フランス軍にはもはや退却の道しか残されていません。そして、この退却行軍が、ナポレオンの偉大な皇軍の決定的破局を招くことに連動したのです。フランスへの帰路の最中に、毎日何千という数のフランス兵が飢餓と疲労、そして時を同じくして開始されたロシア軍の猛攻のために命を落としていきました。母国へ無事帰還できた兵士は、わずか五〇〇〇〇人にとどまったといわれています。

無敵を誇ってきた軍将ナポレオンが、惨敗を喫したのです。この事実はフランスを相手に戦ってきた他のヨーロッパ諸国を鼓舞し、激励するに十分でした。彼らは同盟を結んで共にフランスに対抗する軍事行動に打って出ます。プロイセン、オーストリア、ロシア、イギリス、そして大陸北方のスウェーデンが、ナポレオンのフランス帝国に宣戦を布告するに至ります。

一八一三年一〇月一六日から一九日までの四日間、後にヨーロッパ人が諸国民戦争と呼ぶに至った戦闘、フランス対同盟軍の戦いが、プロイセン王国のライプツィヒ（現在、ドイツ東部ザクセン州の工業都市）を戦場にして展開されることになりました。ナポレオンは、新規再編成した皇軍によって同盟軍を打破しようとはしますが、結局勝機を見出すことができません。彼の軍歴において、痛恨の二度目の大敗を喫してしまいます。

一八一四年の初め、連合軍はパリに進攻を開始し、皇帝ナポレオンに退位を要求します。彼はエルバ島に流刑の身となり、この戦争に最終的決着がつきました。一年後ナポレオンはひそかに島を脱出し、パリへ戻ってきます。軍を編成し直してから、ナポレオンはその間即位していた新王の打倒を画策し、もう一度権力の奪還を試みます。しかし、彼とその軍隊は、一八一五年あのワーテルローの地でプロイセン・イギリス連合軍によって完全に撃破されてしまうのです。イギリス軍の監視下に置かれた捕虜ナポレオンは、大西洋上の孤島へレナに追放されます。そして、一八二一年五月五日ナポレオンはその全生涯を終えました。

ナポレオンによる統治と支配は、その年数からすればわずか一〇年にすぎませんでした。そして、その統治と支配の終焉はナポレオン帝国が実は〝砂上の楼閣〟でしかなかった事実を指し示すのではないでしょうか。しかし、同時に彼がその短い支配の歳月を飛び越えて後世の人間に残した歴史の遺産も、やはり確実に存在します。それは戦闘の最高司令官、そして野望に満ちた征服者ナポレオンではなく、政府・行政の統括責任者としてその充実と発展に貢献した改革者ナポレオンの遺産です。

その典型的事例が、〝ナポレオン法典〟の別名で知られる法典、すなわち一八〇四年制定の市民法です。ある意味でこの市民法は、フランス民衆革命が要求した市民の諸権利がまさにそこで実現されたのだといっても、決して過言ではありません。例えば、そこではすべてのフランス人に、対等な権利保障が約束されているのです。法の前における万民平等、すなわちあらゆる市民が人間として法の前で平等であるとの表明もなされています。個人の基本的自由権に対する法的保障も、この市民法に明記されています。

フランスの伝統的身分制社会の撤廃、出自や血統ではなく個々の市民が達成した業績に基づく公職への公平な接近の保障、職域と職種の自由な選択権の保障、一定の私有財産保持の保障、国家宗教（国教としてのキリスト教）の廃止と信教の自由の保障、あるいはキリスト教信仰に規定された伝統的婚姻理解（離婚の絶対的禁止など）ではなく世俗社会の一般的婚姻理解の導入、などに代表されるような諸改革が挙げられるでしょう。このように、ナポレオンの統治下に成立したこの市民法は、ヨーロッパ世界で市民の権利に関するあらゆる法体系の模範になりました。単にヨーロッパにとどまらず、世界の多くの国々においてこのナポレオン法典は、秀逸な手本の役割を果たしているといってもよい

CODE CIVIL
DES
FRANÇAIS.
ÉDITION ORIGINALE ET SEULE OFFICIELLE.

À PARIS,
DE L'IMPRIMERIE DE LA RÉPUBLIQUE.
AN XII.—1804.

「フランス市民法」。いわゆる“ナポレオン法典”として知られる民法はナポレオン皇帝によって作成・制定され，1807年にナポレオン法に改名された。多く変更されてきたが，現代に至るまでその精神の本質と有効性は保たれているといえよう。

のではないでしょうか。

一連のナポレオン改革の中で、さらに注目に値すると考えられるのは、行政機構の合理化、ないしは簡略化の改革でしょう。フランス全土が合計九八の〝県〟（Department）単位に分割されました。しかし、その際各県知事は独立した裁量権を所有せず、いつもパリの中央政府から指示を仰いで業務遂行に当たるという仕組みになっていました。

さらに、もう一点重要視された改革は、国民教育の中央集権化です。すなわち、国家に裁量権が一元化された形態で推進される学校教育の統合化です。そこでは、フランスの学校ですべて統一化された教科書や授業カリキュラムが、正規に導入されたわけです。こうした統合化政策は、現代フランスにおいてもそのまま踏襲され、例えばそれは全国一斉方式で実施されている高校卒業・大学入学認定試験（バカロレア）制度に具体的に見ることが可能です。

ここで、当時のドイツに目を移して見るならば、先に触れたナポレオンによるプロイセン征圧の後に、半ば強制的に導入されるに至ったさまざまな改革の実例を指摘することができるでしょう。そうした具体例として、ナポレオンの命令を受け導入された政策、すなわちその時点までいわば不可侵領域だった修道院の〝聖地〟の非宗教化改革があります。それらの土地は、一般世俗社会の領主たちに譲渡されました。合計一一二ヶ所存在したカトリック教会の司教区は、この世俗化改革によって社会地図から消え去ってしまいました。

さらに、三五〇団体もあったプロイセン王国内騎士連合や都市が、組織としての独立性を喪失し、すべて領邦君主たちの統治下に位置づけられることになりました。この改革が導入されるまでのドイツ・プロイセンでは、統治が大小さまざまに細分化された形態を踏襲してきたのですが、今やその面影は、ナポレオン統治の開始と神聖ローマ帝国の崩壊と共に完全に過去化してしまったのです。それに代わって登場してきたのが、中規模で強力な、きわめて円滑に機能する州制国家群です。例えば、ナポレオンによる土地改革事業の恩恵に浴して強化された都市群としてバーデン、ヴュルテンブルク、バイエルンなどが挙げられるでしょう。

これらの地域・都市はすべて、こうしたナポレオン改革の後に、以前にもまして堅固な都市や州になったのです。当然、この改革に即応するかたちでそこに居住する人間同士の共同生活も、フランス市民法に準じて再編成され、規定が種々導入されていきました。このことは、たとえ当時まだ市民たちの政治参加への道が全的に遮断されていたとはいえ、明らかに大きな前進の一つでした。この時代のプロイセン王国には、この点が市民革命後のフランス社会とは大きく異なるのですが、市民が自分たちの手で創設・選出した国民議会や議員という独立した立法府は、まだなお存在していなかったのです。

強いられた改革という点では、プロイセンにとどまらず、オーストリアもまたナポレオンの命令から逃げることはできませんでした。プロイセンの男爵フォン・スタインとフォン・ハルデンベルクは、一国の指導者として結局は母国をフランス流改革の方向へと転換せざるをえなくなりました。彼らはそうした苦しい胸の内を次のように吐露しています。

「われわれは、革命など引き起こさせないためにも、祖国の改革事業に着手しなければならない。

神よ、われらに力を与え給え。われらを護り給え！」。

教育の領域を見ると、ヴィルヘルム・フォン・フンボルトの提唱によってプロイセン王国の初等・中等教育と高等（大学）教育の全体系が改革の対象となり、統合化と自由化が断行されていきました。そして、わたしたちは一八一〇年創設されたフンボルト大学（現ベルリン大学）のカリキュラム改革を始めとして、現代ドイツの諸大学の中に、こうしたフンボルト的教育・学問精神を今もなお十分確認することができます。

こういった一連の改革が、総体として目指した地平とは果たして何だったのでしょうか。一言で表わすならば、それはプロイセン的人倫関係、すなわち君臣の倫理から国民が解放され、より自立した市民を創出することにあったといってよいでしょう。そこから、国民のすべてに国家との関係で対等な発言権が保障されなければならないという主張が出てきます。いや、さらに、時機が熟しさえすれば国王に対抗しうる国民の権利、対等な参政権と決定権さえも保証されなければならないということになります。

ナポレオン個人が驚嘆に値する英才であると同時に、多くの人々にとって恐怖の存在であったことはいうまでもありません。しかし、彼にはもう一点、別の側面すなわち改革者ナポレオン像があることも事実なのです。まさに、そこに歴史の皮肉とでも呼びうる事実関係が介在してきます。換言すれば、ナポレオンに征服され、半ば強制的に改革が実施された諸外国では、彼の影響やその改革がナポレオン自身の意図した方向や内容とは大きく異なった結果を招来したというアイロニーが、存在するからです。ナポレオンに支配された国々では、至るところで彼に対する抵抗が日増しに激しくなっていきました。しかも、自分が勝利を手中にするために金力と軍事力へのナポレオンの執着が強まれば強まるほど、彼に対する抵抗の度合いもいっそう強固なものになっていったのです。

そうした反ナポレオン抵抗運動は、とりわけフランス占領下のドイツで挙国的な民衆運動にまで発展していきました。すでに、ドイツでは以前から詩人や思想家たちが、祖国ドイツとその国民を〝優れた文化国の成員〟として理解していました。その母国がナポレオンに征服された後、彼らは今度は自分たちとこの国を〝自尊心を持った主権国家の成員〟として考えるようになったのです。国民に対してしても彼らはそのように呼びかけます。例えば、哲学者ヨハン・ゴットリープ・フィヒテは、同胞のドイツ国民に向かって〝国民的品性の涵養〟の必要を、愛と情熱を込めて語りかけます。「あるべきドイツ人たれ！」と、訴えます。「ドイツ国民に告ぐ！」という演題のスピーチの中で、彼は次のように国民に語りかけたことがあります。

「われわれドイツ人は、肉体だけではなく、この高尚なドイツ精神を抱きつつ、フランスの軍門に降り、あえて彼らの支配を甘受し、自尊の心を持って敵国の捕囚になろうではないか！」。

愛国心に溢れたフィヒテの言葉に象徴されるように、その後に展開されていく歴史はフランスを正面から相手にした〝解放闘争〟にまで発展しました。ついに、ヨーロッパにおけるフランスの支配と統治は地上から消滅しました。それを成し遂げた根源的力は、他の何物にも代替不可能な民衆の墓国心、すなわち国民の熱い愛国心でした。

仮にここで、わたしたちが〝ドイツ人とナショナリズム〟の歴史的由来を問うならば、民衆の中にある母国に対する熱い慕情、あるいは愛国の情熱のルーツは、まさにこの時代の高揚した、しかし時として過熱気味の全国民的抵抗運動の中に求められると考えてよいでしょう。

Drama
28
ヨーロッパ諸国の不穏な情勢——ウィーン会議後の動き

ヨーロッパ諸国では、ナポレオンの独裁的支配から祖国を死守せんとして多くの人々が戦場で尊い生命を失いました。それだけに、ナポレオンの死後生命を長らえた人々はそこに希望に満ちた新時代の到来を切望したのです。とりわけ、民衆は政治に対する自分たちの参加を強く望んだのでした。しかし、まさにそれを支配層に属する人間たちは望みませんでした。各国統治者たちは、何とかして人々のそうした希望を打ち砕こうと画策するのです。

彼らは一八一四年秋から翌年夏にかけてウィーンに参集し、ナポレオン後のヨーロッパ秩序を話し合ったのです。これが世称ウィーン会議と呼ばれている国際会議で、フランス革命を全面否定する君主たちがその構成メンバーでした。会議の基調音は、将来のヨーロッパの秩序に可能な限りフランス革命以前の遺産を温存させていこうとする共通の認識にありました。彼らはそこでオーストリア首相のクレメンス・フォン・メッテルニヒ公爵のもとに参集し、革命勃発の年一七八九年以前の旧秩序復興を協議し合ったわけです。しかし、彼らがもし本当に時代という〝時計の針〟を巻き戻すことができると考えていたとすれば、時代錯誤も甚だしいといわざるをえません。ヨーロッパは、この時代不穏な要素を抱え、危機的な情勢のもとに置かれていたのです。そして、注目すべきはヨーロッパ大陸のこうした不安定要素が、アジア大陸との接点を形成する小アジア地帯にも同様に見られたということです。

そこでは、一三世紀以降トルコ民族がビザンティン帝国を壊滅させた後、一二九九年オスマン帝国の建立に成功していました。国名は、建国の始祖オスマン一世にちなんで命名され、ロシア革命後一九二二年まで存続したイスラム教国家の一つです。この帝国は、数百年間小アジア地域とバルカン地帯を中心に強力、そして広大な支配圏を形成してきました。

近隣諸国の大半がこのオスマン・トルコ帝国との戦いに敗れた後は、この帝国に併合された状態を長く続けていたのです。しかし、一四世紀に入ると、そうした国々の中から先ずセルビア人がトルコの支配に最も激しく抵抗を試みるようになりました。何度も蜂起が決行されました。しかし、いずれの反乱も失敗に帰します。

一八一二年、セルビア人はロシアの支援を受けて再度蜂起を決行し見事成功します。セルビア自治が手中に入りかけます。ところが、ロシアがヨーロッパ列強との摩擦を恐れて、セルビアをそのまま放置して軍隊を撤退させてしまいました。セルビア人側の解放指導者カラジョルジェも、オーストリアへ亡命してしまいます。当然、トルコ軍の反撃が再開されます。セルビアは、最終的に以前同様オスマン帝国の支配下に併呑されてしまうのです。

その後数年間セルビア人たちは力を結集することに専念し、一八一五年から一八一七年にかけて、再びトルコ軍と戦闘を交えました。今回の放棄は、ミロス・オブレノヴィッチによって指導された民衆運動でした。この反乱は見事成功を収め、セルビア人はやっと念願の独立と自由を手中にすることができました。先のクーデター指導者カラジョルジェも亡命先から帰国しました。しかし、彼は直後殺害されてしまいます。

他方、勝利者ミロス・オブレノヴィッチは自薦してセルビア王国君主の座に就くに至ります。この一連の事態が、二家系とその血族たちの中で双方で血の復讐を誓い合う悲劇を生み出すことになります。別言すれば、この時点からセルビアは、ヨーロッパ大陸で政治闘争における極度の緊張と同族間の陰湿な権謀述作のるつぼへと投げ込まれていく運命を背負うわけです。一八一七年から一九四一年までの一二四年間に、合計九人の支配者がセルビア王国の統治の任に当たります。しかし、そのうち国王四人が殺害され、四人が国外へ追放されているほどの混乱ぶりなのです。

セルビアの領邦君主ミロス・オブレノヴィッチ。統治は1817～1839年，1858～1860年。

さて、セルビア同様にこれ以上トルコ帝国の支配を甘受するわけにはいかぬと感じ取った人々がいました。それがヨーロッパ大陸南方のギリシア人です。彼らは一八二一年挙国的蜂起を起こし、トルコからの自由と独立を要求します。しかし、この蜂起は無残にもトルコ軍によってきわめて残酷なかたちで叩きのめされてしまいました。トルコ軍によるこの残忍なクーデター鎮圧に対して、ヨーロッパ世界のほとんどすべての国が批判の声を上げました。大陸諸国は、自分たちにとっていわば〝ヨーロッパ文化の揺りかごの地〟であるギリシアに対して、深い同情を禁じえなかったわけで

ドイツ・バイエルン出身のオットー１世。彼は君主として1832から1862年までギリシア王国を統治した。

しょう。フランス、イギリス、そしてロシアは、ギリシア政府に支援の約束を与えます。連合軍は、一八二七年ナヴァリノの海戦でトルコ軍を徹底的に撃破してしまいます。とはいえ、ギリシアは、一八三〇年のいわゆる〝ロンドン議事録〞でその独立が国際法に基づいて承認・明記されるまでになお三年の歳月を必要としました。しかも、ギリシアがそれでもって平穏無事な社会になったわけでは決してありません。

今度は、国内の至るところで深刻な対立が表面化し、火を噴き始めたのです。例えば、独立後初代統治者は一年も経たぬうちに殺害されてしまいました。それを見るや、ヨーロッパの強国たちが今回も干渉し始めるのです。ギリシア王国の後任統治者には、ドイツのバイエルン皇太子オットーが、国王オットー一世として着任するに至ります。しかも、彼は弱冠一七歳の若者にすぎませんでした。

しかし、この国王はギリシア国民にはまったく好かれない統治者でした。彼の専制君主的統治の手法が、自由のために闘うギリシア人戦士たちの感性とまったくそりが合わなかったのです。結局、オットー一世は軍事クーデターを通してデンマーク皇太子の手で退任させられてしまいました。この新王はジョルジュ一世として、一八六四年に統治者の権限が大幅に制限された形態の立憲君主制を導入します。

バルカンから遠く離れたヨーロッパ大陸の北西方の一角、住民の大半がカトリック・キリスト教徒で占められているオランダ南部の地域から反乱が発生しました。フランス革命に刺激された一斉蜂起です。そこの住民たちがハープスブルク家による長い支配から、今こそ解放され独立を獲得したいと願ったからです。一七九〇年、彼らは〝ベルギー合衆国主権会議〟を発足させます。しかし、残念ながら彼らのこの自主的活動は、短期間で終わりを告げてしまいました。その二年後、一七九二年になると、この国はフランス軍に占領され、直後併合されてしまうのです。同様な運命が、オランダ独立共和国を見舞います。

オラニエ王国の王子時代のヴィルヘルム１世。彼は1815年から1840年まで国王としてオランダに君臨した。

ウィーン会議で、ヨーロッパ列強はカトリック中心の南部地域を北部プロテスタント主体の地域と合体させ、そこをさらにルクセンブルク大公国と結合して、〝ネザーランド合衆王国〟とする決議を採択しました。その際、国王として即位したのは、プロテスタント信徒でもあるヴィルヘルム一世です。後見役にはプロテスタント中心の北部の君主たちが新たに選出されました。しかし、この新体制をベルギー人は受け入れることはできません。そこから、彼らの中に抵抗運動の構想が持ち上がってきました。ベルギー人住民たちは、一八三〇年に起きたフランスの市民蜂起を伝え聞くのです。とりわけ、彼らはその民衆蜂起がフランス政府を打倒したとの報に触れ、大いに鼓舞激励されたのです。ベルギー人も立ち上がります。それが有名な〝ブリュッセル蜂起〟です。

一八三〇年一一月一八日、彼らは国民会議を結成し、内外に向けてベルギーの完全独立を宣言します。同時に、憲法を発布するに至ります。この国家根本法は、自由主義に立脚した議員内閣制を骨子としたものです。ここに、王制という立憲君主システムに依拠した近代国家ベルギーが誕生したことになります。一八三一年に開催されたロンドン会議でヨーロッパ諸国は、この新生国家ベルギーを正式に承認し、併せてその永世中立主義の立場を承認するに至りました。

他方、ルクセンブルク大公国に目を移すと、ここは当時まだネザーランドに属していました。しかし、一八四二年に入るとこの国はオランダよりも〝ドイツ関税同盟〟への参加を希望するようになっていくのです。当然、オランダ政府としては急速にドイツに接近するルクセンブルクの態度が気に入りません。

オランダは、そこからこの国をフランスに売り飛ばそうと考えました。この政策が、後に〝ルクセンブルクの危機〟を誘発する決定的契機になります。この一大危機は、一八六七年ついにルクセンブルクの完全独立と、永世中立主義に対する国際的承認に決着したのでした。大公国ルクセンブルクが、今や正式に誕生したことになります。

Drama

29

産業革命——なぜ、イギリスから開始されたのか？

ヨーロッパ大陸に生きていた人間の多くは、一七八九年勃発したフランス市民革命の成功の中に、未来に向けた大きな希望と夢を感じ取りました。しかし、それは見事に裏切られたのです。期待も希望も水疱に帰してしまいました。各国領主たちは、再び権力を取り戻し、革命前と何一つ変わらない専制統治を再開し始めたのです。結局、国民一般も彼らに依存し服従する以外生きていく道がありませんでした。絶望の中に、無為の日々を過ごす人間も多くいました。しかし、逆にそこでもなお革命の継続を願いつつ、戦いを継続しようという人々もいました。

そうした錯綜の現実の中で、一八四八年ついに不満が爆発します。その爆発が、一八世紀後半のフランス革命の後に続く、一九世紀革命の開始へと連動していったのです。その先鞭をつけた国は、やはり今回もフランスでした。そして、この革命の波はまたたく間に他のヨーロッパ諸国に伝播していきました。そこで共通に示された特徴は、参加した民衆が政治に対する発言と参加を要求する声の高まりです。これは、この時代のヨーロッパ社会ではあらゆる場所で確認できた共通現象です。一般民衆の要求があまりにも激越なために、短期間ではあれ、今度こそ支配層の領主たちもこうした大衆勢力に屈服するのではないかとさえ感じさせる局面も生じてきたのです。

けれども、その後の客観状況はそうした方向には展開していきませんでした。支配層は、時間を稼ぎながら反撃の機会と体勢を準備していたのです。彼らは同様な守旧諸勢力を結集し、軍事力を使って既得権益の擁護に走り回るのです。その結果、パリ、ウィーン、ブリュッセルといった大都市だけではなく大陸ヨーロッパの至る場所と地域で、この民衆蜂起は無残にもことごとく弾圧、粉砕されてしまいました。政治領域における変革の波は、その後しばらくの間各国領主や貴族など支配層たちによって阻止されてしまいます。少なくとも、改革を求める声は当面遮断されてしまったのです。

しかし、政治分野の変革が頓挫をきたしたとはいえ、経済の領域における変革、あるいは変化はこの間も休止することなく進展を続けていました。それこそ、後にわたしたちが産業革命と呼ぶようになる一連の巨大な社会的・経済的変革であり、時代の大転換です。

一八世紀中半以降、島国イギリスを発端としたこの巨大かつ劇的な大変革は、従来の伝統的人間関係と生活様式のすべてを、根底からくつがえしてしまうほど徹底した社会変革、時代転換だったのです。それは、恐らく人類が遊牧生活から定住と農耕生活を開始した時代以降、初めて経験するに至った新しいライフスタイルであり、思考と行動の根本的変化ではなかったでしょうか。とりわけ、それは産業の全領域における一大転換だったのです。そうした経緯から、現代人はこの時代を〝産業革命〟（industrial revolution）の時代と呼び慣わし、現在に至っているわけです。

大英帝国時代イギリスは、海洋国家そして植民地所有国家として、ヨーロッパ近世から近代にかけて世界で最富豪の国になりました。こうした豊かさと平行して、一七世紀末に成就した名誉革命（一六八九年）以後社会の中で成熟してきた市民感覚は、イギリスを思想大国へと押し上げるに至りました。そして、精神世界におけるこの大飛翔は、具体的成果として経済領域における工業化のかたちで出現したのです。自然科学のさまざまな分野においてはっきり確認できるように、それはまことに驚異的な飛躍を遂げたのです。学問の隆盛を通して獲得され新しい知識と深遠な認識の蓄積があってこそ、イギリス人は自然界をただ単に観察の対象とするにとどまらず、人間生活のために自然そのものを活用し応用する新しい技術革新を成功させることができたわけです。

その端的な事例は、一七八九年ジェームス・ワットが初めてその建設に成功した蒸気機関の実用化に見られます。これは画期的な発明でした。この発明によって従来の人力に頼る労働が軽減されただけでなく、他の広範な領域においても代用機械として使用が可能になったのです。鉱山や鉄鋼生産所では革命的な転換、すなわち大量生産が可能になりました。さらに織物業は新しい技術によって生産を向上させることができました。すなわち蒸気によって回転する紡絹機と機織機《はたおりき》が開発され、原綿を精製する作業が飛躍的に軽くなったのです。

繊維製品の生産も加速度的に高まりました。こうした新しい規模の大工場がどんどん建設され、結果として大勢の人間がその労働力として要求されるようになりました。そうなると従来の家内制工場はもはや必要とされず、大工場建設が拡大し、進展していきます。工場生産には鉄と鉄鋼が不可欠な存在になります。そこから生産品を輸送する鉄道が敷設されていきました。原料と生産品をできるだけ早く、また手頃な値段で需要のある場所に届けるためにです。

蒸気船と蒸気機関車はこの輸送問題に対して完璧な正解を提出することになりました。一八二一年にはイギリスで第一号の鉄道が敷設され、マンチェスターとリヴァプールの間を走ります。一八六四

イギリス最初の鉄道は，マンチェスター・リヴァプール間に敷設された。蒸気機関車がすでに配備されている光景も目に飛び込んでくる。

年には地下鉄がロンドンに初めて走るようになりました。こういった鉄道網の整備によって、イギリス産業は飛躍的に進展し拡大を見せたのです。大量生産の時代が始まりました。イギリスは全世界で最初の産業国家となり大驀進を開始するのです。

たとえこういった重要な発見が産業化のためになされ、必要なものを調達できたとしても、そこで緊急に求められたのはやはり労働力でした。イギリスの場合、この労働力は圧倒的多数が地方出身の人々によってまかなわれていました。というのも地方は経済的に次第に食べていけなくなったからです。小作人の立場にある農民たちは、自分たちの家を売却しなければならなくなり、大都会へ下僕や下女のような境遇でやってこざるをえませんでした。こういった〝地方難民〟が今度は都市の急激な人口増加を生むに至りました。

一例を挙げれば一七六〇年から一八三〇年の間にマンチェスターの総人口は一万七〇〇〇人から一八万人へ急激に増加しているのです。マンチェスターは工業都市の典型的な最初期の都会となりました。しかし当然多くの新しい問題が発生します。地方から来た人々はそれまで彼らが生き、また働いてきた〝自然のリズム〟を失ってしまうのです。それに代わって〝人為的リズム〟が都会で求められることになります。しかもこの人工的なリズムは工場と機械によってすべて支配されていました。このリズムに地方出身の多くの労働者たちが不慣れとなり、苦痛を覚えるのはごく自然な成り行きです。

そこから失業問題とそれに伴う社会的悲惨が出現してきます。地方出身の労働者やその家族は、原始的な集団宿舎の中で、決して十分とはいえない衛生施設のもとに生活を続けなければなりません。さまざまな病気や伝染病が彼らを襲うのです。空気も水もひどく汚染されてしまいます。工場の煙突は煙を遮断する措置などまったく講じられておらず、真っ黒な煙が煙突から毎日吐き出されていたからです。

イギリスのこういった産業と経済の構造に理論的基盤を与えたのは、スコットランド出身の経済学者アダム・スミスでした。彼は一八世紀二〇年代から九〇年代にかけて登場した経済学者であり、大学教授でした。彼の主要著作『国富論』はよく知られています。利潤追求を目指した経済活動にとって〝バイブル〟とすら見なされました。この本の中でスミスが特に強調している点があります。それは人間の持つ労働力こそ経済成長と社会を豊かにする源泉であるという考え方です。労働力を最大限活用するためには、生産過程が可能な限り細分化された単位に分類される必要があり、同時に人間を専門家に育て上げる必要があるというのです。

他方、市場は商品価格の決定が需要と供給の関係を全的に支配する場所であり、生産量はそれに基づいて決められる仕組みになっています。しかし、国家には、こうした市場の自律メカニズムに対してできるだけ介入・干渉しないという姿勢が求められてきます。何がその理由かといえば、国家介入の度合いが少なければ少ないほど、市場は〝経済活動を発揮できる空間〟として自由に拡大できるからです。

別な言い方をするならば、自由主義の原理に立脚した経済活動においては、〝競争する相手〟がそれぞれ自己利益の追求を最大限可能にする時、それは同時に社会一般の富の蓄積にも貢献するという経済思想がここにあるわけです。経済の領域において、個々の人間の能力が最大限発揮されるならば、その時、社会もまた全体として豊かになるのだ――そういう理論がここにはあります。個別の人間の私的利益と社会全体の公的利益、すなわち私益と公益の間に一定の調和を持たせながら経済活動を理解しようとした点に、スコットランド・スミス経済学の大きな特徴があると考えてよいでしょう。

けれども、そこには〝社会的弱者〟のカテゴリーに入る一般庶民層が、アダム・スミスのこういった経済思想から受ける恩恵などまったくありませんでした。反対に、社会の底辺層に生きる人々は、スミスの経済理論、とりわけその〝自由主義的競争原理に立つ経済活動〟が、結局大工場の所有者や商人たちの利益の追求にのみ奉仕する思想だと感じ取ったのでした。

産業革命が産み出したさまざまな否定的側面は、確かにすでにその初期の段階からいろいろな場所で見受けられました。しかしながら、イギリスが経済活動の革新的発展を開拓した最初の近代国家であったという意味で、ヨーロッパ地域にある多くの国々にとってこの国は〝模範〟としての地位を占めていたのです。この事実は、否定できないでしょう。ですから、ヨーロッパ諸国も、やがてこのイギリスに範をとりながら自国の近代化と産業化に乗り出していくようになるのです。

かくして、時代の経過と共に産業革命は、次第にヨーロッパ大陸の中心部から周辺地帯へと拡大し発展していくわけです。

第Ⅳ部　ヨーロッパ世界の《分裂》——近代から現代へ

Drama

30

〝社会問題〟の出現——革命後のヨーロッパ社会

フリードリヒ・エンゲルスは、父が企業を経営する裕福なドイツ人家庭に生まれました。彼は、一九世紀の初めにイギリスの首都ロンドンを旅行しましたが、産業革命後のこの都市の現状を目の当たりにして大きな衝撃を受けたのです。

一八四五年に出版された著作『イギリスに見る労働者階級の現状』の中で、エンゲルスは当時ロンドンで直接目撃した労働者たちの現状についていろいろな報告をしています。「生かさず、しかし殺さず」という待遇と低賃金の中に置かれている一般労働者、おとなの労働に狩り出される若年労働者の少年少女たち、そして女性労働者たち、あるいは長時間にわたる過酷な労働を強要されている人々、宿舎の絶対的不足、以前には存在した人間同士の互助関係の完全に崩壊した現実、病傷や事故、老齢者用保険の未整備、農山村から群れをなしてこのロンドンに移住して職探しに東奔西走する地方出身者などの現状について、彼は詳細な記録を残しています。そこから、一つの結論を引き出します。

すなわち、産業革命の推進は結局のところ、ヨーロッパ社会に二種類の社会階層を生み出すに至った。しかも、両階層は相互に和解することなどありえない。所有する財物に恵まれた社会市民階層、すなわちブルジョワジーと、賃金に依存して生きざるをえない労働者の階層、すなわちプロレタリアートの二階級である。二つの社会層の間には早晩抗争、いやむしろ戦争が勃発するだろう。その戦いは、歴史の必然だというべきだ――エンゲルスは、そのように結論づけます。それと同時に、彼は次のようにも述べています。

「平和的解決など、もはや不可能だ。両者の階級的格差は日を追って拡大していき、労働者の怒りは高まる。個別のゲリラ的小競り合いは、今や深刻な闘争と示威行動へと集中していく。それは、ほんのちょっとしたきっかけさえ与えられれば、直ちに拡大して雪崩現象を引き起こすに至るだろう。

しかし、そうなると闘争参加への呼びかけが国の津々浦々でなされていくはずだ。《王侯たちの宮殿には戦争を、民衆の住む長屋には平和を！》の叫びが、国の至るところに響き渡っていくだろう。もはや、それを富める者たちが警戒し、阻止することはできない」。

エンゲルスのこの著作は、その末尾が暴力を伴った階級闘争を予言した暗い響きで終わっています。しかし、実際のところ、それは富裕な有産階級にとっては何の危険ももたらさない、いわば〝些細な小競り合い〟でしかありませんでした。ある時には、怒った労働者たちが工場を襲撃し、設置されてある機械をめちゃくちゃに叩き壊す事態も発生しました。また、ある時には彼ら労働者が、経営者たちの別荘の前で労働賃金アップを要求するという局面も確かに見られました。

もちろん、こうした抗議活動を阻止するのは決して容易ではなかったはずです。けれども、本質的問題としてこの種の社会問題が、一度社会一般に顕在化するとなると、物理的手段、すなわち暴力を行使してそれを長期間押さえ込むという解決の仕方は、もはや不可能にならざるをえません。換言すれば、白日下に露呈してきた社会問題は、別なもっと優れた良質の解決を必然的に要求してくるものです。豊かな有産階級と貧しい無産階級、この両者の関係が、根本的に変革されなければならないだろう、そしてそれは可能でもあると多くの人々は考えました。そこで、例えばパリやブリュッセル、あるいはロンドンに滞在していた外国人移民たちは、ひそかに革命同盟を結成するに至ります。そうした秘密組織の中でも、エンゲルスや彼の友人カール・マルクスが所属していた正義者同盟（Bund der Gerechten）は有名です。

一八四七年には、「共産主義者同盟」が結成されました。エンゲルスとマルクスの二人は、この同盟組織から活動用の政治プログラムの起草を依頼されたのです。一八四八年二月出版されたこの文書が、「共産党宣言」です。これは、後に世界各地の革命遂行にきわめて重要な役割を担う歴史的文書になりました。

カール・マルクス（1818～1883）。

この宣言書は、ある人々にとってまさに救済の使信となりました。同時に、それは他の人々にとっては悪魔の使信にもなりました。起草者エンゲルスとマルクスに対する人々の評価も同様です。人類の解放者として、彼らを大歓迎する人間もいれば、その

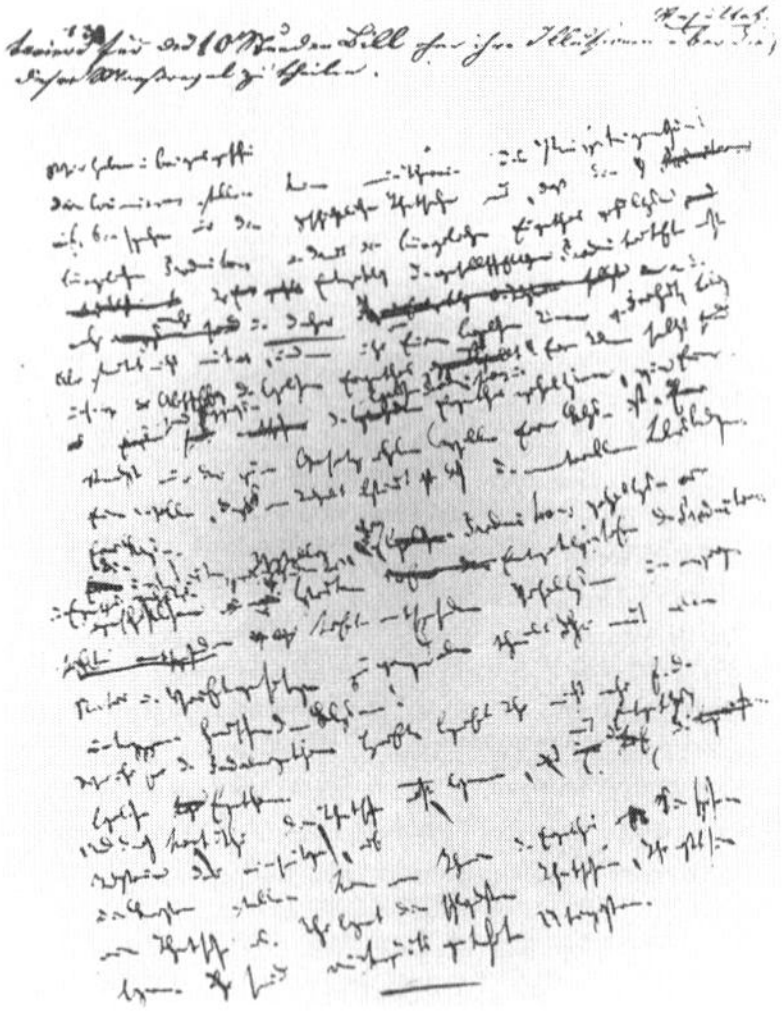

マルクスとエンゲルスが協同執筆した「共産党宣言」(1848年) の手書き初稿の一部。

真反対の見方、すなわち人類を破滅に誘う者として評価し、悪口雑言を浴びせかける人間も登場してきました。

この「共産党宣言」の冒頭は、次のような言葉で書き始められています。

「現代に至る社会の歴史は、階級間の闘争の歴史である。自由市民対奴隷、貴族対平民、領主対農奴、ギルド職人の親方対徒弟職人の間の闘争だ。一言でいえば、抑圧する人間と抑圧下に呻吟する人間の間で展開されてきた闘争史である。これら両者は、つねに対立し合い、抗争し合って歩んできた。

今や、この闘争は社会の全体を革命によって変革する結果を生み出すか、あるいは人類全体が共に破滅してしまう結果となるのか――それは、不断の戦いへと連動する」。

マルクスとエンゲルスの理解によれば、これら相互に対立する階級は、ブルジョワジーとプロレタリアートと呼ばれています。両勢力は、互いに鋭く対立し合う関係に立っているのです。前者は、確かに人類史の中で重要な役割を果たしてきました。とりわけ、中世封建制度の克服のために一大貢献を成しました。一〇〇年にもならないその階級的支配を通して、ブルジョアジーはそれ以前のどのような世代よりも豊かで生産的な活動を展開してきました。しかしながら、近代の産業化時代においては、労働者階級は「機械の単なる付属品に成り下がり、一般庶民は容易に習得可能な技術さえ入手すれば、その労働に従事できるようになった」のでした。

ここでは、人間が〝物〟の地位に堕落させられ、有意味で、満足心の得られる労働などは一切許されていないのです。結果として、人間の自己〝疎外〟が起きます。商品生産の目的は、元来人間の必要を満たすことにあるはずです。しかし、労働者たちはここでは反対にできるだけ高い収益の確保のため奉仕させられることになります。それゆえ、生産コストや人件費は可能な限り低く設定されていきます。そして、この論理が導き出す結論は、「プロレタリアートの悲惨な現実」以外の何物でもありません。購買力は低落し、「過剰生産の危機」が到来します。

しかし、この〝流行病〟を終焉させるためには、資本家が所有する私的財産の没収が不可欠です。同時に、生産手段も共有化され、共通の財産にする必要があるでしょう。そこで初めて、人間が人間を搾取するという野蛮な行為が終わりを告げるはずです。働く者も、そこで初めてすべての人間の真の需要に即応した生産物を産み出すことができるようになるのです。こういったプロレタリア革命、あるいは社会主義革命の最終段階に、もはや階級など存在しない共産主義社会が実現するのだと革命推進派の人々は主張します。共産主義社会では、人間はもはや自己を疎外されることもありません。むしろ、次のようなモットーのもとで豊かに生活することができるはずです。すなわち、「すべての人が、その人なりの能力、その人なりの必要に応じて働き、生きる」という合言葉です。「共産党宣言」には、次のような文言も登場してきます。

「共産主義者は、自分の見解と目的を怯むことなく正々堂々と公表すべきである。共産主義者は、自分たちの目的を成就させるために今日まで存続してきたすべての社会秩序を、暴力の行使を通してでも崩壊させなければならない。支配階級は、この共産主義革命に戦慄を覚えるべきだ。プロレタリアートには、失うものは何一つない。いや、ただ一つある。自分たちを今日まで拘束してきたこの鉄の鎖だけは、絶対に破棄しなければならないのだ。

　労働者階級は、今この道を進むか、あの道にとどまるかの二者択一をしなければならない。全世界のあらゆる国に住むプロレタリアートたちよ、今こそ団結しようではないか！」。

「共産党宣言」の発表と同時に、ヨーロッパの多くの国々で革命運動が開始されました。しかし、それはむしろ偶然の時間的一致であったともいえる出来事でした。マルクスとエンゲルスの思想は、当時そこではまだほとんど本質的役割を担っていなかったのです。

　一八四八年から、その翌年にかけてヨーロッパ諸都市で発生した革命は、当時まだなおプロレタリア・社会主義的ではなく、むしろ市民革命的性格を帯びていたのです。これが、本格的に変化していくのは、その後の数百年においてなのです。しかも、ヨーロッパの諸都市で展開された革命運動は、当初マルクスが予期していた内容とは大きく異なっていました。彼が、予言者的に語っていた多くの事柄はそこでは的中しなかったのです。とはいえ、マルクスがその著作を通して後世に与えた影響は、その後人類のきわめて広範な領域にまで及びました。これは、誰一人否定できない歴史の真実だというべきでしょう。

Drama 31

熾烈な世界分割競争の開始——アメリカ大陸とヨーロッパの植民政策

社会問題は、決して大陸ヨーロッパだけにとどまりませんでした。アメリカ大陸の国々でも、社会問題が発生しました。わたしたちが、一般的に中米、あるは南米と呼んでいるアメリカ大陸の国々において、社会的・歴史的問題が多発してきました。ちなみに、北米が、現在のカナダとアメリカ合衆国を含むアメリカ大陸北方地帯を指すことは周知の事実です。アメリカ大陸は、北・中・南の三地帯から構成され、同時にラテン・アメリカ〝問題〟とは、一般的にこのうち中米・南米地域に直接関わる問題を指すと理解されています。

アメリカ大陸は、大航海時代を中心に南西ヨーロッパのスペインとポルトガル両王国の植民地として長い歳月統治されてきました。そして、支配者たちはこの大陸の先住民たちに政治への参加や社会的発言の権利を一切認めませんでした。反対に、彼らは先住民の土地を収奪と搾取の対象として統治してきたのです。こういった植民地支配のあり方は、当然の成り行きとして、先住民の中に不満を引き起こし、蜂起を誘発するきっかけを与えることになります。大陸南部では、ホセ・ド・サンマルタン、そして北部ではシモン・ボリヴィアルの指導下に、解放軍が編成されました。解放軍は、アメリカ合衆国の支援も受けながら、スペイン帝国と戦い、これを撃破し見事な勝利を収めました。

一八一〇年以後一五年の間に、すべてのラテン・アメリカ諸国がヨーロッパの植民支配国から解放され、自由と独立を獲得していきます。ボリヴィアルは独立したこれらの国々を、アメリカ合衆国のような合体された（united）〝共和国〟の方向に導きたかったのですが、大半の独立諸国は彼の提案を受け入れず、むしろ各国が各自の独立をそのまま維持しそれぞれ独自の道を歩むべきだと主張しました。こうして、この大陸に誕生した多くの国々が現在わたしたちもその国名を熟知しているラテン・アメリカ諸国です。すなわち、シモン・ボリヴィアルにちなんで命名されたボリヴィアから始まり、ブラジル、チリ、ペルーなど、現代中・南米の国々です。

各国は、独立主権国家としてそれぞれ別途にその歩みを開始したわけですが、しばらく前まで支配者であったヨーロッパ帝国主義諸国に対して何らかの要求を提出するような局面では、直ちに一枚岩となって協力し合う行動をとりました。アメリカ合衆国がこうした局面で、彼らの行動を背後から支えていたのはいうまでもありません。一例を挙げれば、合衆国第五代大統領ジェームス・モンローは、一八二三年ヨーロッパ諸国に向かって次のような一文を書き送り、警告を発しています。

「ヨーロッパ諸国は、今やラテン・アメリカから距離を置くべきである。この警告が無視され、何らかの干渉がなされるような場合には、われわれとしてはそれをアメリカ合衆国に対する非友好的態度と見なさざるをえなくなるであろう。当然、相応の対抗措置が講じられなければならない」。

これが、有名な「モンロー・ドクトリン」です。今後、ヨーロッパ諸国に対して、合衆国が一切干渉行為をしない代わりに、ヨーロッパ諸国も以後アメリカ大陸に対する干渉を全的にすべきでないとの主張です。〝モンロー主義〟に立つアメリカ合衆国の外交政策の基本的姿勢が、如実に表明されています。この外交政策には、〝アメリカ大陸の去就は、この大陸の住民が自らの判断で決定する〟との断固たる決意と主張が反映されています。

一八〇〇年もの長い歳月命脈を保ってきたこの外交理解は、今日に至るまでアメリカ合衆国の海外外交・安保政策における本質的指針になっています。他方、スペインとポルトガルにとっては、特に大陸南部に彼らが確保していた植民地の喪失を意味し、それは同時に彼らのラテン・アメリカにおける強国としての影響力の決定的低化を物語る事態となるわけです。両帝国スペインとポルトガルは、一五世紀から一六世紀前半にかけてインド洋と太平洋の先駆的航海者、そしてアメリカ大陸の最初の上陸者として世界に進出していたのです。そうした進攻の結果、彼らは大航海時代における世界の覇者になった植民帝国でした。その地位が今や崩落しつつあるわけです。別言すれば、ラテン・アメリカ諸国の独立や主権の獲得運動の開始は、スペインとポルトガル両国の支配の終焉でもあったというわけです。スペインやポルトガル同様、ヨーロッパ諸国の中で植民帝国として歴史を刻んできた国々は、アメリカ大陸での植民地放棄を余儀なくされた後、体勢を整え直し収奪の矛先を今度は東アジア地帯へと向けていくようになります。

そして、イギリスは競争相手である他のヨーロッパ諸国を南アジアのインドから徐々に駆逐することに成功します。その最終的決着が、フランスとの間に戦われた覇権戦争、いわゆる〝七年戦争〟（一七五六〜一七六三年）です。イギリスは、この戦争の勝利によって、インドからフランスを完全に排除してしまいました。とはいえ、この時代のインドは全的に大英帝国に組み込まれていたわけではありません。一九世紀中半までこの国は、同胞インド人領主たちによって表面上は統治されていたのです。しかし、その実態においてこの亜大陸全体がイギリス人の支配下に置かれていたのはいうまでもありません。イギリス人たちは当時南アジアに位置するインドを近代化しようと考えていました。けれども、彼らにとっての近代化とは〝西洋化〟以外の何物でもありませんでした。そうだとすれば、イギリス人がインド人の生活様式やその伝統文化に配慮や関心などまったく持ちえなかったのは当然の帰結だというべきでしょう。

そうした彼らの統治の仕方は、一八五七年についに大英帝国海軍将校たちに対するインド人兵士たちの反乱を誘発するに至りました。この暴動は、短期間のうちに急速な拡大を見せ、イギリスのインド統治に反対する国民蜂起にまで展開していくのです。残念ながら、この蜂起は失敗に帰しました。インド人兵士によって構成された親衛隊が、支配者側のイギリス人を支援し、逆に同胞のインド民衆や兵士たちを撃破してしまったからでした。

蜂起弾圧後、イギリスはインドに対する統治と支配を公々然と開始する行動に乗り出します。ヨーロッパの一国・大英帝国の女王ヴィクトリアが、正式にアジアの一国〝インド帝国の女帝〟に君臨するのです。しかしながら、統治者の交代がなされたとしてもインドに展開される植民政策には、何の変化も見られませんでした。

インドは、世界のすべての植民地がそうであったように、支配者の目には原資の調達と生産物の販売市場としてのみ有意味な存在として映っていました。支配者には、インド社会に正しく機能する産業の育成や住民たちの日常生活における改善問題などへの関心は皆無、最初から外に放り投げていたのです。

かくして、大英帝国は長い間、世界の植民地支配国家群の中で指導的立場に位置するようになりました。オーストラリアやニュージーランドを始めとした、アジア・太平洋海域に存在する国々もその後この〝世界帝国〟に属するようになります。イギリスと並んでアジア海域にある他の国々を支配したのは、オランダ、フランス、そしてポルトガルといったヨーロッパの帝国主義諸国です。

アジア・太平洋諸国や諸地域が、ヨーロッパの帝国主義勢力によって分割と支配を甘受させられた後、最後に世界に残存する大陸は、アフリカだけとなりました。世界列強にとって、アフリカはそれ以前から収奪と搾取の対象として見られていたのです。この〝黒い大陸〟は、ヨーロッパや北アメリカの国々にとって、数百年間、ただ〝金儲けになる〟黒人売買という意味でだけ大きな関心が向けられてきた地域です。

この醜悪な人身売買の〝商売で〟どれほどの数のアフリカ人が犠牲にされたのかについての正確な人数の把握は、もはや不可能です。実態はよく分からず、すべて推測の域を出ません。しかし、下限としてその数を一〇〇〇万人と推定する学者もいます。わたし個人は、二〇〇〇万から三〇〇〇万人と見るのがほぼ穏当な数字ではないかと考えています。犠牲者の数が五〇〇〇万人を超えると計算する研究者もいるほどです。しかし、何といってもアフリカ先住民にとって、ヨーロッパ諸国によるこの奴隷売買がもたらした最大の犠牲は、その後の歴史において戦慄すべき大破壊がこの大陸に進行したことではなかったでしょうか。大陸の多くの地域では、伝統的なアフリカ部族・種族の長い間大切に維持されてきたさまざまな社会構造が壊滅に瀕しました。そのことが原因で、そこに居住する人間同士の生活基盤が根底から破壊されてしまったのです。

一八六九年にスエズ運河が開通し、地中海から紅海へ直結する海洋航路が誕生しました。それと軌を一つにして、ヨーロッパ諸国の間で人々がよく用いた表現、すなわち〝アフリカ争奪戦〟が大々的に展開されていくのです。そして、一九世紀の一〇〇年が終わるまでに、アフリカ大陸はことごとくヨーロッパ人の手中、帝国主義諸勢力の支配下に陥落してしまいます。一八七一年建立されたドイツ第一帝国も、その後の近代史の中でこれら〝先輩格〟の植民諸帝国、すなわちイギリス、フランス、あるいはオランダといった国々がくり広げる熾烈な海外植民地争奪戦の中へと参入する歴史を刻むのです。

毎年100万人単位の黒人が，アフリカ大陸からヨーロッパと北アメリカに有無をいわさず連行され，強制労働に従事させられた。これは世界史の中で最も暗黒の章に属するといってよい。このさし絵の図解全体は，20世紀初頭に作成されている。

確かに、ドイツ人は一九世紀の初頭互いに誓い合った〝ドイツ人自身の国家建設〟、すなわち近代ドイツ帝国を建立させるために、それまで長い歳月を背後にしてきました。一八七一年、やっとその夢が実現したというわけです。そして、このドイツ帝国も、他の帝国同様にアフリカ大陸での植民地獲得競争に進んで乗り出そうとしたのです。

アフリカ研究者のカール・ペーターは、この時代のドイツ帝国の対外政策について次のような簡潔な一文を残しています。

「近代のドイツ帝国は、世界の分割と支配の競争において空手で出発をした。一八七一年建国後のドイツ人は、そうした長い歳月にわたる空隙《くうげき》を埋める絶好のチャンスが、今ここに到来したと感じ取ったのです」。

ヨーロッパの帝国主義諸国が、地球上の大陸の規模において第二位を占める大陸のアフリカを自国の植民地にする際、しばしば持ち出された理論が、いわゆる〝人種優劣論〟でした。もちろん、これはもともとエセ学問理論の何物でもありません。この理論は、次のような断定から開始されます。すなわち、黒人は、白人に比べると本質的に低劣な価値しか与えられていないのだ。それゆえに、価値の面で上位を占めている白人種の〝われわれ〟が、黒人種の住むアフリカに出かけ、そこの黒人たちに白人社会の文化と文明を教授することが必要であり、それは正論である。ヨーロッパの帝国主義勢力は、そう主張し、結果としてアフリカ大陸を収奪と支配の対象にしてしまったのです。大陸進出の正当化が、こうしたかたちで展開されました。しかし、いうまでもなく、彼らの腹中の意図、その本当のねらいは、アフリカ大陸の莫大な原資調達、埋蔵地下資源の独占、政治的覇権と金権の奪取にあったことは、多言を要しない事実です。

現在、アフリカ大陸では多くの国々が経済的、社会的、あるいは政治的に日々苦闘を強いられています。しかし、この現実は、わたしたちがこれまで確認してきたところから明白に理解できるように、ヨーロッパ諸国、とりわけ帝国主義諸勢力による植民政策、過酷な搾取と支配の歴史が引き起こした所産でもあると考えるべきでしょう。同時に、こうした歴史認識はアジアやラテン・アメリカ地域に関しても、まったく同じ比重でもって該当するというべきです。そうした意味において、今日、経済的な豊かさの中にあるヨーロッパ諸国や北アメリカ二国が、貧しさの中を必死に生きているアフリカやアジア、あるいはラテン・アメリカの国民《くにたみ》を人道主義的に〝援助〟するという行為は断じてあってはならないはずです。

単なる〝善意に満ち溢れた行為〟では困るのです。そうではなく、わたしたちの言葉や行動は当事者の国民《くにたみ》に対するヨーロッパ人の償いの行為、すなわち〝贖罪の徴《しるし》としてのアクション〟でなければならないでしょう。

Drama 32

「すべて、自力でやり抜くさ！」――分立国家イタリアの独立

一九世紀に入ると、ヨーロッパ諸国、その中でも強力な外国勢力の支配下に置かれてきた群小の国々や国内〝分割小国〟の間に、国内的統一を切望する機運が次第に強まってきました。その後者の具体的事例が、ヨーロッパ南部・地中海北面に突き出たイタリア半島です。イタリアは、いうまでもなく古代ローマ帝国の末裔に当たる国です。

しかし、その領土はもはやかつての世界帝国時代に所有し、支配した地域のすべてを包括してはいません。長い歳月この国は、無数の王侯貴族たちによって統治されてきました。その間に一部地域は独立を達成しました。あるいは、別の地域は外国の強大勢力、例えばスペインやオーストリア、あるいはフランスなどの支配下に置かれる歴史を歩んできました。

そうした歴史状況のもとで、強い国民意識（ナショナリズム）を持った一部のイタリア人たちが、往時の世界帝国ローマに郷愁を抱き、新たな祖国復興と社会革新（当時イタリアでは、復興・改革を意味する〝リソルジメント〟という言葉が流行しました）を究極の目標に掲げた一大国民運動を展開するに至るのです。この大衆運動は、初期段階では当時ただ一つ存在していた秘密結社「コルボナーリア」によって担われました。そのために、その秘密同盟の指導下に起きた一斉蜂起も、結局最後は政権側に

加勢したオーストリアの軍事介入によって壊滅状態にさせられてしまったのです。一斉蜂起が不首尾に落着した後、コルボナーリアは戦術面での転換を余儀なくされていきます。

一八三一年、独立運動の思想上の指導者ジセッペ・マチーニは、青年イタリアを意味する新組織「ジョバネ・イタリア」を結成し、イタリアの国民をこの運動に巻き込んでいく〈一大大衆運動〉を開始するのです。マチーニは、その最終目標をこうした国民運動を契機にして、イタリア人自身が自らの手で自由な、独立主権を確保した、しかも民主主義的共和制に立つ国民国家を建設することに置いていきました。

こうした理想を持った彼を支えたのが、〝自由の闘士〟という伝説的人物として有名なジュゼッペ・ガリバルディだったのです。彼らは協力し合って「イタリアは、すべて独力でやり抜く！」を運動のスローガンに掲げながら、半島全域に君臨する外国諸勢力の影響からイタリアを解放し母国の独立を奪取しようとの戦いに挺身していきます。

ジュゼッペ・ガリバルディ（1807～1882）。

解放勢力は、フランス軍やオーストリア軍を相手にして独立闘争を数回展開しました。しかし、その結果は彼らの無残な敗北でした。そこから、マチーニとガリバルディは敗戦から教訓を得ます。すなわち、孤立単独の戦いではなく、外部からの連帯や支援も得てこそ、目的の遂行が可能になるのだとの教訓です。そして、まさにその支援を申し出た人物が、政治的手腕に長けた伯爵カヴゥールです。彼は政治信条としては決して民主主義的な共和制論者などではなく、むしろ立憲君主制の擁護者でした。イタリアは、確かに立憲制国家であるべきだが、同時に王や皇帝といった専制君主が即位していても構わないではないか、という信条を所有した政治家だったのです。しかし、彼はそうした認識上の相違を超えて解放軍に加勢を申し出たわけです。

先ず、カヴゥールはサルディニア・ピエモント王国総理大臣の立場から、一八五三年から五六年にかけて展開された〝クリミア戦争〟ではフランスを支持します。この戦争は、元来ロシア帝国がオスマン・トルコ帝国を相手に戦いを挑み開始された戦いです。その際、ロシアのヨーロッパ大陸南下の目的が第一に自国の影響力をバルカン半島にまで拡大・伸張すること、第二にロシアから直接地中海へ通じる道・緩衝地域を確保することにあったのは、つとに知られている歴史的事実です。

当然ながら、イギリスとフランスにとって、バルカンに見るロシアのこうした膨張・拡大政策が心穏やかに傍観し、座視できる行動ではなかったことは、明白です。両国は直ちにトルコに加勢し、ロシアとの戦闘に入っていきます。その際、首相カヴゥールはフランスやイギリス、トルコから構成された連合軍に加勢し、一八五五年サルディニア・ピエモント軍をこの戦争に参戦させる決断を下すのです。戦争終結後、カヴゥールはその見返りとして今度は自国に対する勝利国フランスの軍事協力を確約させ、宿敵オーストリアとの交戦で見事勝利を手中にすることに成功しました。一八五九年の敗戦で、オーストリアは初めてイタリア戦での敗北を喫します。

一八六〇年五月、わずか一〇〇〇名の志願兵から構成された解放軍を統率しながら、ガリバルディはひそかにシチリア島への上陸を敢行し、それに成功しました。ここには、すでにブルボン王朝軍が二万名ほど駐屯していました。しかし、卓越した指導者ガリバルディの巧妙な陽動作戦によって絶対少数の解放軍が、兵士数において絶対多数を誇る国王軍を撃破し、ついに勝利を収めたのです。

同年七月中旬、解放軍はガリバルディの指揮下にシチリア島の全域をほぼ支配下に置くに至ります。彼らは、やがて王宮に向けて進軍を開始します。この間にも、解放軍へ参加を志願する人々の数は一万名に膨れ上がり、今や本土攻撃の準備も万端整った状態になりました。解放軍は、ナポリ・シチリア王国のほぼ全域を占拠可能な段階にまで到達したのです。

もはや、国王側には、解放軍の攻勢を阻止するに足る余力など残っていませんでした。反対に、ガリバルディが赴くところがどこであれ、彼はそのあらゆる場所で多くの民衆によって、熱狂的な支持歓迎を受けたのでした。

イタリアのローマ市北西にあるヴァチカン宮殿（教皇住居や教皇庁がある）は，独自の防衛組織を保持しており，それがスイス人近衛部隊だ。彼らの役割は聖ペトロ教会を始めとする教皇庁，およびバチカン市に出入りする一般信徒を警護することにあるが，教皇個人の身辺警護も彼らの大切な職責に属する。衛士たちは全員カトリック・キリスト教徒から構成され，国籍はスイス，しかも年齢が19歳から30歳までの成人で，身長は1.74メートル以上でなければならないと定められている。

一八六〇年九月七日、ガリバルディと志願解放軍はついに本土に上陸、ナポリに攻勢をかけます。そして、彼らは最後に王宮を陥落させました。それによって、一七三三年以降このナポリ・シチリアの全域に君臨し、統治を続けてきたブルボン王朝は、ついにイタリア史からその姿を消すことになったのです。戦いの大勢が判明するや、ローマ市に所在する宗教的〝独立国家〟ヴァチカンや、この時期にはまだなおオーストリア帝国の所属地域であったヴェネチアを始めとして、イタリア半島のすべての分立国家が、解放軍の側につくようになりました。

一八六一年一月に、イタリア全土で第一回国会議員選挙が実施されました。その結果、同年三月一七日に立憲君主国家イタリアが、半島全域を統一化した最初の近代国家として、近現代史への歩みを開始する緒につくことになります。

Drama
33
近代国家の誕生――ドイツ帝国と宰相ビスマルク

〝統一と権利と自由を、我等の祖国ドイツに！〟と謳歌したのは、詩人ホフマン・ファレルスレーベンでした。詩集『ドイツ人の歌』の中の一節です。しかしながら、一八四八年プロレタリア革命の挫折以降、多くのドイツ人が抱いたこうした願望と夢想は、はるか遠方に蹴散らされてしまったかのような時代状況が、この国を見舞ったのです。

ドイツの領邦群小諸国は革命前と変わらず、何の拘束力も持たない緩慢な同盟関係へ復帰し、そこではプロイセン王国とオーストリアが覇権をめぐりしのぎを削り合う、といった緊張関係が出現しただけです。

ドイツ近代政治史において最強の政治家は、おそらくプロイセン王国の首相を歴任したオットー・フォン・ビスマルクだと考えてよいでしょう。総理職に就任するやいなや、彼は次のような発言をしています。それは一八六二年九月三〇日公席で語られた言葉です。

「この時代の重要問題が、討論や多数決によって決定されることなどありえない。一八四八年とその翌年の大きな誤謬は、まさにここにある。重要な問題に最終的決着をつけるのは、演説や民主主義の手法などではなく、鉄と血、すなわち戦争と犠牲を介してだ」。

ビスマルクの目的は、プロイセン国の指導下にドイツ人自身による強力な統一国家を建立することにありました。この目的遂行のために、いかなる手段を行使しようとも彼はそれを厭《いと》いませんでした。彼は先ず、一八六六年六月プロイセンを一八一五年から続いてきたドイツ連邦から意図的に脱退させます。それと同時に、オーストリアを挑発して戦争へ引っ張り出そうと画策するのです。

一八六六年七月三日、意外にあっけなくプロイセン軍はケーニヒグレーツの戦いで、オーストリアに勝利してしまいます。直後に締結されたプラハ和平条約によって、ドイツ連邦が廃止となり、ドイツの地からオーストリアは排除されてしまいました。次いで、プロイセンはマイン川以北の領邦諸国と一八六七年北ドイツ連邦を結成し、域内各州国家に加盟を要請します。プロイセン王国総理ビスマルクは、その厚顔無恥に近い政治手法のために毛嫌いする人間も少なからずいました。しかし、同時にドイツ人一般はこの人物の中に、長く国民の悲願であり続けた〝統一国家ドイツ〟の理想の実現者を見出していました。だからこそ、彼の強圧的政治を受け入れることもできたわけです。

ビスマルクの側でも、そうした一般国民の新たな願望を利用しようと考え、マイン川以南のドイツ領邦諸国家を、何とか北方のドイツ同盟に加盟させようと彼なりに腐心をしたわけです。その手段として、ビスマルクが用いたのが今度も対仏戦争でした。すなわち、ナポレオンによる祖国征圧以来、ドイツ人が宿敵と見なしてきたフランスに戦いを挑むことです。フランスは、ビスマルクの実に巧妙な策略に振り回され、自分から先にプロイセンとその同盟軍に対して宣戦布告をするという立場に追い込まれるのです。結果、フランスは海外の国々に〝侵略者〟のイメージを与えてしまいます。

この戦争を通して高揚したドイツ国民のナショナリズムは、今世紀初頭ナポレオンの独裁に抗議して沸き上がった対仏〝解放闘争〟を髣髴させるものがありました。ドイツ全土からの志願兵によって編成されたドイツ軍は、フランスに向かって進軍を開始し、一八七〇年九月二日ついに有名なセダンの戦いでフランス軍を撃破してしまいます。

この挙国的勝利の後、統一国家ドイツに対する切望が国民の中に以前にもまして強くなったのは、当然の帰結です。こうなると、官民共にしばらくは戦争の疲れの回復に努めようなどと考える暇はなくなってしまいます。高揚が日増しに高まる国民感情を前に、ドイツ南方の領邦諸国家や地方政府関係者は、プロイセン王国ビスマルク首相が提出する種々の計画案、とりわけ全ドイツの統合化政策にももはや反対できなくなりました。最終的に、彼らはそれらの受諾を表明せざるをえなくなります。

1871年１月18日，プロイセン国王ヴィルヘルム１世（1797～1888）の初代ドイツ帝国皇帝即位式が，よりによってヴェルサイユ宮殿“鏡の間”で挙行されたことは，多くのフランス人には屈辱と受け止められた。この場所は両国間のその後の歴史に出現する反目と国家的対立の一大温床となった。

一八七一年一月一八日、フランスのヴェルサイユ宮殿の一室〝鏡の間〟で、プロイセン王国のヴィルヘルム国王が正式に統一ドイツ皇帝に任命されました。ドイツ第一帝国初代大統領ヴィルヘルム一世の誕生です。全国民の宿願、そして悲願の成就である統合化された〝国民国家〟(Nationalstaat) ドイツが、まさに今ここに最初の産声を上げたことになります。ドイツ国民は、ここでやっと統一総括者（皇帝）と統一政体（帝国）、さらに三ヶ月後には統一法秩序（帝国憲法）を保持する近代国家を誕生させたわけです。

しかしながら、一八七一年一月そこに成立したこの近代国家が、本当にドイツ人民衆が長い歳月をかけ夢想し、宿望してきた〝ドイツ人の国〟、ドイツ国民が真に理想とした人間共同体だったといえるのでしょうか。いや、反対にそこに誕生したこの新帝国は、実際には領邦国家時代の支配者層、領主君主たちのための国家だったといえるのではないでしょうか。確かに、選出された議員たちから構成された帝国議会がそこに誕生しました。しかし、その議員選挙は男性に対してのみ投票権が付与されたというのが実態でした。そうした限界を持っていたのです。しかも、議会には立法府としての最終的決定権など、まったく認められていなかったのです。それが帝国議会のあるがままの現実でした。

さらに、帝国議会には、政府に向かって正面から明確な賛否の意思表示を提出する権限などありませんでした。行政府は、ただ帝国皇帝に対してのみ責任を負えばよいとの立場にありました。それゆえに、機能としては立法府よりも上位に位置づけられていたわけです。別言すれば、ドイツ帝国の政治・政策の最終的決定者は、ただ二人、すなわち、皇帝ヴィルヘルム一世と帝国成立後就任するビスマルク帝国宰相だけであったということです。

ですから、この第一帝国が誕生した直後から、こういった寡占的国家の体制に対して厳しい批判が続出したのです。特に、厳しい政府批判はドイツ南部の領邦諸州と住民たちの中に多く見聞されたのです。

Drama 34

〝二重専制君主国家〟の出現——オーストリアのハンガリー併合

オーストリア帝国は、一八六六年七月ケーニヒグレーツでの戦闘で敗北を喫した後、前話で言及したドイツ連邦の解体とドイツ第一帝国の誕生に一切介入が許されず、事態の進展をただそのまま甘受せざるをえない立場に置かれるに至りました。ハープスブルク家が今後も他のヨーロッパ列強と対等に関係を維持したいと願っても、オーストリアに残された相手国は、東ヨーロッパの群小民族諸国家だけに限定されてしまいました。

そうした状況の中で、オーストリア政府が最優先した国は、以前から独立と解放を要求していたハンガリーでした。この国と何とかして良好な意志疎通を図ることが、オーストリアにとっては最優先されるべき案件だったのです。まことに気が遠くなるほど長期にわたる折衝の末、最終的な妥協案として提出されてきたのが、なるほど合法性は確保されてはいるがしかしきわめて特異な国家形態としての、いわゆる〝オーストリア・ハンガリー二重専制君主国家〟です。これは一八六七年にやっと成立した制度です。この専制国家の最上座には、オーストリアの皇帝が君臨します。しかも、同時にこの皇帝、あるいは女帝はハンガリー王国の最高統治者としての役割も担います。すなわち、一君主が、皇帝（ドイツ語 Kaiser）と国王（König）双方の職責を担うことになるわけです。この皇帝、または女帝に付与される権能は、外交と軍事、そして財政の三領域にまたがります。ドイツ語圏では、これを〝カー・ウント・カー〟（K. und K.）官僚構造と呼んでいます。

同じ屋根の下で、オーストリアとハンガリー両国の官吏たちは、それぞれが独自の憲法、独自の国民議会、そして独自の行政府を組織しながら、業務を別途に執行するという官僚組織が誕生したわけです。皇帝の専決事項に属する外交や軍事、あるいは財政の業務全体を所轄する官庁も、当然成立しました。しかし、それら三部局は双方の国民議会によって委嘱された合同委員会の指揮下に置かれます。ただ、この委員会はごくたまにしか開催されなかったようです。

ところがそこに問題が発生しました。小国ハンガリーが、大国オーストリアと共にヨーロッパ東部で国家として重要な地位を確保するようになったプロセスが、両国同様にこの二重専制君主国家制度に加盟していた他の群小諸国の不満を、醸成してしまったのです。チェコ人、スロヴァキア人、ポーランド人、セルビア人、クロアチア人、スロヴェニア人、さらにはルーマニア人など、ヨーロッパ大陸の東側に居住する国民全員《くにたみ》が、ハンガリーが獲得した〝高い〟地位に比べ、自分たちは第二級国家の処遇しか受けていないとの不平を口にし、不満を爆発させたわけです。

現状に承服し難いこれら諸国は、不満をどんどん募らせると共に自国の独立と自治を次第に声高く要求するようになります。こういった内部の対立格差を克服するために、諸国ではあらゆる努力が試みられました。しかし、オーストリア・ハンガリー二重専制体制は結局ボスニアとヘルツェゴヴィナを併合してしまうのです。バルカン半島における自分たちの地歩をさらに強固にするためです。これが、セルビアとの関係をいっそう悪化させる原因になりました。このセルビアは、ロシアに支援されながら、長年二重専制帝国の支配下にあり続けた南スラヴ地域の独立と解放を願っていたのです。セルビア帝国の名のもとに、すべての国民が一体化されることが彼らの強い願望でした。セルビアとオーストリア・ハンガリー専制君主帝国、この双方間の緊張と混乱が、第一次世界大戦の導火線となったのはすでによく知られている歴史的事実です。

Drama 35

緊迫したバルカン半島の政治情勢——第一次世界大戦の導火線

ブルガリアは、波乱万丈の歴史を歩んできた民族国家でした。ある時代は、キリスト教を受容した国になり、東方ビザンティン帝国の一部と化しました。一三九六年以降、今度はイスラム教・オスマン帝国に組み入れられた歴史を歩むのです。

一八世紀後半には、東方ギリシア正教会から宗教的に母国の分離と独立を要求するに至り、同時にアラブ・トルコ帝国による統治を終わらせようと、民族独立運動が各所で展開されていきます。ねらいは、いうまでもなく〝ブルガリア人の精神的・国家的再生〟にありました。

そこで、彼らはブルガリア人による独立キリスト教会を創設しました。一八七〇年、彼らは独立への第一歩を歩み出します。そして、その第二歩はトルコに対するロシアの勝利の後、厳密にいえば一八七七年から翌年にかけてのバルカン戦争の最中に踏み出されていきます。ロシアは、最初トルコの支配から解放されたこのブルガリアの側に立ちます。そして、ブルガリア人はドナウ川からエーゲ海を視野に入れたブルガリア大帝国の建設を、長い間夢見てきた民族でした。

しかし、ロシア国内では、こうしたブルガリア人の民族的悲願など自分たちの第一義的関心事ではないという見方が支配的だったのです。ロシアとしては、何よりも先ず国益を最優先させたいわけです。換言すれば、ブルガリア人が夢想するブルガリア帝国は、あくまでもロシア帝国という権力機構の枠内でのみ承認されうる性質の案件でした。また、ブルガリア人の独立運動も、ロシアが長年温めてきた地中海への通路が開拓され、その実現の可能性が見られる限りにおいてのみ容認できるものであったのです。

もちろん、東方ロシアのこうした策略を西ヨーロッパ列強が黙過し、座視するはずがありません。一八七八年ベルリンで開催された国際会議で、ヨーロッパ諸国はロシア側の姿勢に正面から拒否を表明しました。ブルガリア北方から、自由と自主を求める領主たちが立ち上がってきます。他方、南方地域はオスマン・トルコにとどまり続けます。当事者であるブルガリア人にとって、母国のこの分断は承服できる現実ではありません。七年後、彼らは分断された南北の一体化に成功しました。

しかし、この現実は隣国セルビアにとって心穏やかな事態ではなくなります。戦闘が開始され、ブルガリアの勝利で終わります。ブルガリア人は、ここから悲願である独立と自由の王国建設が可能になるであろうと期待しました。もちろん、その願望はロシア人が持つ意図とはまったく異なったものです。ですから、ロシアも高揚したブルガリア国民を、再度自らの権力機構の中に組み込もうと躍起になるのです。それが以下のようなかたちで出現しました。親ロシア派の将校たちをして決起させた政権打倒のクーデターによって、ブルガリア君主アレクサンダー一世は退位に追い込まれてしまったのです。

とはいえ、後任人事にまではさすがのロシアも影響力を行使することはできませんでした。そうこうするうちに、他のヨーロッパ列強による再度の介入がなされてしまいます。その結果ザクセン州のコーベルク・ゴート家皇太子が、フェルディナント一世として次の統治者に任命されるに至ります。

ブルガリアの公爵アレクサンダー１世。1890年頃の写真。

しかし、ブルガリアは彼によって完全独立を勝ち取り、君主自身も一九〇八年この国の皇帝の座にまで昇りつめます。

ブルガリアの近隣諸国も、長い間自国の独立と一体化のために外国勢力と戦ってきた歴史を持っています。例えば、ルーマニアについていえば、この国にはすでに一六〇〇年に、統一国家の形態を整えて歩み出そうとする段階にまで発展した過去史があります。それは〝勇猛王〟領主ミシェルが、他の二地域の公国ワラキアとモルドバの統一を敢行しようとした時の出来事でした。しかしながら、その最中にミシェルが暗殺されてしまったのです。二公国は、その後二五〇年間外国の支配を受ける運命を歩むことになります。オスマン・トルコ、オーストリア・ハンガリー、あるいはロシアといった諸外国の熾烈なせめぎ合いの渦中に投げ込まれていくわけです。

クリミア戦争終結後の一八五九年に、パリで講和会議が開催されました。その席上で勝利国列強は、右に述べた二公国ワラキアとモルドバを統合して、ルーマニアという国名のもとに独立させる決定を下しました。その初代君主に、アレクサンドロ・クサが任命され、新生国家ルーマニアの統治に当たります。

ところが、この君主はそうした政策人事を容認できない他の貴族たちの陰謀によって打倒されてしまうのです。空席となった次の統治者の座は、再び外国勢力によって占拠されることとなってしまいました。すなわち、ドイツ領邦君主ホーエンツォレルン・ジグマリンゲン家出身の皇太子がルーマニア国王カロル一世となって、この国の統治を始めるのです。そして、この統治は第一次世界大戦勃発の年一九一四年まで継続されていきます。

形式的には、ルーマニアは以前のままオスマン・トルコ帝国の支配下に置かれていましたが、そうした状態からの脱却の兆しは先に言及したベルリン会議以後に具体的に現れました。一八七八年に開催されたこの会議で、ルーマニアは初めてその独立が承認されるわけです。

民族的ルーツをドイツに持つルーマニア国王カロル1世。後にカロル2世となる甥の息子，国王の娘・王女マリアも一緒に撮影されている。

他方、地中海沿いの国アルバニアも、数百年間強国の支配下に身を置く苦難の歴史を生きてきた群小国家の一つです。五〇〇年間に、ブルガリア人、ノルマン人、ビザンティウム人、ヴェネチア人、あるいはセルビア人などが、この国に自民族の生活習慣や価値観を持ち込んで支配を続けてきたのです。一三八五年にアラブ地域のトルコ人が侵攻してきました。抗戦のために各地域の部族集団が結束して立ち上がり、戦士スカンデルベクの指揮のもとで二

スカンデルベク（1405～1468）。

五年も戦い続けました。ついに、支配者トルコを駆逐し、アルバニアは自由の身になることができたのです。ところが、英雄スカンデルベクの死後、トルコ軍によって攻め込まれ、この国は昔のようにオスマン・トルコ帝国の支配と影響の下に生きざるをえない憂国の歴史を形成することになります。宗教的にも、イスラム教へ改宗するアルバニア人が次第に増えていきます。

一九世紀後半になると、アルバニアの中に統一を希求する全国民的な運動がやっと再燃し始めます。数回にわたる民衆蜂起を経た後、アルバニア国民会議は一九一二年悲願の祖国独立と統一を内外に宣言するに至りました。しかし、議会のこの宣言発表に対して、ヨーロッパ諸国はここでもまた、大国の威圧的介入をするのです。列強の要求は、次のようなかたちをとってアルバニアに突きつけられました。すなわち、アルバニアの独立を自分たちも喜び承認したい。そうした用意は十分ある。ただし、それはアルバニア政府が独立後、最初の統治責任者選出の際に自分たちが推薦する人物を受け入れる用意があるか否かによる。こうした条件をつけた受諾通達でした。列強のこの強圧的干渉に対して、当然国民議会は憤怒の歯ぎしりをします。

しかし、結局大国の提案に同意せざるをえませんでした。翌一九一三年、ドイツ人皇太子ヴィルヘルム・ヴィートが、新生アルバニア王国の新しい〝外国人〟統治者としてこの国に乗り込んできます。

Drama 36

「ヨーロッパ諸国は、ドイツに学ぶがよい！」——皇帝ヴィルヘルム二世の野望

世界史の一九世紀後半以降の歴史は、〝帝国主義の時代〟と呼んでよいでしょう。産業革命を前世紀に経験したヨーロッパ諸国とアメリカ合衆国、さらには新たに参入してきた東アジアの一国・大日本帝国は、それぞれが可能な限り多くの他民族と国家、あるいは土地を占領し支配するために熾烈な覇権戦争を展開し始めたのです。本格的な海外進出が、そこから開始されていきます。

その際、彼らが他国や他民族を侵攻するにあたって〝人種的優越観〟を持っていたという点についてては多言を要しません。これがヨーロッパ人の民族的優越性の理論です。

例えば、一八七七年にイギリスの政治家セシール・ローデスは大英帝国の当時の植民政策を前面的に肯定しながら、次のような文章を残しているのです。

「わたしは強く主張したいのだが、イギリス人は全世界で第一級の人種に属する。だから、われわれがこの世界でより広範な地域に住む権利を持つことは、人類の未来にとってよりふさわしいことだ」。

ローデスのこうした思想は、この時代の他のヨーロッパ諸国においても同様に存在していました。ということは、当然ドイツ帝国の中にもこれに似た考え方があったということです。

一八七一年ドイツにはプロイセン人主導の新国家、ドイツ第一帝国が誕生しました。成立の顛末については すでに言及したところです。この新生国家を、ヨーロッパ大陸の近隣諸国は不信のまなざしで凝視していました。諸国は大陸の中央部に誕生したこの強国によって、将来自分たちが脅迫されるのではないかと恐れ、不信を募らせたのです。だからこそ、当時帝国宰相ビスマルクは、こういった近隣諸国の不信感や疑惑の目に対してくり返し明言したのです。

「ドイツに対するそうした不信の感情や不安の心理はまったく不要で、何の心配もいらない。ドイツ帝国は、海外諸国を侵略する意図などまったく持っていない。反対に、ドイツ人は現在の国境線の内側で十分満ち足りている。ドイツ民族は、きわめて〝健康的で自足の〟生活をしている」。

彼はそのように対応しました。ビスマルクが宰相として展開した用意周到な同盟外交政策は、ヨーロッパにおけるドイツの地位を強化し、この大陸の平和維持に貢献したことは確かです。

その後、一八八八年帝国第三代皇帝として二九歳のヴィルヘルム二世が即位しました。父親とは異なり、新皇帝は就任直後から〝新路線の導入〟を目論んでいました。この野心に満ち、虚栄心と自負心を持った君主が、しばしば口にしたセリフが今も残されています。

「ヨーロッパ諸国は、われわれドイツから学ぶべきだ。そうすれば国家は健康になるだろう」。

野心家ヴィルヘルム二世は、老齢の身となった宰相ビスマルクを罷免してしまいます。皇帝の野望、すなわちドイツを世界大国にするのだという膨張政策を、ビスマスクが支持しなかったからです。事態はその後完全に疾走のかたちをとりました。それはちょうど、ヴィルヘルム二世の口癖「全速力、かつ前進あるのみ！」と軌を一つにした姿でした。後に帝国宰相となるベルンハルト・フォン・ビューロは、一八九七年開設された帝国議会で一場の演説をしました。ドイツ帝国の将来とるべき植民政策に関して、彼は次のような言葉を結論として口にしています。

これは，第3代ドイツ皇帝ヴィルヘルム（1859～1941）が“青年皇帝”として自分を描かせた肖像画である。

「近隣諸国中、ある国にはこの大地を明け渡し、別の国にはこの大海を譲り渡す、しかしドイツ自身には手の届かない天空を予約しておく。こんな馬鹿げた時代は、もはや過去のものになった。われわれドイツ人は、もちろん大木の暗い影を誰にも押しつけようとは思わない。しかしながら、われわれがそこで同時に要求したいことがある。われわれ自身も、そんな暗い影などではなく、明るい太陽のもとで自分自身の場をしっかり確保したいということだ」。

帝国ドイツにとって、今やこうした場所の確保とは海外諸地域で奪取すべき戦闘用軍船を何にも優先して建造することでした。そうした必要が絶対にある、とヴィルヘルム二世は考えたのです。そうすることによってのみ、ドイツは海外から十分な原材料や販路市場を確保できると考えたのです。それが国家の安全保障に直結すると論じられました。こうした外交方針のもとにドイツ皇帝は、具体的な命令を発します。可能な限り早く、かつ堅固な戦艦の建造に着手せよ、という命令です。大言壮語し、夢想家でもあった皇帝は、こうした軍艦建造計画の草案を自ら執筆することも厭いませんでした。

近代ヨーロッパ史の中で、イギリスは当時世界最強の海軍力を誇ってきました。しかし、大英帝国はここに来て初めてドイツに恐れを抱き始めるのです。イギリスも、急遽全速力で戦艦建造に乗り出すに至ります。ヨーロッパ大陸の他の国々も、ヴィルヘルムドイツ皇帝の〝銃剣による威嚇〟行為を、無為に拱手傍観していたわけでは決してありません。彼らは、ドイツ政府が初代宰相のビスマルクに

「水先案内人，下船する」。当時イギリスの月刊誌「パンチ」（Punch）に，こうしたタイトルのもとで風刺画が掲載された。ひそかに人々は疑問を投げかけていたのである。先導役のビスマルク抜きに若輩の新皇帝ヴィルヘルム２世が，果たしてドイツ帝国という艦船の舵取りを荒海の中で正しく進めていかれるのであろうか，と。そうした危惧はイギリスにとどまらず，当時のヨーロッパ諸国も抱いていたのである。

よって導入されたいわゆる〝同盟政策〟協約の更新を拒否した態度を利用して、彼らの間でいわゆる〝三国協商〟会議を重ねるのです。そして、ついに相互の防衛協約調印にまでこぎつけます。すなわち、フランス、イギリス、そしてロシアの三国が、この時点からドイツと正面から対決するという緊迫した国際情勢の中に入り込んでいくわけです。彼らは、新生国ドイツの侵略的膨張政策に歯止めをかけると共に、何とか戦闘を回避したいとの思いも持っていました。

ドイツは、完全に孤立してしまいます。今や、敵となった列強三国によって包囲される状況に身を置くことになりました。

しかし、皇帝ヴィルヘルム二世と時の政府は、まだこの時点においてもなお祖国ドイツの国益が、さらなる武力の強化によってこそ擁護されると信じて疑わなかったのです。軍備拡張路線の螺旋的進行とそれを許容したドイツ国民の民族至上主義が、ここに来て一触即発の状態にあったヨーロッパ諸国を、やがて途方もない巨大な〝火薬庫〟に変えていくきっかけを作り出すことになりました。

事態がここまで進んでくると、もはや平和の維持のために挺身する人士は誰一人いなくなってしまいます。戦争は、もはや不可避の段階にまで達したということです。

Drama 37

第一次世界大戦の勃発——ヨーロッパ秩序崩壊の開始

一九一四年六月二八日、オーストリア皇太子フランツ・フェルディナントは、妻共々ボスニアの首都サラエボを訪問しました。皇太子夫妻が中央駅の前で、送迎車に乗り込もうとしたその直後、すぐ近くで一発の爆弾が炸裂したのです。幸い夫妻は傷をまったく負うことなく、そのまま旅を継続する道を選びました。

しかし、まさにこの選択が彼らのその後の人生を決定する運命の選択になってしまいました。すなわち、市庁舎での歓迎式典が滞りなく終了したその時、大勢の群衆の中から一人の若者が前方へ走り寄るや、手にしたピストルを皇太子夫妻に向け発射したのです。フランツ・フェルディナントは即死しました。皇太子夫人も病院への搬送途上で、絶命してしまいます。犯人は、セルビア人青年で、熱烈なセルビア愛国主義者を自認していました。祖国の多くのセルビア人同胞同様に、彼も〝セルビア帝国〟の実現を悲願として生きていたのです。そうした思いを抱いていた彼の目には、サラエボ訪問中のオーストリア帝国皇太子が、自分たちの民族的悲願を阻む人間の一人であると映っていたわけです。

セルビア人青年による射殺事件そのものは、その後に勃発した第一次世界戦争の直接的引き金になったわけではなかったのです。また、それが別の時代状況の中で発生したとしても、必ずしも直ちに大規模な戦争に結合するきっかけにはならなかったはずです。しかし、結果的にはセルビア青年の狙撃事件がいわばその後の大爆発を誘発する一大〝火つけ役〟の役割を担うことになってしまったわけです。

後になって、多くの人々が、次のようにこの〝大爆発〟、すなわち第一次ヨーロッパ戦争を回想しました。いわく、

「戦争を本当に望んでいた人は誰一人いなかった。一部の男性たちと列強とが、この戦争へフラフラと引きずり込まれ、フラフラと関わりを持たされ、フラフラとさ迷い歩いていってしまったのだ」。

オーストリア皇太子フランツ・フェルディナントと彼の妻が殺害された時の写真は１枚も残されていない。この光景は当時目撃した人々の話を，後日メディアが描き出したものである。

これら一連の表現の背後に隠されている真実とは、要するにヨーロッパ諸国の当時の〝偉大な指導者たち〟が、誰一人自分を抑制するだけの能力を持っていなかった

という恐るべき事実なのです。そう断言できるに足る根拠があります。当時においても、あるいはこの現代においても、これら〝大物指導者たち〟の言動を厳しく批判する声は確かにあったし、また今もあります。戦争を引き起こした国々の〝偉大〟な指導者たちは、自分が何を語り、何をなしているかを実のところ全然理解していなかったのではないか――そういった論調の批判が、事実存在しているのです。

しかし、人々はそうした見解に耳を傾けず、指導者たちの方針に服従してしまったのです。このあたりの問題点を、ドイツ人歴史家フリッツ・フィッシャーはその著『世界強国への手がかり』の中で、次のように指摘しています。

「サラエボでのオーストリア皇太子夫妻狙撃事件が、ドイツ指導層にとって長い年月をかけ準備してきた戦争を勃発させる絶好のきっかけになったことは、確実です」。

しかしながら、断言できることは、この戦争勃発を最も早い時期に阻止できる立場にドイツ自身が置かれていたという点です。なぜならば、当時ドイツはオーストリア・ハンガリー帝国と最も〝親密な〟国際関係にあったからです。そして、ロシアとの同盟関係の中にあったセルビアと交戦を開始するか否かの決定は、全的にこの二重専制君主国に一任された〝専決案件〟であったからなのです。しかし、実際にはヴィルヘルム二世には、ウィーン在住のオーストリア皇帝にセルビア攻撃に対する全面的支持と協力を確約したのです。

人々は、当時ドイツ皇帝がウィーンに与えた言質の言葉を、〝空手形の約束〟と呼びました。この同盟は、確かに八月四日までは機能し、宣戦の布告がなされました。ついに、ヨーロッパ情勢は、セルビア、ロシア、フランス、そしてイギリスに対抗して、ドイツ、オーストリア・ハンガリーが戦闘の火蓋を切る段階にまで進展してしまったのです。

ヨーロッパでは当時ほとんどすべての国民《くにたみ》が、第一次世界大戦の開始をむしろ喜んで迎えたのでした。その理由は、ここ数ヶ月間高まった国際的緊張がこれを契機に解きほぐされていくに違いないと、一種の安堵感を持ったからです。ことに、ドイツ国内でこの安堵感は強く見られました。ドイツ国民は、この戦いが短期間に終結するに違いないと予感していました。兵士たちも、自分たちがクリスマスを迎える頃にはすでに戦場から帰還し、故郷の知友から英雄として大歓迎されるであろうとすら信じて疑わなかったのです。

この戦争がもたらす深刻な事態を憂慮し警鐘を鳴らす声は、まったく無視されるか、それらを真摯に受け止めようとする雰囲気など皆無でした。詩人たちや一群の芸術家、あるいは一部の政治家たちが、そうした警醒の発言を代弁する人々でしたが、彼らの戦争批判の声はすべて黙殺されてしまったのです。

確かに、戦争初期の展開を見る限り彼らの戦争批判や警鐘があたかも〝虚言でしかない〟かのごとき様相を呈しました。ドイツ軍は、東方のロシアと西方フランスやイギリスの敵国に向かって勇ましく突撃を開始し、しかも十分短期決戦で勝利をもぎとれると確信していたほどです。

ところが、パリの手前まで来てフランスとイギリスの連合軍が、ドイツ軍の進撃を阻止する戦闘に勝利したのです。一九一四年九月六日から九日にかけての戦闘、すなわちセーヌ川支流マルヌの戦い以降、戦いの展開は野戦から陣地戦へと大きく転換していきました。この時点から、ドイツ側の戦略が破綻をきたし始めるわけです。このドイツと同盟関係にあるオーストリア・ハンガリー政府にとって、この戦争は今や現実的には勝ち目のない戦いに進展すること必定だという形勢になってきたのです。

しかし、それにもかかわらず、連合軍と同盟軍両陣営は戦闘をそのまま継続しようとします。双方の兵士たちは、自分の生命を守るため自分で塹壕を掘り体を穏すか、あるいは敵兵を射殺するか、反対に敵兵に自分が殺されるかといった過酷な状況の中にのめり込んでいくのです。戦闘は、膠着《こうちゃく》し泥沼と化していきます。その上、勝算はいずれの側にも保障されていません。数百メートル先の陣地を奪取するためには、何百人もの兵士の生命が犠牲にされなければなりませんでした。

こういった性格の戦闘が、一九一八年まで四年間も継続されたのです。そこでは、兵士たちの存在はいわば〝大砲の格好な餌食〟以外の何物でもありませんでした。このヨーロッパ戦争は、ある意味で新しい形態の戦いでした。そうした戦闘の最も悲惨な展開が、フランス北東部ヴェルダンの戦いでくり広げられました。新しく開発された種々の武器が、史上初めてここで投入されたのです。機関銃砲、重量戦車隊、空爆用戦闘機、毒ガス、そして潜水艦（いわゆる〝U-Boot〟）などが大規模に投入された戦争だったのです。

一九一六年初旬、ドイツは軍最高司令部の決定に従ってフランスを〝完膚なきまで粉砕する〟目的で猛攻撃を開始します。膠着した戦線の一大転換をねらった軍上層部の命令でした。一ヶ月に及ぶ激しい戦闘で、フランスとドイツ両軍の死者は七〇万名を超えたといわれています。ヴェルダンの戦いは、人類史上その前例を見ないほど巨大な〝物量戦〟であったとされています。この戦闘に参加し、最後は戦死することになったあるドイツ軍兵士が死の直前まで書き留めた断片が、次のようなかたちで保存されています。

「絶対、死んではならない！　しかし、その体を隠すべき塹壕は、何一つ掘られていないのだ。機関銃から乱射される弾丸が、うなりを上げながら飛来してくる！　軍靴の音も高らかに敵軍歩兵隊が、こちらへ近づいてくる。その音は、まるで地獄の大喧騒だ！　一人戦友が傍らで倒れた！　そして、その直後に別の戦友が命を落とした。

僕たちが所属する部隊の指揮官U少尉が、すっくと立ち上がった。彼の手に参謀本部から渡された一枚の作戦地図、しかもこなごなになった断片があった。その瞬間、U少尉は痙攣のため震える両手を胸元に持ってくるや、前方へドサッと倒れ込んだ。数秒後、彼はすでにこの世の人間ではなかった。

昼の一二時近く、敵軍がわが軍目がけ総攻撃を仕掛けてきた。われわれも反撃を開始した。雨霰《あられ》のように手榴弾をやつらに浴びせかけたのだ。敵軍は、ひとまず退却した！」。

このメモ以上に、戦争の野蛮さと愚劣さ、そして無意味さを語り伝えてくれるものはないのではないでしょうか。そして、ヴェルダンの戦闘はまさにその意味で〝地獄の大喧騒〟だったのです。

そして、それまでヨーロッパ大陸だけでの展開としてあったこの〝局地戦〟が、一九一七年初頭にドイツ統合参謀本部（ドイツ人は、これを〝ＯＨＬ〟と呼んでいました）が、「今後、戦闘に〝無制約の潜水艦投入〟をする」との決定を下した時から、ヨーロッパ大陸から大西洋地域までを巻き込んだ戦闘に拡大していくことになります。

潜水艦による攻撃にもはや「制限を設けない」という言葉の意味は、戦争に中立的立場を表明している諸国の商船や軍船をも「撃沈の標的にする」ということであり、そこにアメリカ合衆国も含まれることだったのです。自国の船舶さえも、撃沈の対象になりうるとの決定を聞くに及んで、合衆国はついに一九一七年四月六日、ドイツに対する宣戦布告を発表するに至りました。それにもかかわらず、ヒンデンブルクとルーデンドルフ両将軍を頂点に推戴したドイツ軍部は、戦闘が今や敗戦必死であるとの認識を拒否し続けていたのでした。この段階に来ても、彼らはなお〝自軍勝利に続く和平〟を夢見、ドイツ帝国が主導権を握って和平のため尽力する道を頑固に主張したのです。

さらに、軍上層部はアメリカ合衆国大統領ウッドロ・ウィルソンによる和平案も受け入れませんでした。一九一八年三月の時点においても、軍首脳はロシア革命指導者レーニンの指揮下に成立した社会主義政権に対して、なお〝厳しいブレスト・リトウスクの暴力的強圧和平〟の方針を決定していたのです。

しかし、その半年後、ドイツ統合参謀本部が自らこの戦争にもはや勝機は存在しないという判断を否定できなくなります。ルーデンドルフ将軍は、そうした戦況判断を同年一〇月一日に軍の上級将校たちの面前で告白しているのです。

「ドイツ帝国統合参謀本部と帝国軍隊は、今や終焉を迎えつつある。この戦争に勝利することは、もはや不可能に近い。敗北の最終段階の前に、われわれは引きずり出されている。それが、今われわれの現実だ」。

けれども、ルーデンドルフと統合参謀本部は、その敗北の責任を自分たちが引き受けようとは一切しませんでした。反対に、彼らは皇帝ヴィルヘルム二世に向かってこう勧告しているのです。

「ドイツ帝国が今選択すべき道は、この段階にまで来たすべてを引き受けてくれる人間たちと彼らによる新政府を誕生させることではないでしょうか。そうすれば、わたしたちは彼らに心から感謝できるはずです。

この新しい政府には、今求められている和平協定を締結する責任が委ねられるでしょう。新政府は、わたしたちが満足する美味なスープを今こそ調理すると共に、自分たちもそれを飲むべきです」。

戦争の生々しい現実。ヴェルダン近郊の塹壕に残された無数のされこうべ。

これは、不真実で不名誉きわまる捏造《ねつぞう》以外の何物でもない言葉であり、貧弱な対応です。まさに、軍隊が〝降伏〟という屈辱の事態の前でひたすら自己防衛に終始する姿勢、それだけが目的の論理です。そして、敗戦の責任を政党、とりわけドイツ労働者党や社会民主主義の信奉者たちに転嫁させようとする奇怪な論理が

女流画家ケーテ・コルヴィッツは，戦争のむごたらしさを多くの絵画を通して描写している。その一つがこの石版画で，「戦死者」というタイトルがつけられている。

ここにあるというべきです。

しかし、軍部と将軍たちのこうした戦略は、当面成果を上げたのです。しかし、この行為の代償は、その後の歴史展開の中で実証されていくのですが、成立して間もないドイツ第一共和国の終焉を意味しました。戦争自体は、まだなお最終的局面に至ってはいませんでした。ルーデンドルフがドイツの敗北を告白し、一九一八年一〇月二六日退役したにもかかわらず、帝国海軍の総司令部はその二日後に全遠洋艦隊に命令を出して、イギリス海軍に対する最終決戦を挑ませているのです。ところが、ドイツ北方の港湾都市キールの海軍水兵たちが、これ以上自分たちが大砲の餌食になる運命を断固拒否し、反乱を引き起こしました。水兵たちの蜂起は、直ちに国内の一般労働者や他の下級軍人たちに飛び火し、いわゆる〝ドイツ一一月革命〟へと発展していくわけです。

一九一八年一一月九日、社会民主主義者フィリップ・シャイデマンが内外に「ドイツ第一共和国」の成立を宣言しました。皇帝ヴィルヘルム二世は、オランダに亡命を図ります。国内領邦君主たちは、退位を要求されるに至ります。同年一一月一一日社会民主主義者たちからなる新政権は、イギリス、フランスなど連合軍との間に休戦条約を締結します。それをもって、四年にわたる世界大戦がようやく終結することになりました。

その直後パリで開かれた和平会議、いわゆる〝ヴェルサイユ講和会議〟に、ドイツは参席が認められませんでした。戦勝国のみヴェルサイユ城に参集したわけです。四八年前、まさにこのヴェルサイユ宮殿でビスマルクがドイツ帝国の成立を宣言し、ヨーロッパ諸国から承認をもぎとったのでした。今回は、敗戦国ドイツ、オーストリア・ハンガリー諸国を裁くために、戦勝国はここに集まり、ヴェルサイユ「講和条約」を起草したわけです。

しかし、この条約の内容はさまざまな点において非常に過酷なものになっていました。それは、ドイツ国内だけでなく、他の敗戦国においても同様に感じられ、彼らはその内容を不当であるとすら受け止めたのです。とりわけ、同条約の第二三一条は戦争勃発の責任をドイツと同盟国にのみ転嫁した文章になっているのではと批判する声がドイツで起こり、国民の怒りを買うまでに至りました。ヴァイマール政府首相シャイデマンは、この〝不当な〟講和条約の締結を拒否し、辞職するに至ります。しかし、結局は戦勝国側が戦争の継続をちらつかせながら脅しをかけてきたこともあって、次の政権は条約署名に同意せざるをえませんでした。国内では、社会民主主義を信奉する政治家たちに対する一般民衆の怒りと不満が日ごとに高まってきます。多くのドイツ国民の目には、社会民主主義政権とその関係者たちが〝屈辱の和平〟締結をした張本人であると映ったのです。〝ヴェルサイユの恥辱〟に対する全責任は、全的に彼らにあるというわけです。

そうした強い批判の声を背景にして、右翼諸政党とその関係団体はこの屈辱的講和条約の修正要求を大々的に突きつけていきます。現代の立場と視点から考えるならば、恐らくわたしたちは次のように申してよいはずです。確かに第一次世界大戦に終止符を打ったのはヴェルサイユ講和条約である。

しかし、同時にその和平条約自体の中にすでに第二次世界大戦の萌芽が潜んでいたのだ。そう考えることも可能でしょう。

この世界大戦での死者の数は、一〇〇〇万人を超えるとされています。重軽傷を負い、人生が全的に破壊された人の数は、三〇〇〇万人に達したといわれています。また、この世界大戦は、ヨーロッパ世界を根底から変えてしまいました。ロシア、ドイツ、そしてオーストリア・ハンガリーにおいては、〝帝国〟がそれぞれ崩壊し、瓦解しました。オーストリアを核にした多民族国家群の解消と共に、チェコスロヴァキア、ユーゴスラヴィアなどの多民族群小国家が新たに誕生するに至りました。オスマン・トルコ帝国もついに終焉を迎え、トルコは自立した民族国家に変わります。

さらには、西アジア、中・近東世界の国々と地域が、イギリスとフランスの監督下に置かれるに至った情勢変化も指摘しておくべきでしょう。フランスとイギリス両国についていえば、なるほど戦勝国とはなりました。しかし、戦争による損失には大きなものがあり、経済的・政治的側面における弱体化は免れませんでした。全体的な観点からすれば、ヨーロッパは世界における指導的地位を喪失したのです。それに代わって、アメリカ合衆国が初めて世界の大国として歴史に登場してきました。第一次世界大戦の実質的勝利者は、この国アメリカ合衆国であったというべきでしょう。

今次の戦争へのアメリカの参戦、そしてロシア革命は、共に一九一七年の出来事です。その意味で、一九一七年は現代史の分岐点となる〝画期的な年〟だというべきです。

誕生間もないソヴィエト社会主義連邦共和国は、まだ脆弱であったわけですが、人類史上成功した最初の社会主義革命によって、世界はその後思想的に二分された歴史を刻んでいくことになります。

Drama 38

ソヴィエト連邦の誕生――史上最初の社会主義国家

一九世紀後半以降、カール・マルクスとフリードリヒ・エンゲルスの革命思想は、ヨーロッパ全域に紹介され、伝播していきました。社会変革に関する彼らの教説は、〝マルクス主義〟の名前で呼ばれるようになり、ツァー王朝下のロシアにもこの思想は紹介されていきました。

マルクス主義の熱烈な擁護者の一人が、本名ヴラミール・イリイッチ・ウルジャーノフという人物で、彼は後にレーニンの名前で知られるようになるロシア人インテリゲンチャでした。レーニンは、すでに学生時代からマルクスとエンゲルスの社会改革思想に親しみ、彼らの理論に習熟していました。そこから彼が引き出した結論があります。それは、まだほとんど産業革命が実現していない後進国ロシアに彼らの改革思想をそのまま応用することは、きわめて困難であるという認識でした。しかしながら、マルクスとエンゲルスのこの思想に深い真理契機があると、レーニンは考えたのです。本質的なことは、彼らの思想をロシア固有の歴史状況と社会関係に即応して理解することであるとレーニンは結論づけたのです。まさに、その実践を自ら率先して展開したのが、他ならぬこの人物だったわけです。

そこから後に人々は、〝マルクス主義〟を〝マルクス・レーニン主義〟とも呼ぶようになりました。

あるいは単に〝レーニン主義〟とさえ呼ぶ人もいます。レーニンの理解する社会主義革命は、ただ高度産業化された資本主義諸国の中で目覚めた労働者階級（プロレタリアート）によって成就されるだけでなく、ロシアのような工業化の度合いがまだ希薄な国々においても、同様に可能となる社会変革なのです。

そこを基軸にして、と彼は主張するのですが、社会主義革命をロシアを超えて他の国々にも十分進展させていくことが可能なはずである、いや歴史の最終段階では世界の津々浦々にまで浸透していくであろうというわけです。しかし、この革命運動を実際に担うのは、〝前衛集団〟、すなわち堅固な内的秩序と規律を内に持つ職業的革命家集団でなければなりません。先ず、そうした組織が必要だとレーニンは考えたのです。前衛集団の主要任務は、労働者一般を正しく指導すること、民衆の意識化教育に挺身することにあります。さらには、同時に結成された革命政党に、革命の時期に関して唯一正しい決定を下す権限があるというのです。社会主義社会から共産主義社会へと移行する過渡期における指導を、排他的に担うのがこの革命的前衛集団です。これらすべては、ひとえに人民の幸福と安寧確保のために実施され、展開されなければなりません。換言すれば、すべてが一般大衆を革命の敵から死守し、〝反動諸勢力〟から彼らを擁護するためにのみ導入されなければならないというわけです。レーニンは、そのように考えました。

こういったレーニンの改革思想は、当時ロシアの社会民主主義者や労働者政党が置かれていた社会・政治状況に見事に〝適応〟しました。それは、同時にレーニンにとっても彼らの中から革命の同志や支持者を獲得する上で、大変好都合だったのです。しかし、現実には当時のロシア・ツァー帝国下において発足直後の革命政党は非合法組織と断定され、活動家たちは地下に潜伏し活動の継続を図るか、国外へ逃亡してそこから支援をするかという選択しかありませんでした。

ただ、この時期必ずしもすべての社会民主主義者が自分を〝職業的革命家〟として理解していたわけではありません。したがって、レーニンの社会変革理論は彼らの中で大論争を引き起こしました。ついに、革命政党は過激派ボリシェヴィキ集団と穏健派メンシェヴィキ集団に二分されてしまいます。最終的に活動の主導権を掌握したのは、この前者です。このボリシェヴィキ集団が、一九一七年生起したロシア〝一〇月革命〟の展開において決定的な役割を果たすグループになったのです。

一九一七年二月、ツァー王朝時代の首都サンクト・ペテルブルクでは、戦争に嫌気のさした労働者や兵士たちが蜂起し、共和国の誕生を声高く宣言しました。ところが、成立した暫定政権は、政治改革を志向してはいたものの、社会の根本的改革にまではほとんど関心を示さなかったのです。農民や一般労働者たちの日常生活には、何の改善も見られなかったわけです。その上、新政権はドイツとの交戦を中止しようとはしませんでした。民衆の生活や食糧事情は悪化の一途を辿っていました。

こうした社会状況の中に、スイスの地で亡命生活を余儀なくされていたレーニンがロシアに帰国してきます。彼は早速、改革運動の指導者として迎えられ、支配層との戦いを開始します。彼の手になる「四月テーゼ」はあまりにも有名な文書ですが、レーニンはそこで数点の提言をし、要求を提出しています。交戦の即時停止、暫定政権の打倒、大規模地主たちの所有地没収、農民たちへの作地分配、あるいは国家に関わる全権限の〝ソヴィエト〟化、すなわち権力を勤労者人民階層に無条件で明け渡すこと、などです。

モスクワの「赤の広場」で演説中のレーニン（1870〜1924）。

これに対して暫定政府はレーニン率いる革命政党の活動を即時禁止処分に付し、政府軍を出動させて農民、労働者、そして下級兵士たちの鎮圧に当たらせます。しかし、民衆の生活や食糧事情が悪化すればするほど、レーニンの掲げた闘争のスローガン「平和と土地とパンを人民に！」は、ますます熱狂的支持を受けるようになっていくのです。レーニンは、一九一七年一〇月を蜂起の瞬間、すなわち大衆革命のための機が最高度に熟した時と判断していました。彼はこう述べています。

「今や政府は、動揺の中にある。どんな犠牲を払ってでも、われわれは彼らにとどめを刺さなければならない！」。

一〇月二四日の夜半から翌二五日にかけて、ボリシェヴィキ革命集団は、首都に進入し主要な全施設と機関を制圧します。それと共に、政府関係者を一斉に逮捕しました。西ヨーロッパ世界の時刻に従っていえば、このクーデターは西暦一九一七年一一月七日と八日にかけて展開された変革運動になります。レーニンは、社会主義国ソヴィエト成立を宣言し、直ちに新しい革命政権の組閣に着手します。闘争時にレーニンが掲げた標語「平和と土地とパンを人民に！」を実現するために、さまざまな〝指令〟がこの新政府から発令されていくことになります。産業や銀行は国営化され、ロシア正教界所有地は没収されました。私的通商・貿易はすべて禁止され、物資の分配は政府の専決事項とされました。

ツァー王朝時代の司法制度に代わり、人民司法裁判法廷が新たに設置され、任命ではなく選出された裁判官制度と共に導入されました。女性の諸権利は、すべて男性と同等な比重を持つと認定され、宗教法のもとでは許されなかった離婚も公的に許可され、非嫡出児は嫡出児と同等に認知されるに至ります。学校や高等教育機関は、勤労大衆にも広く解放され、一般教育、学問的業績、あるいは芸術活動も〝新しい人間〟としての人民の人格形成に寄与するものでなければならないという位置づけがなされました。これらすべて、すなわち社会全体のラディカルな変革は、いわばそれまでの人類の歴史において皆無であった、まったく新しく画期的な範疇に属する出来事であったというべきでしょう。ヨーロッパ諸国では、すべての人間がこうしたロシアの新しい歴史実験に大変注目しました。とりわけ、ヨーロッパ在住の知識人層は、自分たちの眼前で今展開している〝一〇月革命〟に深く魅了されてしまったのです。

とはいえ、新ソヴィエトに居住する大半の人間がこの成り行きを懐疑の目で眺めていたことも事実です。例えば、すでに結果が予測可能な状態のもとで行われた憲法制定に向けた人民議会選挙で、多数派ボリシェヴィキは、レーニンの怒りを買ったのですが、二四パーセントの得票しか獲得できなかったのです。そこで、レーニンは、選挙後議会新議員たちが自分たち革命政権をいつか打倒するかも知れないという恐怖から、一九一八年一月一八日、暴力的手段によって人民会議の解散を決定してしまう行動に出ました。しかも、彼はその際こうした強圧的行動を次のように正当化するのです。これは、「大多数の人民の真の利益を擁護する」ために不可欠な措置である、と。しかし、当事者の人民がはたしてそれを同じように受け止めていたか否かはまったく別の次元の問題でしょう。

　このようなレーニンの手法、すなわち当事者民衆の思いよりも、〝大多数の人間の利益を擁護する〟との大義名分で事柄を進行させるやり方は、ボリシェヴィキ党とその政策の一大特徴です。過激派ボリシェヴィキ集団は権力を独占し、他の人々や組織にそれを明け渡すことをいかなる犠牲を払おうとも断固阻止しようとしたのです。ここでも、やはり〝大多数の人民の真の利益、いやそれ以上にすべての人間の利益を擁護する〟との論理が優先されたのは、あえていうまでもありません。自分たちの合法性を正当化しようとする論理が、まさにこれでした。

　ロシア大陸に住む国民の多くは、過激派集団のこうした統治の手法を拒否していました。当然、そこに内戦の危機が生じ、勃発に至ります。第一世界大戦時に崩壊したツァー王朝の守旧人士や自覚的市民意識を持った自由主義者たち、あるいは穏健派の社会主義者たちは、結局ほぼ丸三年間レーニン主導下のロシア共産党と、激しい戦闘をくり広げることになりました。ロシア共産党という呼称は、ボリシェヴィキによって一九一八年初めから使用されていた用語です。諸外国からの支援にもかかわらず、民主・市民勢力はレーニンの盟友レオ・トロツキーによって指導された赤軍の前に敗退してしまいます。

　レーニンは、一九二四年一月死去しました。その直後、ロシア共産党幹部たちの間に熾烈な主導権争いが開始されます、最終的に、ジョセフ・スターリンがその権力闘争に勝利し、レーニンの後継者として政治の表舞台に浮上してくるのです。彼の本名は、ジョジフ・ヴィサリオノヴィッチ・ドシュガヴィリですが、最高権力者の座に就いたスターリンは、自分にとって危険分子だと思われるすべてのライバルと権力機構を、その地位や場所から徹底的に排除、あるいは粛清する政策を導入します。そうした粛清の犠牲になった人物に、レーニンの信頼厚い側近であり、革命の同志でもあったトロツキーがいます。

一九四〇年トロツキーは、スターリンの粛清を逃れ、アメリカ合衆国南方に位置するメキシコに亡命していました。この時点で、もはや彼はスターリンにとってまったく危険分子などではなかったにもかかわらず、ロシアの最高権力者は亡命先でトロツキーを暗殺してしまいました。

自らの権力を無制限、絶対的なものにするために、スターリンが必要とした歳月は、その権力奪取の年から数えて満五年でした。すなわち、一九二四年から一九二九年の間に、彼は文字通り全権を手中にしたわけです。しばらくして、スターリンは、次のような演説を行っています。

「われわれの国は、先進工業諸国に五〇年、いや一〇〇年は遅れをとっている。この遅れをわれわれは、ここ一〇年の間に取り戻さなければならない。それを断行しなければ、われわれのロシアは、きっとこの世界から抹殺されてしまうだろう」。

こうした国家目標の達成のために、スターリンは一切手段を問いませんでした。そこには、別の思想や意見を所有する人間への配慮の心など皆無でした。目標の達成、すなわち目的遂行がいつであれ手段の正当化を引き起こすのです。スターリンの革命作業は、いわば〝上から〟のそれであったと

ジョゼフ・スターリン（1879～1953）。

いってよいでしょう。

具体的に、彼は最初に〝コルホーズ〟と後日呼ばれるに至った農業分野の集団生産管理体制を効率よく機能させるために、〝下にいる〟農民たちから彼らが所有する土地や住居を強制的に奪取することを開始したのです。しかし、この農業の集約化政策に異を唱えようものなら、その人間は即座にシベリア送りの判決を受けるか、隔離された工場で強制労働を要求されるか、あるいは射殺の対象にされてしまうのです。この強制的農業集約化政策の犠牲になった人々の数は、二〇〇〇万人とも三〇〇〇万人とも推計されています。長期に及ぶコルホーズ体制は、そこで働く農民たちに十分な食料を提供できませんでした。その結果一〇〇〇万人を超える農民が、餓死するという悲惨な事態も発生しました。

さて、スターリンによる〝上からの革命〟の第二の特徴は、産業化推進の方法論に見られます。彼は、どのような犠牲を払おうとも自国の遅れた工業化を達成しようと努力するのですが、それは圧倒的に重工業優先のそれであり、同時に広大な土地が最優先された展開になりました。文字通り、ウクライナからシベリア地方に至るロシア全土に、〝工業都市〟が雨後の筍のように出現したのです。「五ヶ年計画」が彼の手で策定されました。それによれば、作業工程はすべて、誰が、何を、いつ、いかに、どこで、どれほどの量と価格において生産するかに関しては上位の組織、すなわち国家の責任で判断し、決定する、そして下に指示するという体系にまとめ上げられていました。そこで実際に労働に従事している人々の欲求や要望などは、こうしたシステムのもとでは完全に無視されていたのです。比較していうならば、社会主義を標榜するソヴィエト連邦に生きる労働者たちの方が、搾取、あるいは抑圧といった現実に関する限り、資本主義を機軸に据えた自由主義経済下のヨーロッパ諸国の労働者たちよりも、はるかに非人間的な中にあったというべきでしょう。

こうした深刻な事態が、まさにスターリン下のロシアに発生したのです。換言すれば、スターリンが推進しようとした〝計画経済〟実現化の代償として、ソ連の労働者たちが払わされたのは、非人間的で劣悪な労働条件でした。同時に人間としての尊厳も、全的に無視され貶められました。人々の生活水準は劣悪なものになりました。確かに、現象的側面を見るとソ連の工業生産は一九二八年から一九四〇年の間に、飛躍的な発展を示しています。スターリンが推進した国家の重工業化政策は、それなりに大きな成果を収めたのです。もっとも、これらの数字は同時期のアメリカ合衆国における経済の成長と比較するならば、それはずっと低いものでした。

しかし、こうした工業化政策がもたらした飛躍や成長にもかかわらず、スターリンの政治手法、とりわけその人間蔑視の政治思想に対する批判が、次第に高まってきたのです。この批判に対して、〝独裁者〟スターリンは有名な〝大粛清〟政策の断行、すなわち自分や党に敵対的な人間およびその恐れありと判定された人間すべての抹殺計画によって対抗しようとします。この大粛清の犠牲になった人間の数は膨大すぎて数え切れぬほどです。無数の人間、すなわちスターリンの公然たる政敵や、政敵と断罪された人々が、共産党や国家機関、軍部などで粛清の犠牲になりました。そこには、芸術家たちも含まれます。レーニンと共に一九一七年革命を戦った同志たちも、ほぼ全員抹殺されてしまったのでした。かくして、ロシア革命はあの一八世紀末フランス革命の結末同様に、革命によって生まれた〝子どもたち〟をまで飲み尽くし、噛み殺してしまうという悲惨な結末を迎えたのです。スターリンに反対する人士は、ことごとく秘密警察の手で暗殺、虐殺されるか、死を迎えるまで過酷な拷問で痛めつけられるか、あるいは死を意味するシベリア送りと強制労働という運命を甘受させられたわけです。しかも、その決定の途上でなされる裁判は、実際には一切身に覚えのない政治活動を強制的な自白まで要求する一方的なものでした。実に馬鹿げた裁判がそこで執行されていたのです。

詩人のアレクサンダー・ソルジェニーチェンは、右に言及した強制的労働工場の日常生活における〝生と死〟を、『収容所列島』と題した作品を通して生々しく報告しています。スターリン時代の〝死の工場〟で犠牲になった人々の総数は、一二〇〇万人に達するとすら推定する人もいるほどです。

人間史には、自分の野望や目的の実現のために手段をまったく選ばず、非人間的行動を反復する支配者も確かに少なからず存在します。しかし、スターリンの場合、そこには独裁的支配者という点でなるほど同じ枠組みに入れ考察可能な点も多々あります。しかし、決定的に相違する特異点が彼にはあるのです。それは、スターリンが登場してくる周囲の環境における特異性です。

すなわち、スターリン率いるソヴィエト共産党は、まさに数世紀にわたりツァーリ王朝下の奴隷生活の苦悩と抑圧から人民大衆を自由の身分へと解放するという目的を掲げて、歴史に登場してきた政治集団でした。ところが、人民の〝解放者〟を自認するその集団が、逆にその人民を集団殺戮する蛮行の張本人になってしまったのです。こんな事例は、人類史のどこを探しても見出すことはできません。

スターリンの独裁的抑圧と支配は、ほぼ同時代ドイツのアドルフ・ヒトラーに見るケース（〝総統〟ヒトラーと国家社会主義ドイツ労働者党（ナチス）の関係）同様に、こうした蛮行の典型的特徴だというべきでしょう。両者のケースに共通するのは、政治権力に一定の抑制機能が正常に働かないならば、事態はその時まったく収集のつかない方向へ暴走してしまうであろうという歴史の経験的真理です。まさに、そうした暴走のかたちをわたしたちは〝全体主義的〟政治・社会と呼んでいます。

全体主義の体制が内に隠し持つ危険性は、それがただ単に海外諸国にとって脅威となるというだけではありません。なぜならばそうした政治の体制や社会の構造は国内に居住する人々、とりわけ労働者や市民たち、あるいは国民一般の生死に決定的影響を与えかねないからです。

Drama 39

新生諸国家の成立——ヨーロッパ北部の動き

ヨーロッパ大陸の北方では、すでに第一次世界大戦の最中に四つの国家が内外に向けて母国の独立を宣言しました。彼らは共に数百年の間、外国勢力の支配下に置かれてきた国々です。その先陣を切ったのが、スカンディナヴィア半島の一国フィンランドです。彼らは一九一七年七月にロシアの革命時の混乱に乗じて、祖国の独立を宣言したのです。そして、それはその年の一二月新たに樹立された革命政権、ソヴィエトによって承認されるに至りました。このロシア・ソ連との連帯と友好をフィンランド共産主義者たちは強く要求しました。しかし、一般市民勢力はこの路線を断固拒否したのです。内戦が開始されました。この国内戦は、ドイツの支援を受けた〝白軍〟(市民軍)とソヴィエト政府を後ろ盾とした〝赤軍〟(共産軍)の対立と抗争のかたちで展開されました。四ヶ月後内戦は、市民勢力の勝利として決着がつき、これ以降フィンランドは議会制民主主義と自由を標榜する近代共和制国家としてその歩みを開始します。

第一次大戦の戦勝国は、パリでの停戦講話条約の締結時に東ヨーロッパおよび南東ヨーロッパ地域の処遇に関して、最初〝国民国家〟建設の構想を抱いていました。しかし、この構想の実現は最初からありえなかったのです。なぜならば、これら地域の国々や民族が、数百年来和平と対立をくり返しながら渾然一体と化して歩んできていたからです。

人種が混交する状況のもとで、国境線と人種的・民族的境界線を明快に引く作業は当初から不可能だったのです。元来戦勝国には、これまで強大な外国勢力の支配に甘んじてきたこれら地域の民族や国家にとって、必須の〝自決権〟などどうでもよかったのです。そうだとすれば、東と南東に位置するヨーロッパ諸国・諸民族にとって列強の抑圧をどのように減退させていくか、それが最大の関心事にならざるをえなかったのです。それゆえに、こうした背景のもとに線引きされ分かたれた国境線政策は、実行化の最初期から燃え上がる紛争の火種を内に隠し持っていたといわざるをえません。

そうした事例の一つとして、わたしたちはヨーロッパの〝二重専制君主大国〟オーストリア・ハンガリーと東ヨーロッパの〝小国〟チェコスロヴァキアの国際関係を挙げることができるはずです。東ヨーロッパは、元来小規模な多民族と国家群の集合地域です。そうした現実にもかかわらず、ここには、オーストリア、チェコ、ハンガリーの三国しか登場してきません。

実際は、この帝国に三〇〇万人のドイツ人、二五〇万人のスロヴァキア人が居住していたのです。さらに、国内には一三〇万人を超えるハンガリー人やウクライナ人、あるいはポーランド人が一緒に住んでいます。そして、七〇〇万人のこれらにチェコ人が対峙しているわけです。ハンガリー帝国の支配から脱却できたことを喜ぶスロヴァキア人は、自国の〝チェコ化〟を警戒し対立を鮮明にし始めます。

他方、この土地に住むドイツ人には、こうした二重専制君主国家を認める気持ちなど最初からありませんでした。事態がそうであれば、この地域に共に生きる六民族とその国々が、平和と自由の旗印のもとでいわば〝第二のスイス連邦共和国〟となり、共生と共存を可能にしたいという希望も願望も、結局は遠い夢物語に終わってしまったのは十分理解できます。

同時期セルビア人、クロアチア人、そしてスロヴェニア人が、確かに王政国家を形成し、名目的には独立した民族として存在してはいました。しかしながら、その現状は〝多民族共生国家〟から遠くかけ離れたものだったのです。

民族単位としては、ボスニア、マケドニア、アルバニア、いうまでもなくハンガリー、そしてドイツなどの諸民族が、この地域に存在していたからです。そうした諸国家の中から、そのど真ん中に一九二九年ユーゴスラヴィアと改名した立憲君主国が誕生しました。この新生国家は、東西ヨーロッパを二分割する、しかし決して透明ではない一線を引くという役割を担うことになりました。すなわち、スロヴェニアやクロアチアなどイタリアの西ローマ・カトリック・キリスト教の影響下に立つ地域と、東ローマのビザンティン帝国・ギリシア正教会、あるいはアラブ・イスラム教の影響下に歩んできたヨーロッパ東南地帯（マケドニアやアルバニアに代表される）とが、この時からははっきりと分離されるようになったのです。

政治のみならず、文化・宗教・地理など多岐に錯綜し、複雑に絡み合ったこれら地域の諸民族や人間の現実と関係を、的確に物語るエピソードがあります。これは、これらの地域独自の性格を正確に知る上でしばしば引き合いに出される逸話です。ユーゴスラヴィアの村に一人の農夫がいました。ある日、彼にとって愛してやまなかった一頭の牛が死んでしまいました。農民は非常に落胆し、悲嘆にくれます。その牛が彼にとっては所有する最後の牛だったからです。農夫の落胆ぶりを不憫に思った善意の使者・妖精が、彼の家を訪問します。そして、彼に何であれ願う夢の実現を確約するのです。妖精が、農夫に向かってこう話しかけます。

「さあ、元気を出して、何でもわたしに話してごらんなさい。どんなものであれ、わたしはあなたの願いをすべて叶えてあげましょう」。

すると、農夫は妖精にこう答えたのです。

「エッ、わたしだけの願いを全部叶えてくださるんですって？　とんでもありません！　それじゃあ、隣家の牛が死ぬまで待っていただけませんか？　そうしたら、その時わたしたちは一緒にお願いに参上いたします」。

とはいえ、政治的共同体としての国家においては、農民たちに見るこうした〝平和と共生の精神〟の実現などきわめて困難です。例えば、ユーゴスラヴィア全人口の半分近くを占めるセルビア人をめぐる民族問題があります。彼らには、政治上の指導権の掌握が拒絶されています。それに意図的に反対し、承認を拒否しているのはクロアチア系住民です。当然、これは国内に不必要な緊張を生み出す原因になります。この緊張と対立は、立法府においてすら深刻化します。議場での言葉による激越な応酬にとどまりません。時として、対立と抗争は物理的力を行使した局面にまで発展してしまうのです。

ポーランドについていえば、由緒ある伝統国家であるこの国の再浮上が、二〇世紀初頭の顕著な政治的特徴を形成していると考えてよいでしょう。この国は一八世紀の最後半期、一七九五年近隣列強によって国土が分割・占領・消滅し、長い間政治史の表舞台から消去されるという運命を甘受させられていたのです。当然のことながら、第一次世界大戦の敗戦国であるドイツとオーストリアは、かつての占領地をポーランドに返還しなければなりません。けれども、地域で使われている言語に即した国境線策定案は、ポーランドにとって到底容認できる条件ではありませんでした。

その結果、内戦が勃発しました。一九二二年ポーランドは、ソヴィエト・ロシアと戦うことになります。当時ロシアは、まだ革命直後の混乱期にあり、戦闘の初期はポーランド側に有利な展開となりました。しかし、次第にソ連の反撃が開始されていきます。進軍は首都ワルシャワ侵入の直前まで続いたのですが、ポーランド軍は何とかそこでソ連軍侵攻を阻止できました。

国家元首でもあったピルスドスキー将軍は、全国民を鼓舞激励し参戦を促すため彼らに次のように語りかけたのです。「ロシア軍は、解放者としてわれわれの国にやってきたのではない。彼らは、われわれの敵だ。ロシア人は、まさに今われわれが手中にしようとしている祖国独立の妨害者としてわれわれの国にやってきた。今こそわれわれは、この敵と断固戦わなければならない！」。

彼のこの激越な訴えと呼びかけは功を奏します。国民の中に強い愛国心が呼び起こされたのです。その結果、ポーランド国民は一致団結してロシア赤軍の撃退に成功しました。ポーランドのこの挙国的勝利は、国民の間のみならず、当時のヨーロッパ世界全域にまで知れ渡り、〝ヴィスワ川の奇跡〟とさえ呼ばれるに至りました。ラトヴィアの「リガでの和平協定」によって、ポーランドの要求通り境界線は東方へさらに二五〇キロメーターの延長が承認されました。とはいえ、そこに同時に厄介な問題も発生してきたのです。ポーランド人ではない六〇〇万人のウクライナ人や一五〇万の白系ロシア人が、国家としてのポーランドに帰属することになってしまいました。さらには、一一〇万のドイツ人もいます。

そうなると、これら〝外国人少数者〟がポーランド全体の中で、三〇パーセントを占める国家構成員となるという現実が生み出されたのです。東ヨーロッパの政治的・民族的・社会的問題の深刻さが、すでにこうした数字上の現実からも明白に読み取れるでしょう。

では、ルーマニアに関してはどうでしょうか。ルーマニアは、第一次世界大戦をイギリスとフランスと共に、中部ヨーロッパ諸国中ドイツやオーストリアを中心とした枢軸軍と戦い、勝利を手中にした国の一つです。戦勝国として、この国は戦後ヨーロッパ西方の諸地域、〝ドナウ帝国〟（オーストリア・ハンガリー帝国の別称――訳者）の領土から、また東方ではロシア帝国からそれぞれ広大な土地を獲得するに至ります。それによって、ルーマニア全人口が二倍に増加したほどです。

こうなると、人間の数もまばらであった国土に三〇〇万のルーマニア人、一五〇万のハンガリー人、七五万のドイツ人が文字通り入り乱れて生活するようになるわけです。そして、そこでの深刻な問題は、ルーマニア政府が国内に居住するこれら外国人マイノリティの政治参加を一切容認しなかったという点にあります。

かつてハープスブルク王朝を後盾にした大帝国は、オーストリア皇帝カール一世の退位（一九一八年）と共にすべて瓦解し、帝国権力とその規模も大幅に縮小されてしまいました。とはいえ、小国化したオーストリアはなお人口六五〇万人を超える国民を抱えていました。第一次世界大戦後、この国は敗戦国として国土のかなりの部分を喪失しました。さらには、莫大な敗戦国賠償金の請求によって、経済的破綻の寸前にまで落ち込むのです。この苦境に追い討ちをかけたのが、ハープスブルク家時代の無数の官僚と役人たちの存在です。

これらの特権階級は、〝帝冠と王冠〟(Kaiser und König：K. u. K) の時代、すなわちオーストリア・ハンガリー「二重君主」時代に成立した社会組織ですが、今や彼らは不平と不満の渦巻く心情に支配されるに至ります。彼らは敗戦と革命によって、官職が剥奪されたのみならず、身分制爵位の廃止と共に貴族に伴う自尊心まで全面的に否定されてしまったのです。専制君主時代に身分と権威の象徴であった爵位〝フォン〟(具体例：Otto von Bismarck の“von”) 廃止政策が如実にそれを物語っています。

残存する帝国の半分、より小さな国はハンガリーです。弱体化したこの国も、敗戦国として戦後国土と住民のほぼ三分の二を喪失する運命を甘受させられていくことになります。

まさに、こうした錯綜多岐の現実から、ヨーロッパ世界は今やその政治地図を抜本的に変更せざるをえなくなっていくわけです。

第Ⅴ部　ヨーロッパ世界の《再統合》——現代から未来へ

Drama 40

「敵は左ではない、右にいる！」——共産主義と極右ナショナリズムの対立

「旧態依然の世界と脆弱不安な世界は、今や共に崩壊した！　新しい世界が到来した、万歳！ヴァイマール共和国、万歳！」。

一九一八年一一月九日、ドイツ社会民主主義者フィリップ・シャイデマンは誇らしげにそう宣言しました。彼の言葉の通り、第一次世界大戦終結後、ドイツだけではなくヨーロッパの多くの国々に議会制民主主義の精神に立脚した統治システムが誕生しました。

しかしながら、これらの国々における未熟なデモクラシーの成長と深化にとって、発足直後の環境や条件は予想されていたとはいえ、きわめて劣悪なものだったのです。何よりも、戦争は各国に多大の犠牲と被害をもたらしました。国土は荒廃し、経済の疲弊は著しく、多くの人間が困窮に喘いでいます。まさに、こうした歓迎されざる条件と環境が、デマゴーグたち、すなわち民衆扇動家たちにとって活動の格好な温床になりました。民衆のそうした不安や不満の心理を巧みに利用しながら登場したのが、まさに彼らだったのです。

そうした大衆扇動家の一人が、ベニト・ムッソリーニで、イタリアで政治権力の掌握に奔走した人

物として知られています。〝ファシズム〟という言葉は、一般的にこのムッソリーニに帰せられますが、彼の理解によればそれは社会主義と議会制民主主義に代わるべき支配体系を指します。しかし、その実態は全体主義的支配のかたち、すなわち独裁に他なりません。ところがイタリア社会の未熟な民主主義や、いまだ浅い経験しか持ち合わせてないこの国の政治家たちは、当時このファシズム思想に対して何の関心も示さなかったのです。

　ムッソリーニは何の妨害も受けることなく、後に〝黒装束の制服軍団〟と呼ばれるに至った突撃隊の結集に成功し、社会主義者の〝策動〟を撃退すべく社会秩序の擁護集団を自称して、白昼イタリア社会に登場するに至ります。当時ヨーロッパ社会では、ほとんどすべての国々に見聞された現象でしたが、工業諸国あるいは中産階級に属する市民たちは、二〇世紀社会主義の登場に少なからず恐怖心を抱いていました。共産主義思想や社会主義革命の波が、いずれ自分たちヨーロッパ社会の全域に浸透してくるのではないかという恐怖心です。そうした恐怖の心は、この時代のイタリア社会にも見られました。不安と恐怖に駆られたイタリアの中産階級は、自分たちと私有財産を社会主義者や共産主義者の攻撃から守ってくれる指導者を、後にイタリア語でドゥーチェ（ドイツ語で“Führer”：総統）と呼ばれるに至ったこのムッソリーニの中に見出そうとしたわけです。

　そうした雰囲気の中、ムッソリーニは一九二二年一〇月、あの〝ローマ行軍〟を敢行します。いうまでもなく、彼のねらいは選出直後の政権の転覆と権力の奪取にありました。こうした状況に突入して、中央政府はやっとこのファシスト集団に対する警戒を示し始め、急いで軍隊の投入を決定します。しかし、事態の展開に驚愕した国王ヴィクトル・エマヌエル三世は結局ファシスト集団の圧力に屈服し、ムッソリーニの首相就任を承認してしまうのです。

ムッソリーニの言動に関しては、いくつか有名なセリフが残されています。ほとんど伝説化した言葉ですが、ある時ファシズムの思想的根拠がどこにあるのかと問われ、彼はこう答えたといわれています。

「ファシズムの思想的根拠？　そんなものは存在しない。行為こそ、すべてなのだ。抽象的な思弁よりも、実際に行動すること——それの方がはるかに重要なのだ」。

ベニト・ムッソリーニ（1883～1945）の「ローマ行軍」はよく知られている事件だが，この行進に彼自身は直接参加してはいない。ムッソリーニ（写真中央，立襟とネクタイの人物）は，ミラノからローマまで寝台車で移動し，行進参加者の一群がローマに到着する直前に合流したにすぎない。

この言葉から理解できるように、ファシズムとは決して自分固有の論理を保持した思想体系などではなく、自分以外の他のあらゆる思想、観念を拒否するところに成立する主張だと考えてよいでしょう。別言すれば、ファシズムとは、反マルクス主義、反共産主義に終始し、自由主義と民主主義に断固反対を表明し、文化的多元主義や議会制間接統治を一切認めず、さらには資本主義体制をまで否定する諸観念の凝固体だということです。この思想が最も重要だと考え、彼が当時のイタリア国民に要求したことは、絶対無比の卓越した秩序としての民族の成員となるために、私的利益をすべて捨て去ることでした。そうしなければ、イタリア国民は他民族との闘争に勝利することなどできない、より強い民族へと成長することも不可能だと国民に説くわけです。

ファシストたちがしばしば口にした言葉は、「ただ信頼し、服従し、そして戦え！」でした。この標語のもとで、ムッソリーニはまたたく間にイタリア全土の最高権力者、全体主義国家のドゥーチェへと成り上がっていきます。多くの人がこうしたムッソリーニの中に、アドルフ・ヒトラーと酷似した指導者像を見ようとするのはきわめて自然な推論の帰結でしょう。まさに、三〇年代後半期に至りこの二人は〝共闘〟の関係を結ぶようになるからです。

ここで、民主主義、すなわち〝民衆の権力〟（デモス・クラティア）の思想について一言しておきましょう。ある意味で、この思想は第一次世界大戦の前よりも、むしろ戦後の数年間において、より尖鋭化されてきたと見ることが可能です。この時代の民主主義思想には、顕著な可視的特徴として二つの側面がありました。第一に、デモクラシーは右翼陣営から激しく攻撃されたのです。そこでは、後ろ向きの復古的政治力学が働き、すべてを民主主義以前の権威主義的時代に押し戻そうとする歴史に逆行する動きが顕著でした。しかし、同時にこの時代の民主主義は第二として左翼集団からも大きく揺すぶられました。彼らは、民主主義思想の地道な検証や土着化の努力を飛び越えて、成功したロシア革命を模範とした政治秩序の完成をひたすら主張したのです。民主主義の思想が、ここでも時代の厳しい検証にさらされたことを意味します。

こういった左右の政治勢力とその力学が、どれほど危険な社会状態を作り出すものであるか——一般的にそれは、国民に対して政府がどの程度の生活水準を保証するか否かにかかっています。これは直ちに理解できる事柄でしょう。別言すれば、民衆の生活条件が改善されていけばいくほど、大衆扇動家たちの政治活動はより困難になっていくという関係がそこに成立するのです。思想や主義の方向、その左右いずれかを問わず、これは普遍的に妥当する真理ではないでしょうか。

二〇世紀ヨーロッパの二〇年代は、そうした意味において確かに物質的繁栄を謳歌した〝黄金の二〇年代〟だと呼ぶにふさわしい時代でもありました。ところが、その社会は最後半期に入り経済上の大危機、それゆえに深刻な社会的危機の時代へと大転換していくのです。先ず、繁栄の二〇年代について触れましょう。

もちろん、すべての局面で否定的出発がなされたわけではありません。民主主義を建国精神とした国々の経済は、右肩上がりの堅調な兆候を示していました。過ぎし日の大戦によって疲弊していた国民の生活水準も、緩やかなテンポとはいえ、確実に上昇していたのです。大半のヨーロッパ人は、今や最悪の状態から脱却できるはずだと信じて疑いませんでした。〝黄金の二〇年代〟がまさに開始されたと誰もが思っていたのです。とりわけ、それは大都市に生活する市民たちにおいて多く見られました。彼らは、これまでのライフスタイルとは質的に異なる新しく自由な生活に魅了されていきます。ジャズ音楽や新しい野性味溢れた社交ダンス、電話機器の開発に象徴されるような新しい伝達手段によるコミュニケーションの出現、ベルトコンベア上を〝勝利の凱旋軍人〟のごとく走行する流れ作業と生産手段の画期的改良化——これらすべてが、この時代のヨーロッパ人に絶大な影響を与え、彼らを心酔させ圧倒したのです。

ところが、この直後に襲来した事態があの〝暗黒の木曜日〟だったのです。経済と金融を直撃したこの大危機は、ヨーロッパ人がそれまで満喫していたバラ色の二〇年代をわずか一撃で、ことごとく粉砕してしまいました。この木曜日、すなわち一九二九年一〇月二五日に、アメリカ合衆国ニューヨークにあるウォール街株式市場の株価大暴落が開始され、全世界に波及していったのです。第一次世界経済大恐慌が勃発しました。そして、合衆国はヨーロッパ諸国に対して投資していたすべての元本を、利子共々決済し返せと迫るのです。アメリカのこうした要求は、第一次世界大戦の敗戦国として天文学的な賠償金額に悪戦苦闘していたドイツ、ヴァイマール共和国政府にとって深刻な過大要求にならざるをえませんでした。深刻化する財政危機によって、工場生産は頓挫をきたし、多くの企業が一夜で倒産に追い込まれました。社会の至るところに、六〇〇万人を超える大量失業者が続出してきます。

二〇年代ドイツ社会のこうした経済的・社会的現実は、母国の民主主義成熟化への努力などまったく念頭にない一群の政治勢力や大衆扇動家にとっては、文字通り願ってもない好機として映ったはずです。彼らは〝ヴァイマール共和国〟（一九一八年この政体が誕生した地名から、そう呼ばれています）体制を打倒すべき絶好のチャンスが到来したと考えたわけです。しかも、この共和制政治を担う人々はきわめて非力でした。具体的にいえば、社会民主党（SPD）と市民政党（BP）からなる連立政権・革命政府には、本来議会で保持している過半数の力を駆使してこの経済大恐慌に十分対処可能な金融・財政上の施策を打ち出せたはずだったのです。しかし、実際はそうできなかった、いや対処しようとしなかったのです。およそ考えられないほど軽薄・短兵急な対応によって、時の政府は千載一遇のチャンスを活用できなかったのです。

国民、とりわけ労働者階級は、当時この政府が議会に提出した法案、失業者年金に関する財政支出案などとても承認できませんでした。結果として、政権は崩壊し、退陣に追い込まれます。立法府も、代わるべき次の政権を選出する能力を喪失してしまいます。行政府と立法府は、そうした危機的状況にどんどんのめり込んでいくのです。結局、それが憲法に準拠した措置だったとはいえ、後に特定の人間（ヒトラー）に帝国大統領職を委任し、彼の就任を容認せざるをえなくなるという土壌を準備することになってしまいました。

1929年秋の世界大恐慌によって，大量の失業者が出現。写真は1930年１月ハノーバーの職業紹介所の前で長蛇の列を作って求職活動をしているドイツ市民たち。当時，この光景はドイツ全土に見られた。

一九二五年以後、この職務は第一次世界大戦時の将軍パウロ・フォン・ヒンデンブルクによって担われます。しかし、彼の経歴を見れば明白なように、ヒンデンブルクはどう考えても〝民主主義思想の信奉者〟などではありえない人物でした。時代状況がやむをえず彼にその職を提供したにすぎなかったと見るべきでしょう。その意味で、ヴァイマール共和国体制は、ヒトラーが登場する以前、すでにこの時点で崩壊を始めていたと考えるべきではないでしょうか。大統領ヒンデンブルクは、ドイツの古き時代の権威主義的思考に支配され、同じ時代を共に戦ってきた軍の盟友たちから決定的影響を受けていたのです。彼はそうした経歴の政治家でした。

当時、国民の多くは彼が組閣した内閣を冷笑気味に〝大統領の任命内閣〟と呼んだほどです。もはや、議会は立法権を喪失してしまい、全権を帝国大統領が掌握、法の発令に関する権限も彼が独占していたのです。

一例を挙げましょう。形式的には、〝任命内閣〟が大統領に提出した「緊急命令法」（ヴァイマール憲法第四八条）をめぐる一連の手続き問題に関して、議会がここに介入する権限はまったくなくなってしまいました。法の発令・廃止もすべて大統領に〝委任〟するかたちをとるわけです。こうなると、民主主義制度の確立やその円滑な機能化にとって本質的構成要素である権力の分有、すなわち三権分立の理解はもはやここには存在しなくなります。なるほど、外面的にはすべての法手続きがヴァイマール憲法を遵守する形式のもとに進行していきます。けれども、根底にあるべき〝共和制〟精神といった観点から考察するならば、ヴァイマール体制の形骸化は今や否定すべくもありません。この近代憲法は、すでに〝非常事態の発生〟の現実の前にはるか背後に押しやられてしまったのです。一九三〇年以降になると、この〝例外的特殊事態〟がもっと前面に登場してくるのです。そして、非常事態の〝常態化〟現象が生起するわけです。一九一八年に発足したヴァイマール体制が、実質的にヒトラー登場以前に崩壊していたとわたしが判断する根拠は、まさにここにあります。

換言すれば、ヒトラーはすでに一九三三年以前に自らが主宰する政党共々、ドイツ政治史の中で一定の位置と場所を確保していたことになります。彼の表舞台への登場は、確かに一九二九年金融・経済大恐慌後のことでした。しかし、ドイツ同時代史に即していうならば、世界の経済全体が一大危機に見舞われたというだけではなく、ドイツにとっては歴史上初めての共和国体制それ自体が、ヒトラーの急激な出現によって文字通り存亡の危機にさらされるという実に深刻な事態になったのです。その事実を、わたしたちは決して忘れてはならないでしょう。

ところが、第一次世界大戦時の軍将ヒンデンブルクは、大統領としてこのオーストリア生まれの一平卒でしかなかったアドルフ・ヒトラーをどうやら軽く見すぎていました。ヒトラーが所有していた政治権力を、大統領ヒンデンブルクは過小評価していたのです。ヒトラーの首相任命に関しても、一九三三年一月二七日の時点、すなわちヒンデンブルクによる任命の三日前においてですら、彼は官邸の補佐官たちの面前で次のような楽観的見解を披瀝しているのです。

「諸君、諸君はわたしが一方的に、オーストリア生まれの第一次世界大戦時の自由志願兵アドルフ・ヒトラーを首相に登用しようとしていると考えて反対し、わたしを信頼できないといわれるかも知れない。しかし、大丈夫です。そんな心配など、まったく不要です」。

側近たちの中には、大統領にこう進言した人もいました。

「大統領閣下、帝国議会で最

アドルフ・ヒトラー（1889～1945）率いるナチスの常套宣伝手法は，敵対する政党や人間を襲撃し，人々に恐怖心を植えつけると共に，経済大恐慌によって絶望的状況の中にいる失業者たちに擬似安心感を与えることであった。その結果，多くのドイツ国民がヒトラーに将来を託そうと考えるに至った。

強政党の党首（ヒトラー）をこれ以上無視することは、もはやできないはずです」。

他方、保守派の政治家たちは次のような見方をしていました。

「いや、われわれはヒトラーを上手に〝手なずける〟ことに成功するだろう。彼をうまく利用しさえすればよいのだ。われわれの目的実現のために、この男を巧みに懐柔できさえすれば、他の問題は何の心配もない」。

ヒンデンブルクが最も厚い信頼を寄せていた盟友たちの中に、フランツ・フォン・パーペンなる人物がいました。彼は、大統領に向かって、大胆不敵というべきか、あるいは近視眼的認識と考えるべきなのか、このヒトラーに関して次のようなまことに楽観的論評を開陳しているのです。

「われわれは、二ヶ月間あればヒトラーを袋小路に追いつめることに成功するだろう。そうなれば、彼はそこで必ずや悲鳴を上げて、われわれの軍門に下るはずだ！」。

現代の視点に立って振り返るならば、パーペンのこういった無定見、そして無節操きわまる言葉は、政治家一般に対する国民の信頼を絶望的なほどに裏切る行為以外の何物でもなかったというべきです。

Drama 41

〝総統〟ヒトラーに、全土が屈服――ドイツの右傾化

世界史の長い歩みの中で、アドルフ・ヒトラーは、まぎれもなく恐怖心と共に想起される人物の一人であると断言してよいでしょう。現在の時点から過去を振り返って見ても、彼がなぜあのようなかたちで歴史の中に登場してきたのか、その真相を正確に理解することはほぼ不可能に思われます。彼は、ごく普通の就学過程を完了していません。また、これといった生業に従事したという経歴も持ち合わせていない人物です。青年時代、彼はウィーンの男子専用アパートに住み、パートタイム労働で何とか生計を立てていたようです。第一次世界大戦が始まるや、二五歳のヒトラーは自ら志願してこの戦争に参加するのですが、以後彼はこの〝軍人の境遇〟に最高の快感を覚える人間になっていくのです。軍隊生活の中に、彼は最大の興奮を覚え、人間としての負うべき義務や守るべき禁止の世界をまさにそこで体得したのです。軍隊の「命令と服従の原則」は、ヒトラーを魅了してやみませんでした。

母国ドイツの敗戦と共に終焉した世界大戦の後、彼は他の多くの同国人同様、心の拠り所と生活の充足感を喪失した毎日を過ごします。その間、彼は戦後新たに誕生した数多くの政党に出入りをくり返すのです。そして、最後にある政治団体に所属するに至ります。元来、弁舌さわやかで雄弁でも

あったヒトラーは、一ヶ月も経たぬうちに〝ドイツ労働者党〟の常任委員会で対外〝宣伝係〟（スポークスマン）に選出されていきます。この政治団体が、その後彼によって改名された〝国家社会主義ドイツ労働者党〟（通称、NSDAP。〝ナチス党〟）になっていきます。その記章が、あの〝鈎十字〟（Hakenkreuz）である事実は、よく知られています。一年も経たずして、ヒトラーは党内で最高実力者の地位に登りつめていき、一九二一年七月になると党首に選出されます。ほぼ無制限に近い権力の行使が彼には可能となったわけで、そうした絶対的立場にヒトラーは身を置くに至ります。次いで、彼は党内にイタリアのファシスト・ムッソリーニを模範とした〝突撃隊〟（SA）を組織します。これはほぼ軍隊同様の組織で、隊員のすべてが褐色の〝軍人服〟を着用し、自分たちに対抗する政治団体に対して物理的圧力をかけ脅迫を反復する任務を遂行させたのです。

ムッソリーニによるいわゆる〝ローマ行軍〟成功の報を受けたヒトラーは、それに範をとってすでに組織化していた〝褐色の制服突撃隊〟に檄を飛ばし、ミュンヘンにある軍〝司令部〟行進を計画するのです。一九二三年一一月九日のことです。彼のねらいは、いうまでもなくヴァイマール革命政権の転覆にありました。現政権の打倒を目的としてクーデターの試みもムッソリーニ総統にそのアイディアを借りた行動でした。その際、彼は退役軍人のルーデンドルフ将軍を引っ張り出して行軍を開始します。しかし、ほどなく行進は警察によって阻止され、反乱者は逮捕されるに至ります。二人は裁判所に告発されます。最終的に、ルーデンドルフは無罪放免、ヒトラーは五年の禁固刑を宣告されます。とはいえ、彼の実際的服役期間は、わずか九ヶ月でした。

ただ、看過されてならないのは、この時期にヒトラーが『わが闘争』を執筆しているという事実です。そこには、彼の政治信条、行動上の意図や目的が比較的詳細に語られているのです。しかし、それらは大部分においてファシスト・ムッソリーニの考え方や言動から借り受けた内容にすぎません。また、そこには彼が当時心酔していた怪しげな人種理論が登場してきます。それに立脚したユダヤ人憎悪も、あれこれ展開されています。思想性などまったくない非論理的な彼の人種理解は、ユダヤ人は〝劣等民族〟である、それゆえに存在する価値などない、この地上から抹殺されて当然だという偏狭・独善的思想に帰着していきます。さらに、ヒトラーはこの本の中でヨーロッパの東方地域に対するドイツ人の〝生活圏〟を〝要求〟しています。しかも、それはもっぱら男性を中心としたドイツ民族国家形成のためであるというのが、彼の主張の本音だったのです。その際、彼の念頭にあった究極の人類社会は、奴隷制や不平等がそのまま肯定され容認される〝新しい秩序の社会〟です。しかも、それは単にドイツだけではなく、人類全体において実現されるべき共同体でなければならないというのです。その実際的展開として、彼はドイツ民族の指導下の〝アーリア人支配〟を考えていました。すなわち、ユダヤ民族を徹底的に排除した北欧諸民族が、世界の全域を席巻し統治すべきであるという考え方です。

多くのヨーロッパ人は、ヒトラーのこうした考え方を当時非現実的空想の所産でしかない、近視眼で情緒不安定な人間の思想にすぎないと一笑に付し、彼の主張をそれほど深刻に受け止めることをしませんでした。その一方で、一群のドイツ人はよく知られていた民話に登場するあの〝ハーメルンの笛吹き〟に引っかかり最後は捕獲されてしまったネズミたちのように、〝総統〟ヒトラーの甘言と誘惑にズルズルと引きずり込まれていったのです。とはいえ、当時ドイツ人の中で一九三三年一月三〇

帝国首相に任命された直後，ヒトラーは首相官邸の小窓から就任を歓迎する大勢の民衆に右手を上げて答えている。写真右上がヒトラー。

日の時点、すなわちヒトラーによる政権奪取の日に、その後ドイツを襲うことになった一二年間の暗黒の歴史を予測できた人は、誰一人いませんでした。まさに、この日に帝国大統領ヒンデンブルクは国家社会主義ドイツ労働者党、すなわちナチス党の党首アドルフ・ヒトラーを帝国首相に任命してしまったのです。その事実を考えると、この日はドイツ現代史にとってまさに漆黒の闇が支配をし始めた暗黒の一日であったというべきです。ヒトラーによる〝権力掌握〟後、ドイツ国内のあらゆる場所が彼の息のかかった政党関係団体、端的にいえばナチス突撃隊とナチス親衛隊（SS）によって支配されるようになったのです。このナチスに対抗しようとする他の政党は敵視され、迫害と暴力にさらされ、最後は生命まで奪われる運命を辿るのです。強制収用所第一号館が建立され、不当連行された人々は、男女を問わず、長くそこに拘禁され拷問を受け、落命していくのです。民衆の中に不安と恐怖の心を引き起こすことこそ、ヒトラーのねらいであり常套手段でした。そうすることによって、彼は権力の保持と拡大に努めたわけです。さらに、彼が喜んで用いた手段は、さまざまな国家組織を自分自身のために利用することでした。しかも、その際にヒトラーは法的整合性を確保するために、帝国憲法や法令を自身が遵守しているポーズをとりながら、野心を実現させていったのです。

政敵に対するナチスの攻撃の具体例として、一九三三年二月二七日発生したベルリン帝国議会会議場炎上事件を挙げることができるでしょう。火災が発生するや、ナチスは間髪を入れず、それを〝放火〟事件として大々的に喧伝し、その全責任を共産主義者たちになすりつけたのです。彼らこそ議事堂に火を放った張本人であるとナチスは牽強付会をしました。ナチスはその翌日、今度は前もって用意してあった〝ドイツ民族と国家の保護〟を大義名分にした「(大統領)緊急命令法」をヒンデンブルク大統領の執務室に持参します。なぜそれが可能だったのかといえば、案件が共産主義者の言動に関するものだったからです。もともと共産主義思想を頑なに拒絶していた大統領補佐官たちでしたから、大統領の命令書署名に彼らも反対ではなかったのです。しかし、それによって最も重要な地位にあったヴァイマール憲法が保障する根本的権利は、とりあえず無効とするという措置にもかかわらず、緊急命令法は結局一九四五年五月八日ドイツの敗戦時まで長く有効性を保持することになってしまいました。ヒンデンブルクの署名によって、ナチスは政敵と批判者のすべてを公々然と、しかも〝合法的〟に、攻撃し排除する口実と機会を手中にしたのです。議会制民主主義の完全な否定が、ここから開始されたわけです。

こうした雰囲気のもとで、同年三月五日帝国議会選挙が実施されるに至ります。まさに、この選挙は〝選挙闘争〟と化しました。ナチス党は、自党宣伝のためにドイツ全土でありとあらゆる手段を使って選挙キャンペーンを展開、無数の政治集会を企画し、実施するのです。その一方で、共産主義者たちの運動や情宣活動はその前から禁止され、専従活動家など幹部たちはどんどん逮捕されていきました。ナチス突撃隊は、文字通り至る所で〝突撃〟をくり返し、社会民主主義者たち（SPD）や他の市民政党の各種集会に乗り込んで妨害したり、あるいは集会自体の開催を不可能にしたりしました。マスメディアもナチスの脅迫の下に置かれ、すでに機能不全の状態に陥っていました。報道の自由、独自の情報収集活動などは、もはや論外といった状況にあったのです。

ところが、こうした抑圧的状況にもかかわらず、選挙戦でナチス党は当初期待していた過半数の得票を獲得することができませんでした。彼らが得た得票率は、四三・九パーセントだったのです。換言すれば、ナチス党は帝国議会では〝連立政権〟を組まなければならなくなったというわけです。これはヒトラーのまったく予想していなかった結果で、激怒が彼を襲いました。周知のように、連立組閣の相手に選ばれたのはドイツ国家人民党（DNVP）です。二政党で、何とか五一・九パーセントすなわち過半数を確保できたのです。それによって、ヒトラーは本来この過半数勢力に依拠し議会の運営を進めることができたはずなのです。

しかし、彼はそれに満足する人間ではありませんでした。その具体的姿が、いわゆる〝授権法〟の強制的可決と執行の措置です。この法律によって、立法権が議会からヒトラー政権にことごとく委議されてしまったのです。この全権委任法を武器にして、今やヒトラーは議会との折衝や協議なしに法と政策の制定を可能にし、場合によってはヴァイマール憲法に抵触する可能性のある案件でさえも、一方的に決済可能な立場に身を置くことになったわけです。彼にとって、議会はもはや合法的整合性を整えるために最小限必要であるという意味しか持たなくなりました。

ヒトラーはなおも議会に対する執拗な締めつけを継続します。一九三三年三月二三日開催された議会で、彼はナチス突撃隊を帝国〝秩序の維持〟の名目下に合法的集団として政府の中に組み入れ、国家公務員として勤務させることに成功します。突撃隊導入の主たる目的は、議会の野党や議員たちの監視と圧力の強化にあったのです。八一名いた共産党議員は、この時点で無力化され、もはや存在しないも同然の立場に追い込まれていました。ヒトラーの巧みな懐柔政治によって、他の市民諸政党も与党化し、ついにナチス党は帝国議会で三分の二の圧倒的過半数を実現することができました。

そうした状況下においてもなお社会民主主義者だけが徹底抗戦を試み奮闘します。特に、現政府をさえ排除してヒトラー個人に独占的支配の道を提供することに通じる法案提出に際して、社会民主党は断固反対を表明したのです。しかし、ヒトラーは最初から自らの考え方やり方に忠実であろうとし、その結果国家や社会を徹底的に〝改造〟することをいつも目論んでいた人間です。世界の諸国民は、ドイツ帝国と〝一元化〟されるべき存在であると考える彼の頭には、他の諸国や諸民族の自立と独立を承認するなどという発想や思想は、活動の最初期からまったくなかったのです。国内では、帝国内州知事たちに代わる行政官として、〝帝国代務官〟とでも称しうる高級官僚が配置されていきます。もちろん、彼ら自身はその職位のまま今度はヒトラー直属の国家官僚として〝総統〟に忠誠を尽くすのです。

ヒトラーが放った第二弾は、政治活動の禁止措置でした。その対象は、労働組合と社会民主党です。主要幹部たちは、〝保護観察〟処分に付され、次いでいわゆる強制労働収容所送りに処せられるわけです。他の市民政党は、自主的に！解散へ追い込まれていきました。一九三三年七月一四日になると、政党の新規設立は合法的にすべて禁止されるに至ります。

このように、ナチス党はわずか半年の間に党首ヒトラーを頂点に戴いた一党独裁体制の国、ドイツ第三帝国の建立に成功するわけです。同年八月二日ヒンデンブルク大統領が急死するや、ヒトラーは首相職と並んで帝国大統領の職責も担うことになりました。それによって、彼はまさに今や陸・海・空三軍の帝国最高司令官にまでのし上がっていくようになるのです。この時以降、国民はこのヒトラーを公的に〝ドイツ帝国とドイツ民族の総統〟と呼ぶようになります。

Drama

42

狂気に近いヒトラーの人種理解――ユダヤ民族の抹殺計画

オーストリア生まれの平凡な一〝上等兵〟が、ドイツ帝国の〝総統〟にまで登りつめた――そうした出来事が、ヒトラーの中でついに事実となったのです。彼は、人類史に登場する多くの独裁専制君主たち同様に、すべての権力を一手に掌握しようと画策しました。しかし、彼の野心はそれだけでは満足しませんでした。

彼はドイツ一国の権力のみならず、そこに住む人間、しかも彼らの個人的思考や感覚に至るまですべてを完璧に支配しようと考えたのです。それは、例えば彼の青少年教育に対する理解からも明白に読み取ることができます。ドイツの子どもたちは、全員その幼児期から〝国家社会主義的な精神〟によって育成されなければならない――ヒトラーは、そう考えるのです。そういった価値観のもとに、一〇歳から加入可能な〝少年団〟や〝ヒトラー・ユーゲント（青年団）〟、〝ドイツ少女同盟〟といった組織が、彼によって設立されていきました。そこには、子どもたちがそれぞれ年齢に従って全員徹底的に再教育されなければならないという理解が存在します。ヒトラーはさらに、次のように論じます。

「若者たちは、ドイツ人らしく考え、ドイツ人らしく振る舞うあり方をしっかり身につけなければばならない。男女を問わず、もし、子どもたちが一〇歳からわれわれが設立した少年団に入ってしっかり教育を受け、それまで一度も味わったことのなかった新鮮な空気を胸いっぱい吸うことができれば、四年後に彼らは堂々と次の段階、すなわち、ヒトラー青年団に入団できるだろう。われわれは、さらに四年間、若者たちを確実につなぎ止めることが可能になるはずだ。

そうなれば、われわれは身分感覚や階級意識を教え込んできた古い世代の手に彼らを復帰させずに済むだろう。若者たちは、もはや無責任な自由などに生きず、われわれが願う通りの行動をする人間になっていくはずだ」。

ナチス副総統ルドルフ・ヘスは、こうした教育の究極的目標が「総統ヒトラーに対する批判を超越した忠誠と無条件の献身」にあると断言したほどです。ドイツ「第三帝国」の標語にも、〝総統が命令し、国民は即座にそれに服従すべきである〟がありました。こうなると、社会から批判的言動を展開する場所も機会も消えざるをえません。自由主義や社会主義精神を持ったジャーナリストや作家たちは、もはや自分の思想と主張を社会に向けて公表することなど不可能になります。いや、すでに一九三三年五月一〇日には彼らの著作物は、ことごとく焚書に指定され公衆の面前で焼却処分されていたのです。

絵画や音楽も、当局が勝手に設定した〝健康な国民感情〟に合致しないと判断されるや、〝非ドイツ的、退廃的な作品〟との烙印が押され、廃棄処分の運命が彼らを待ち受けるだけになります。ナチスの〝新しいドイツ精神〟を認めない学者たちは、職場や母国から追放されるか、排除の対象にされていくのです。

しかしながら、当時ドイツ人のすべてがナチスの抑圧や影響を単純に黙過容認し、何の批判もせずただ服従していたわけではありません。いうまでもなく、こういった状況のもとで自分を当局の抑圧や影響から解き放つことはきわめて困難です。これは多言を要しない事実だというべきです。

それにもかかわらず、すでにヒトラーの台頭直後、換言すればナチス政権成立の最初期から、この政権に対して終始批判的であった一群の人間が存在したのです。自分なりの仕方で抵抗を試みた人々もいたのです。抵抗の形態は、さまざまです。〝ヒトラー敬礼〟（「ハイル・ヒトラー！」を叫びながら、指を揃え右腕を高く挙げて挨拶する国民儀礼）の意識的拒否者から始まり、迫害の中にある人々（野党勢力、ドイツ人、ユダヤ人など）の支援と保護に東奔西走した人々、さらには自身が果敢に地下の抵抗運動に参画した人々、ヒトラーに対する暗殺計画にまで積極的に関与した人々など、さまざまな反権力抵抗運動が展開されていたのです。

とはいえ、反体制抵抗運動をスパイや密告者が跳梁する全体主義国家の中であえて展開していくことは、それがどのような形態であれ、文字通り生命を賭しての行動であったはずです。事実、ヒトラー政権下の一二年間に実に多くの人々が市民としての勇気や人間としての自尊心発揮の代償として、自らの尊い生命を絶たれたのです。もちろん、そうした蛮行はこの時代のドイツだけではなく、他の独裁国家や社会においても同様に見聞可能なのかも知れません。

しかし、ヒトラー体制に見る残虐・非道さが他の国々ときわだって異なっているのは、彼がウィーン時代から影響を受け堅持してきたユダヤ人観、人種をめぐる教説であるといってよいでしょう。当

ポーランドにあったアウシュヴィッツ強制収容所とそこへ移送されたユダヤ人たちが乗せられた“死の列車”線路。アウシュヴィッツはまさに人類史の中でドイツ民族が犯した最大の犯罪行為の具体的象徴であり，文明の名のもとに600万人を超える人間が犠牲となった場所だ。

時、彼が古都ウィーンの大衆酒場や男子専用アパートで人々から聞いていたのは、「ユダヤ人は、劣等民族だ。ヨーロッパの諸民族・諸国家にとって、彼らは危険分子なのだ。だから、われわれヨーロッパ人はすべての公的場所と官職からユダヤ人を追放し、その出生地である西アジアのパレスティナへ追い返さなければならない！」といった片寄ったユダヤ人理解でした。

　さらに、ヒトラーはウィーン滞在時代に怪しげな書籍を読んでいたようです。そこには、世界にはより高等な人種とより劣等な人種が一緒に存在している。両者はつねに自分の生存をめぐって、しのぎを削る戦いを展開していると説く理論（?）が、擬似学問風に展開されていたのです。自然界の鉄則としてと、この理論は主張するのですが、人類のより高度な発展のためには高等な人種が劣等な人種を消去する権利を所有しなければならない、いやそうする崇高な義務さえ高等人種には与えられているというわけです。この人種の序列においては当然、北ヨーロッパの〝アーリア人〟が最上席を占めるべきであり、最下席に坐るのは〝非アーリア人〟のユダヤ民族だという理解が登場してきます。

実をいえば、こうした説得力などまったく持たない非学問的人種理解は、一九世紀末から二〇世紀にかけてキリスト教世界でもあるヨーロッパ全域を席巻していた思想でした。この思想が、とりわけヒトラーの中で深く根を張ったというわけです。その上、こうしたヨーロッパ社会のユダヤ観の一般的風潮と並んで、彼には第一次大戦の勃発や終結後の戦勝国による敗戦国・ドイツの処理、すなわち〝屈辱的な〟ドイツに対する〝独断的なヴェルサイユ決議〟のすべての責任が他ならぬユダヤ人に帰せられるべきだという偏狭な理解が介在していました。この大戦の数年後に公刊された『わが闘争』の中で、ヒトラーはこう書いています。

「ユダヤ人は、永遠に呪われた寄生虫であり、食客だ。ユダヤ人は、有毒な病原菌のようにどんどん増殖する。彼らはその繁殖に実に好都合な土壌を提供している。
ユダヤ人の存在とその悪しき影響は、ちょうど寄生虫が引き起こす悪しき作用とそっくりだ。寄生虫が発生するところ、その場所と時期とを問わず、そこでは早晩本体である家主が絶滅させられていく。
この寄生虫こそ、ユダヤ民族に他ならない」。

特定の人間集団、すなわちユダヤ人を〝寄生虫〟、あるいは〝食客〟と規定するヒトラーのこうした人間理解が、「だから、彼らを抹殺して構わないのだ」という思考に連動し落着していくのは、論理の明白で当然な帰着だというべきです。ヒトラーによる政権奪取（一九三三年）後、ドイツ国内で

アウシュヴィッツの惨状の一光景。ソ連軍によって解放された後，収容所の中で見出されたものだとされている。

はユダヤ人を念頭に置いた大衆扇動活動や過度の嫌がらせ行為が、白昼堂々と展開されていくのです。ナチス政府のこうした抑圧政策によって、多くのユダヤ人が、ドイツ社会から次第に排除されていき、あるいは国外へ追放させられる境遇へと追い込まれます。

今日でも、このように問いかける人がいます。いったい、なぜこんな悲惨な蛮行が引き起こされたのだろうか？　二〇世紀のこの現代にむしろ〝文化国家〟を自認するこのドイツ社会、カントやレッシング、あるいはゲーテやシラーを輩出したこの国のど真ん中で、どうしてこんな反人間的悪業が生起したのだろうか？　そのように問いかける人が、必ずいるはずです。

けれども、わたしは考えるのです。そう問いかける前に、わたしたちドイツ人は次のような歴史的事実を決して忘れてはならないはずです。すなわち、ユダヤ人に対する差別や追放、そして迫害の行為は、決して極秘に執り行われ展開された所業などでは断じてなかったのです。それどころか、これは白昼国民の目の前で公然と実行された行為でした。こうした明白な事実が存在しているのです。ユダヤ系市民たちに対する弾圧と排除、市民権剥奪、意図的な無視や追放は、隣家の門前で、親しい知人・友人たちの眼前で、職場の同僚のまさにその現場において、スポーツ仲間の一員のかたちで、学校の同級生のど真ん中で、社会から排除され、隔離され、そして消滅させられていったのです。ユダヤ人抹殺政策が、一般国民の目から隠蔽されたのは、ずっと後のことです。一九四二年以降のことで、「ユダヤ人問題の最終決着（Entlösung）」政策提示以後に当たります。

ナチス政権はこの年に一九三九年以来占領下に置いていたポーランドに大規模な〝殺戮工場〟建設を開始します。この時以降、ユダヤ人たちはヨーロッパ全域から〝狩り集められ〟、この人間殺戮工場へと〝輸送〟されていく運命を甘受させられるわけです。「死人生産工場」としてのこの強制隔離収容所において、同じ民族と宗教に属する人間たちが六〇〇万名を超過する巨大な規模で、しかも計画的・組織的に殺害されたという出来事は、世界史のどこを探しても見出すことなど不可能な、戦慄すべき犯罪行為だったといわなければなりません。

そのような意味において、この恐怖のホロコースト、ヨーロッパ在住ユダヤ人の殲滅計画と実施という大犯罪の事実は、それに関する知識や認識の有無・多少を超えて、ドイツ社会とその市民たちにとって負い難いほど深刻な重荷であると同時に、決してそこから逃避してはならない巨大な課題と責任であるというべきでしょう。

Drama 43

全面戦争への突入——第二次世界大戦とヨーロッパの分裂

ヒトラーは首相として、最初の数年間外部に対して、自分があたかも平和を愛する政治家であるかのごとく振る舞っていました。しかし、彼はすでに一九三八年一一月一〇日、ドイツ人記者団を相手にした内輪の記者会見の席上でこう言明しているのです。

「内外のさまざまな事情のため、わたしはこの一〇年間、意図的に平和を口にする必要があったのだ。だが、われわれドイツ民族は今こそそうした姿勢を転換しなければならない。われわれが今後明確にすべき態度とは、物事にはそれなりの道筋が存在するという点についてだ。

そこでは、平和的手段をどれほど駆使して、目標達成に努力したとしても、不首尾に終わるだろう。その際、われわれは暴力という物理的手段を用いてでも、目標を貫徹させなければならない」。

事実、ヒトラーがこうした思想や手段を以前から想定していたことは、例えばその自伝『わが闘争』を一読すれば直ちに理解できるはずです。彼はそこで論をこう展開しています。ドイツ人は、ロシアの革命政権ボリシェヴィキに対する〝世界観上の戦争〟を先ず開始しなければならない。第二の戦いは、〝世界ユダヤ教〟を敵とした〝人種をめぐる戦争〟だ。第三として、ドイツ民族は〝東ヨーロッパの劣等民族や国家〟を相手にした闘争を想定しなければならない。この戦いの目的は、これら地域にドイツ民族、それも第一義的には〝男性中心〟の新民族の〝生活圏〟確保にある――ヒトラーはすでに、一九二〇年代の初めにそう主張していたのです。

この戦争計画を、当時のドイツ社会で正面から問題にしようとした人は、ほとんどいませんでした。そうした中で、ヒトラー自身は一九三三年二月三日、すなわち帝国首相就任の三日後の時点で、陸・海・空三軍幹部たちを前にしてすでにこの〝闘争〟計画を明確に打ち出しているのです。ヒトラーは力説します。ドイツ人の使命は、マルクス主義の完全な撲滅、諸悪の根源、癌の元凶たる民主主義思想の徹底的排除、堅固な国軍の再建設、東ヨーロッパ地帯における生活・生命圏の無条件確保とゲルマン化の強制的執行などが、現下の緊急課題である、と。ただし、この時点（一九三〇年代初期）では時代が彼にとって有利な展開を示さなかったために、外部に対して彼は自分を一見〝平和愛好主義者〟として指し示す必要があったということです。

ヒトラーが力説する演説の要点は、すべてのドイツ人のために新たな王国を建設すること、そしてそこで初めて渾然一体化した共同生活を開始する権利が承認されなければならない、という言葉に見出されるといってよいでしょう。こうしたドイツ帝国復権の要求は、一九三五年一月一三日にその最初の実現を見ることになります。すなわち、〝国民投票〟に基づいてナチスは、第一次大戦終結後戦勝国側に割譲していたドイツ南西部ザールラントの再編入を貫徹しようとするのです。

ほぼその一年後に、今度は国際管理下に置かれ非武装状態のもとにあったこの地帯に、ヒトラーは陸軍を侵攻させます。これは明らかに、相互に締結した戦後ヴェルサイユ講和条約が破棄されてしまった事実を物語ります。しかも不思議なことに、この暴挙に対してイギリスとフランスは毅然とした抗議を、何一つしなかったのです。両国のこうした不明瞭なナチス対応は、三年後の一九三八年三月一四日ドイツの強圧的オーストリア併合政策についても同様に見られたものでした。

かくして、ヒトラーはかつて自分が生まれ育ったこの国を〝偉大なドイツ帝国〟の一部に組み入れることに成功したのです。自己保身からナチス・ドイツとの交戦を回避してきたヨーロッパの近隣諸国に対して、彼はいわば〝不意の一撃〟を喰らわせたことになります。半年後、ヒトラー政権は次に

戦後，ドイツ社会には，ヒトラーに陶酔したのはごく一部の人間にすぎなかったという声が聞かれた。しかし，この写真に示されるように，多くの映像資料はそうした声とは異なる事実を物語っている。ここではドイツ女性歌手連盟に属する歌手たちが，熱狂的にまるでポップスターのようにヒトラーを歓迎している。これは1937年７月に撮影されたスナップ。

チェコとポーランドの国境を東西に連なるズデーテン山岳地帯のドイツ帰属を要求するに至ります。「これが、領土問題に関してヨーロッパ諸国に突きつけるわたしの最後の要求になるはずだ」――そう、ヒトラーは語っています。彼が持ち出した要求の根拠は、三五〇万人を超える、この地域に居住する同胞ドイツ人の生命と安全の確保にありました。そうしてこそ、ドイツ民族は老若男女を問わず、同一ゲルマン社会の成員として平穏な共同生活を可能にするのだという論理です。

ヒトラーの侵攻に対して、ヨーロッパ諸国、とりわけイギリスやフランスといった大国は、終始拱手傍観の態度をとり続けます。彼らはとりあえず抗議の声明を発表しました。しかしながら、それはきわめて軟弱な姿勢からであり、内容も消極的なものでした。もちろん、彼らは彼らなりに一方でヒトラーに一定の譲歩をちらつかせながら、他方でナチス政権を何とか弱体化させる方法を摸索していたはずです。しかし、ヒトラーにはそんな安直な〝宥和政策〟など通用するわけがありません。一九三九年八月三一日、ついにポーランド攻撃命令が彼によって発令されるのです。この攻撃命令に関して、次のような記録が残されています。

「われわれは、ドイツにとって許容し難いヨーロッパ東部の国境線問題を何とか平和的手段を用いて解決すべく、これまで最善の努力を重ねてきた。しかし、そうしたすべての政治外交的解決の可能性は今や失われてしまった。それゆえに、わたしは暴力という物理的手段を駆使してでも、問題の最終的解決を図らなければならないと固く決心するに至ったのである。わたしは次のような命令を下す。

1．攻撃月日：一九三九年九月一日、
2．攻撃開始時間：午後四時四五分」。

布告なきポーランド奇襲と共に、九月一日第二次世界大戦が勃発しました。その仕掛け人が、アドルフ・ヒトラーであったことはいうまでもありません。〝総統〟は間髪を入れず軍隊を出動させ、東部ヨーロッパに向け進撃を開始します。後に、それを人々は〝電撃作戦〟と呼ぶに至りますが、従来の戦略にはなかった新タイプの戦争遂行の形態でした。すなわち、最初に出撃するのは歩兵部隊ではなく、重装備の機甲部隊、高速度で疾駆可能な戦車隊です。その際、戦車軍団は空軍・戦闘機による上からの援護を受けながら敵地内奥に攻め込んでいくのです。陸の歩兵部隊は、その後初めて敵地への進軍を開始して、その地域全体を占領下に置くという戦略を立てます。

こうした戦闘の手法、すなわち保持するすべての軍事力を、特定の地域一点に集中させ攻撃を開始するという戦争の仕方は、ドイツ軍にとってどうしても必要不可欠でした。なぜなら、複数地域の、複数の敵軍に対する長期戦用装備を、ドイツはまったく保持していなかったからです。その一例を挙げれば戦地食糧の調達の方法です。兵士たちは、自分たちの食べ物を占領地から直接〝現地調達〟しなければなりませんでした。ドイツ軍には最初から長期戦は不可能だったということです。

ドイツの軍事戦略は当初、大成功を収めました。ポーランドに続き、デンマーク、ノルウェー、ベルギー、オランダ、さらにはヨーロッパの大国フランスに対してさえも、この電撃戦術はそれなりに初期効果を上げました。ヨーロッパ諸国は次々とドイツ軍の前に降伏します。わずか五週間ほどの間に、ドイツ軍はパリに進攻し、一九四〇年六月二二日、ついにフランスはドイツの軍門に降り、降伏を余儀なくされるに至ります。降伏文書の調印が開始されました。

ヒトラーは、その会場としてドイツ人には決して忘れることのできないあの屈辱の場所、すなわちコンピエーヌの森をあえて要求します。まさにそこで、一九一八年一一月一一日第一次大戦の敗戦国ドイツは、戦勝国側との間で休戦協定の調印を求められたのです。しかも、ヒトラーはその時に使われた鉄道を登場させ同じ列車に乗り込んで、フランスのこの場所へと出立したのでした。こうした行為を、彼は次のように理解していました。すなわち、あの「ヴェルサイユ講和の屈辱」が今回の調印式を通してすべて帳消しになるはずだ、と。ドイツ人の大半はヒトラーのこの行動を大歓迎し、彼を〝人類史上最も偉大な最高司令官〟だとして賞賛を惜しみませんでした。こうなると、もはやヒトラーを阻止するとか彼に反対することなど、どこを探し誰に聞いてもできなくなってしまいます。

しかし、戦局はやがて大きく変化していきます。一九四〇年六月のイギリス爆撃を契機にして、ドイツに対する連合軍の反撃が開始されるのです。ドイツは空軍爆撃を飛ばしてこの国の主要都市を攻撃し、降伏を強要します。けれども、イギリス側の抵抗はまったく衰えません。戦局は、ドイツ軍の当初の思惑から次第にずれていきます。ヒトラーは作戦の変更を余儀なくされるに至り、いったんイギリス攻撃を中止し、今度は進攻の矛先をいわば〝本来の目的〟として想定していたソヴィエト、ヒトラーの理解からすれば、ドイツ民族の〝最大の仇敵〟である〝社会主義国〟ロシアに転換させていくわけです。スターリンとヒトラーの間には、なるほど一九三九年八月締結された独ソ不可侵条約が存在しました。しかし、こうした一片の条約など、ヒトラーにとっては何の意味も持ち合わせていません。

一九四一年六月二二日、ついに彼はソ連攻撃を決定します。これが有名な〝バルバロッサ作戦〟です。〝赤髭〟作戦とも呼ばれますが、これは一二世紀に君臨した神聖ローマ帝国皇帝フリードリヒ二世のあだ名に由来します。戦闘が開始されました。ドイツ軍は作戦に基づき、ヨーロッパ東部の広大なロシア大陸に向けて一大進軍を決行するに至ります。ヒトラーを始め、軍の首脳たちは、ここでも新規に開発された〝電撃戦〟が見事成功するであろうと確信し、ドイツの圧倒的勝利を疑いませんでした。事実、同年の一〇月になるとドイツ軍はモスクワ近郊にまで前進を続け、首都陥落は時間の問題だと思われたのです。

ところが、その年の冬が予想以上の早さでロシア大陸に襲来し、そのためドイツ軍の進撃は頓挫をきたして身動きもできない状態に落ち込んでしまったのです。短期決戦用の装備しか持ち合わせないドイツ軍にとって、ロシアの凍てつく厳冬はまさに大敵中の大敵となりました。かつて、フランス皇帝ナポレオンも一九世紀前半（一八一二年一二月）にまったく同様な道を選んで苦杯を舐め、敗北した体験を持っています。そうした酷寒ロシアの冬なのです。

食糧の調達は日を追うごとに困難となり、戦闘による犠牲者の数は日々拡大していきます。最初ドイツ軍の奇襲攻撃を受け戦線が乱れていたロシア赤軍が、体勢を立て直し今や反撃と攻勢に転じてきます。ドイツ式電撃作戦は、ここで完全に挫折してしまいました。確かに一九四二年夏、いったん前進が可能となるのですが、その年と翌年にかけての冬にはスターリングラードで、三〇〇万人のドイツ軍は足かせをはめられた状態に陥り、移動不全に陥ってしまいました。もはや戦局に勝利への展望など見えてきません。

しかし、それにもかかわらず、三軍の最高司令官ヒトラーはロシア駐屯軍の赤軍に対する一切の降伏を認めようとしないのです。そのため、とりわけ第六師団は酷寒ロシアの地で疲労困憊《こんぱい》し、ほとんど壊滅寸前の危機に直面させせられます。結果的にこのスターリングラード攻防戦が、第二次世界大戦とそのヨーロッパ地域における戦闘にとって戦いの決定的分岐点となりました。この時点から戦争は、ドイツにとって敗北の一途を辿ります。しかしながら、ドイツ国内では国民は依然として国軍の〝完全な勝利〟を夢見、敗戦など一切認めようとしませんでした。

こうした局面のもとで、戦場はヨーロッパ大陸を越えていっそう拡大し、世界戦争へと連動していくことになりました。ドイツと同盟関係に入ったのは、ヨーロッパ南部のイタリアと並び、アジアの〝盟主〟を標榜していた大日本帝国でした。帝国日本は当時東アジアと東南アジア地域の支配権確立をねらって海外進出を開始しつつありました。一九四一年一二月七日（日本時間では八日）、日本空軍は、ハワイ諸島真珠湾（パール・ハーバー）に停泊中のアメリカ太平洋艦隊に対して戦線布告なき夜襲爆撃を仕掛けたのです。日本軍のこの行動は結果的にアメリカ合衆国を本格的にこの世界大

軍の最高位将軍たちと作戦会議を続けるヒトラー。1944年６月撮影の写真。なおこの時点でも，ヒトラーはある人々にとって人類史上比類のない最良の司令官であり，他の人々は“あらゆる時代を超越した最高の指揮官”を意味するドイツ語表現の頭文字を並べて“グレファツ（GROEFAZ）ヒトラー”と呼んでいた。当時のドイツ国民のヒトラー評価が如実に示されている。

戦へ引き入れる役割を果たしました。けれども、第一次大戦同様、そこで誰の目にも明白になったのは、大国アメリカの参戦によって当時の世界政治における力関係がラディカルに変化したということ、それゆえにドイツとその同盟諸国、特にイタリアと日本の敗北は今や必至であるという現実でした。

それにもかかわらずヒトラーは、自身が率いるドイツ帝国の敗北を最後まで認めようとはしなかったのです。この態度は、〝史上最強・最高の司令官〟ヒトラーにとどまりませんでした。軍の首脳たち、ヒンデンブルクやルーデンドルフといった将軍たちも、まったく同一の認識を持っていたのです。彼らのそうした誤った戦局認識が、結果的に数百万を越える尊い人間の生命を犠牲にする事態を引き起こすことに連動しました。それと並んで、ヒトラー側近の将軍たちのうちで誰一人ヒトラーの決断に明確な異議申し立てをしなかったという事実を、わたしたちは忘れるべきではないでしょう。

南方イタリア半島に目を移すと、一九四三年七月二三日ヴィクトル・エマヌエル三世の要請によってファシスト・ムッソリーニは逮捕されます。それによって、この国は一八〇度の戦局転換を成功させました。ドイツは、イタリアと比べて誰一人〝総統〟逮捕をあえて決行すべしと考えませんでした。確かに一九四四年七月二〇日、シュタウフェンベルク大佐による「ヒトラー暗殺計画」が決行されました。けれども、残念なことにこのクーデターは失敗に帰し、三〇〇〇名を超える事件関係者が処刑・粛清されてしまいました。ドイツ本土に対する空爆と砲撃は継続され、いよいよドイツ全土が主戦場に変わっていくのです。

戦場が次第に外地からドイツ本国へと転換していき、国内の多くの都市と街が日常的に連合軍の爆撃にさらされる局面が多くなっていきます。大陸東部からロシアの赤軍が襲来し、西部地域からはフランスやイギリス、あるいはアメリカなど自由主義連合軍が上陸してきました（ノルマンディ上陸作戦）。一九四五年に突入するや、ドイツ全土がほぼ完全に占領されるに至ります。

同年四月三〇日、総統アドルフ・ヒトラーはベルリンでピストル自殺を図ります。五月八日、ナチス政権は連合軍の前に無条件降伏をします。第二次世界大戦のヨーロッパ地域戦は、これをもって決着がつき、この地帯の戦いは終焉を迎えました。しかし、アジア地域に目を転じて見るならば、戦闘はなおまだ三ヶ月間継続されていきます。大日本帝国は、結局一九四五年八月六日、九日にアメリカ軍爆撃機によって広島と長崎に投下された戦慄すべき二発の原子爆弾と共に、全面降伏へと追い込まれていくのです。

連合軍の大空爆によって廃墟と化したドイツのある都市。こうした光景は戦争末期になると各地の都市で見られた。

同年八月一五日、大日本帝国はついに敗戦の時を迎えます。日本のこの無条件降伏によって、第二次世界大戦はやっと終焉を迎えました。この世界大戦は、ヨーロッパとアジアで五五〇〇万人を超える尊い生命が犠牲になった戦争であったといわれています。それと同時に、この世界大戦はいかに人間の能力が悪魔的作用を引き起こす元凶になるかという事実を、あらためて人類に再考させた戦争でもありました。

一九四五年の戦争終結以降、アメリカ合衆国は原子爆弾の最初の所有国として全的に新しい時代の幕明けを誇示し、全

変形した時計。日本のヒロシマで発見され，時刻は８時15分を指し示したまま停止している。まさに1945年８月６日午前８時15分にアメリカ空軍によって，人類史上最初の原子爆弾がこの都市に投下されたのである。

世界に対して自分の存在を強力にアピールしていくようになるのです。

〝パックス・アメリカーナ〟(Pax Americana：アメリカの平和）の出現です。そこから、現代世界における決定的指導権を要求する超大国アメリカへと変身していきます。

Drama

44

廃墟からの復興と再建——戦後ヨーロッパの苦闘

一九四五年世界大戦が終焉を迎えました。ヨーロッパ諸国は、二〇世紀のわずか四〇年の間に、自分たちが二回も親しい友人を殺傷し合う戦いをくり返したという事実に、あらためて大きな衝撃を受けたのでした。

いうまでもなく、二度にわたる戦争とは第一次世界大戦（一九一四〜一九一八年）と第二次世界大戦（一九三九〜一九四五年）を指します。そこで、ヨーロッパ人はこの大陸を二度と悲惨な流血の主戦場にしてはならないと固い決心をし合いました。しかし、戦争のない平和な世界を創造するためには、それなりの前提が要請されてくるはずです。何よりも先ず、ヨーロッパ諸国間の相互の国際関係を、それがどこから開始されるべきかは別問題として、自分自身が変革されていくことから始めなければなりません。

こうしたヨーロッパ共通の課題との関連で、イギリスの政治家ウィンストン・チャーチル首相が、一九四六年九月一九日スイス北東部の大都市チューリヒで行った一場の演説は、大変注目に値するといえるでしょう。彼は戦後ヨーロッパ世界の復興について、次のような見解を披瀝しています。

ウィンストン・チャーチル（1874～1965）。
1950年，76歳の時の写真。

「ヨーロッパの国々と民族が、一致団結を成し遂げることができるならば、もともと共通の歴史的・文化的遺産を保持する四億の現代ヨーロッパ人ですから、必ずやその全体が無上の繁栄と名声、そして幸福を手中にできるでしょう。

しかし、そのためにはヨーロッパの国々がこの大陸に共生する同じ家族の一員としての自分を理解する、いえ最小限その主要な国々においてだけでも、自己変革を敢行し、従来以上の親密な連帯のためには尽力しなければなりません。

その基盤の上に、わたしたちは平和と安全保障、そして自由を創造していくことができるはずです。共に力を合わせて、わたしたちはこの新しい〝ヨーロッパ合衆国〟、とりあえず、ここではそういう表現を使わせていただきますが、この共同体形成に向けて一緒に前進しようではありませんか。その第一歩は、〝ヨーロッパ議会〟創設に努力することです。わたし個人は、そう考えております。

そして、今ヨーロッパ大陸に共通の対話と共同決定の場所を創設するという至上命題の実現にあたって、緊急に求められることがあります。それは、フランスとドイツの間で、あるいは、ドイツとイギリス、アメリカ合衆国、さらには、これはわたし個人が衷心から願っている事柄なのですが、ソヴィエト連邦共和国との間で、真実な相互の和解が生起することではないでしょうか。

互いの和解がそこに実現するならば、それ以外の一見困難に思われるすべての問題などすでに解決されたも同然です。そう申しても決して過言ではありません」。

戦争終結の翌年になされたチャーチルのこのスピーチは、平和を基軸にしたヨーロッパ世界の一体化を大きな夢、ヴィジョンとして提示したものでした。彼の演説は当時ヨーロッパの多くの国民から歓迎され、大きな賛同を得ました。けれども、夢と現実は、それぞれ別の世界に属します。第二次世界大戦後、新興勢力として歴史の表舞台に登場してきたのは二大国、すなわちアメリカ合衆国とソヴィエト連邦共和国でした。そして、これら超大国の国家関係が次第に怪しくなり、対立と緊張の関係へと変化していくのです。

先ず、アメリカが抱いたソ連観は次のような認識として展開されました。すなわち、ソ連は全世界の共産化を目論み、その実現のためにあらゆる機会を利用して自陣営にヨーロッパ諸国を取り込もうとしている。とりわけ、戦争によって疲弊した国々を彼らは〝飲み込もう〟と画策している。そうだとすれば、アメリカ合衆国は西ヨーロッパ諸国を最小限経済的に支援しなければならない。さらに、合衆国は軍事面でこれらの国々を強化する責任を負う。そうすれば、これらの国々はきっとソ連に対抗可能な〝共産主義の防波堤〟として十分役割を果たしてくれるだろう。これが、当時アメリカが抱いていたソヴィエト理解です。

他方、ソ連はこのアメリカを次のような位置づけで理解していました。合衆国はヨーロッパ世界を全的に資本主義化しようと画策している。一国でも多くの国々を自国の〝衛生国家〟として利用し、自陣営に引きずり込もうと躍起になっている。アメリカに対する警戒をもっと強化しなければならない。これが、ソ連の対アメリカ認識です。

米ソ二大陣営の確執と対立は、こうして開始され拡大していきます。換言すれば、両陣営の間には、政治の領域で議会制民主主義の制度、および経済活動における自由競争の原理に基づく市場経済体制と、一党専横的統治の形態、および国家による計画を中心に展開する統制経済体制の対立と競争が、本格的に開始されたわけです。米ソ間のこうした対立や緊張は、国際政治の展開の中で戦後世界を「アメリカに与するか、さもなくばソ連か」といった二者択一的選択の前に立たせることになっていくのです。人々はやがて米ソ両超大国のこうした厳しい確執と熾烈な競合を、戦場で実際に使われる銃火器の行使なしに展開された経緯から、〝熱戦〟(hot war)ではなく、〝冷戦〟(cold war)と呼ぶようになりました。戦後冷戦時代の開始です。

一九四七年六月五日、アメリカ合衆国外相ジョージ・マーシャルが戦争によって疲弊しきったヨーロッパ経済の再建計画、いわゆる〝マーシャル・プラン〟を内外に発表しました。これにはヨーロッパのすべての国々が、いえその時にはソ連邦さえも大きな関心を示しました。しかし、その際アメリカはこの経済再建計画がより効果的に実行されるために、ヨーロッパ諸国における自由な情報交換こそ絶対必要であるとの要求を突きつけたのです。予想通り、ソ連の国家元首・共産党書記長ジョセフ・スターリンは、アメリカのこの提案と要求をにべなく拒否しました。それと並んで、スターリンはソ連支配下にある東ヨーロッパ諸国に対して、ソ連同様彼らがこのマーシャル・プランを断固拒否せよと指令を飛ばすのです。

そうした中、同年七月一二日パリでこのマーシャル・プランに関する国際会議が開催されます。参加国は合計一六ヶ国で、ベルギー、デンマーク、フランス、ギリシア、イギリス、アイルランド、アイスランド、イタリア、ルクセンブルク、オランダ、ノルウェー、オーストリア、ポルトガル、スウェーデン、スイス、そしてトルコでした。興味深い事実は、当時すでにこの時点でトルコがヨーロッパ諸国に属する一国として認知されていたという点です。当然のことながら、敗戦国、そしてこの時はまだ占領下に置かれていたドイツは、この国際会議への正式参加は認められていませんでした。

会議の席上、アメリカは合計金額一三〇兆ドルの金融支援を申し出ます。もちろん、一定の留保条件をつけての財政上の支援です。その条件とは、援助を希望する国々はすべて通商貿易を自由化することでした。さらにアメリカは、すべての関税の撤廃を断行せよと要求しました。アメリカのこの要求は続きます。援助を希望する国々は、新設予定の「ヨーロッパ経済協力機構」(Organization of Euro-

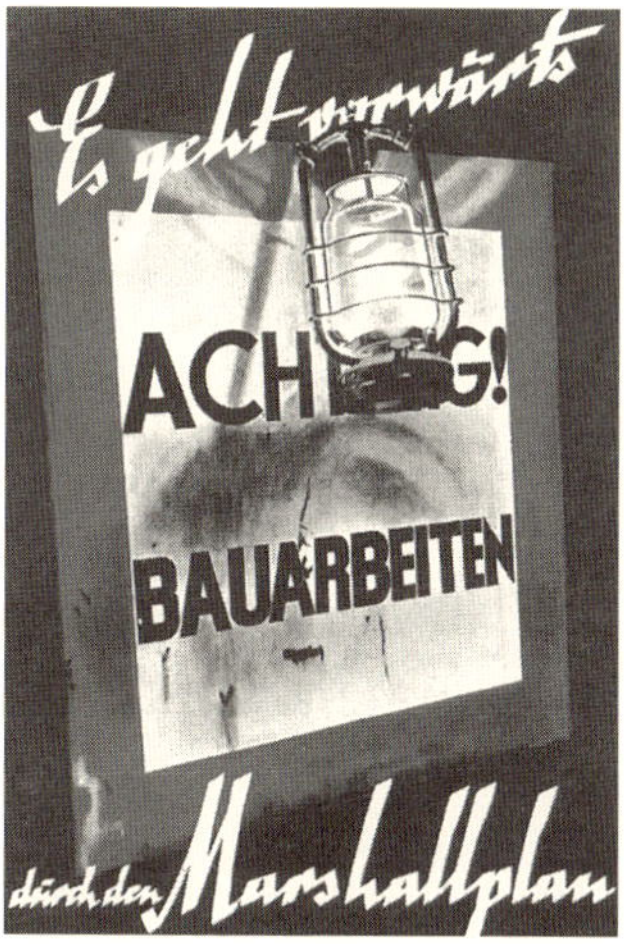

「マーシャル・プラン」の創設者ジョージ・マーシャル（1880～1959）は1947年６月５日，ヨーロッパ経済援助計画の主旨に関して，次のような言葉を残している。「我々の政策は，特定の国あるいは特定のイデオロギーに立脚しているものではない。むしろ，それは飢餓，貧困，絶望，あるいは混乱の克服のために樹立されたのである」。ちなみに，彼は1953年ノーベル平和賞を受賞している。

pean Economic Cooperation：ＯＥＥＣ）に必ず加盟し、この上級組織による監視、いや必要があれば制裁を甘受しなければならないという内容の要求でした。

当然の推移というべきですが、このアメリカによる提案をめぐってパリ会議は冒頭から困難をきわめました。ヨーロッパ諸国にとっては、合衆国のこうした〝要求〟は自分たちの既得権の放棄を意味していたからです。同時に、それまで各国が自らの権限で処理してきた国内案件を、今後は一国を超えた上位の国際的協議に基づいて決済しなければならなくなるというわけです。これは受け入れられない条件です。

そうはいっても、世界大戦終結後のヨーロッパの経済や政治が直面している厳しい現実を眼前にして、大陸一六ヶ国は会議の最終局面で、アメリカの提案とその条件を承認し、アメリカ主導のヨーロッパ経済協力機構へ加盟する決定を下すに至ります。調印式は、翌一九四八年四月一六日に執り行われました。そこから、加盟諸国は「ヨーロッパの統合」を掲げ、その実現に向けた第一歩を共に踏み出すことになるわけです。

ところで、敗戦国ドイツは一九四五年以降、ヨーロッパ諸国のこうした動向と情勢の中でいわば〝特異な立場〟に身を置くに至ります。その特異性は、何にもまして政治的側面から考えるならば、一目瞭然です。敗戦後、勝利国連合軍の占領下に身を委ねることになったドイツには、パリ会議（一九四七年）の時点で独立主権国家の概念はまだまったく存在していなかったのです。ドイツ全土が、戦勝四ヶ国によって分割統治されていたのです。各占領地区に、四大国、すなわちアメリカ、イギリス、フランス、そしてソ連が進駐し、管理と監視を開始していた時期です。しかも、これら四大国は戦争終結の直後には互いに歩調を合わせて、ドイツ管理総司令部や監視委員会を構成し、各自がドイツ全域の分割統治に乗り出していたのです。各地域の行政管理は、進駐してきた連合国側の指示と決定に基づいて処理されます。

ソ連地区の場合、スターリンが右に言及したアメリカの提案による経済協力機構への参加をあっさりと一蹴した経緯もあって、この地区に対するアメリカ側の経済的支援は一切なされませんでした。ここことは対照的に、西側自由主義三国の統治下に置かれた諸地域では、合衆国による潤沢な経済・財政支援の道が開拓され、戦後の再建と復興がより迅速に進められていくようになりました。とはいえ、巨視的に見るならば、東西両地区間のこうした社会的・経済的格差が分断ドイツの第一要因にもなったという歴史的事実を見逃してはならないでしょう。いや、そうした軋轢《あつれき》と格差の後遺症は、単に〝ドイツ分断史〟にとどまりません。

米ソの対立と軋轢は、ヨーロッパ全域の分断と対立にも連動していくのです。そして、戦後ドイツと戦後ヨーロッパの分断化の第二の契機を作り出したのは、一九四八年六月二一日に実施された西側三戦勝国の占領地区における〝通貨改革〟の実施です。それが発端となって、東西の亀裂はさらに深まったのです。ドイツ通貨のマルクの導入が、これら三地区で正式に承認されました。ほぼこの一年後、西側自由主義三国は合意の上、ドイツ連邦共和国（BRD、西ドイツ）の建国を承認する方向へと動き始めるのです。すなわち、一九四九年五月二三日誕生した西ドイツが、それです。

しかし、ほぼこれと同時期にソ連の厳格な占領統治下に置かれていたドイツ東部地域も、同年一〇月七日ソ連の指導下にまったく別な新政治機構、すなわちドイツ民主共和国（DDR、東ドイツ）を立ち上げるに至ります。東ドイツの建国は、東側共産主義ブロックに、「社会主義の理念に立脚した同志国家」が誕生した事実を物語るわけです。こうした経緯を背後に持った東西ドイツ二国家の誕生によって、ドイツの分断はほぼ完全に固定化されてしまったといってよいでしょう。

西側ブロックの経済協力機構に対抗する目的で、スターリンは一九四九年一月、東側ブロックに「経済領域の相互支援委員会」、後に世界から〝コメコン〟と呼ばれるに至る経済分野を中心とした互助機構を導入します。この経済機構には、ソ連を筆頭にして、ブルガリア、ポーランド、ルーマニア、チェコスロヴァキア、そしてハンガリーといった合計六ヶ国が、加盟する運びとなりました。その後、ほどなくアルバニアも加盟し、さらには成立直後の東ドイツが参加します。その際、スターリンのねらいは二つありました。第一に、この経済上の互助機構の創設を通して、加盟した東ヨーロッパ社会主義諸国が相互に労働力を提供し合える体制を確立し、生産性の向上に共に尽力することです。第二に、この経済同盟の発足を通して西側の経済機構に対抗し、いや〝報復〟することです。しかしながら、実際の経過としてはこれら加盟諸国の経済力がきわめて不均衡だったために、結局はソ連邦一国が経済的に他の社会主義諸国を支援すると同時に、彼らの上に君臨するという形態をとらざるをえなくなってしまいました。加盟諸国の側でも、この〝長兄〟ソ連への依存度を次第に大きくしていく結果を甘受せざるをえなくなってしまったのです。こうなれば、スターリンは誰はばかることなく、自分の野望や関心を自由自在に貫徹できる立場に立つようになったわけです。

要約していうならば、一九四〇年代後半のヨーロッパ世界に巨大な二つの経済体制が誕生したことになります。すなわち、先ず西側自由主義諸国を中心とした、自由競争の原理に立つ市場経済システムの誕生です。次に、東側共産主義ブロックに基軸を据えた、国家の主導による統制計画経済システムの誕生です。こういった対立と分断の現実が、大陸ヨーロッパに居住する人間たちにはっきり指し示したのは、一つの過酷な現実でした。換言すれば、かつてイギリス首相チャーチルが、永世中立国スイスのチューリヒで未来の理想像として熱く提唱した〝ヨーロッパ合衆国〟実現の道は、今や幻想と化し、その形成の可能性ははるか遠方に離れ去ってしまったという赤裸々な姿だったのです。

Drama 45
「ヨーロッパ共同体」実現に向けて――ジャン・モネの構想

前話で言及した有名なチューリヒ演説の中で、実はウインストン・チャーチルは次のようなテーマについても論じていたのです。いうまでもなく、そこでの彼の主要な関心は戦後のヨーロッパをいかに再建するかであり、併せてその道筋と方法を提示することにありました。

「わたしは、ただ今から皆さんがお聴きになって、あるいは仰天されるかも知れないお話をさせていただきます。戦後のヨーロッパ世界を同じ家で共に生活する家族の一員として新たに復興させていくその第一歩は、フランスとドイツの間に真に友好的関係が樹立されることから開始されなければならないとわたしは確信しています。

フランスが、ヨーロッパ世界で精神的な指導力を発揮していくためにも、この道程は必要不可欠であるはずです。戦後ヨーロッパの再生は、フランスのそうした強い精神力なしには不可能だからです。同時に、この点はドイツにおいてもまったく同様であろうとわたしは考えています」。

聴衆は、チャーチルのこの言葉をまさに青天の霹靂のような思いで受け止めました。いえ、一般聴衆以上にこの言葉を聞き及んだフランス本国では、憤慨した人々が多くいました。ついしばらく前まで、ドイツとフランスは戦争状態の中に置かれていたのです。さらに、たとえいつの日かドイツと友好関係を回復する日が訪れるにしても、それは決して自分たちと〝対等な立場〟でなされる事柄などではありえない――フランス国民の大半は、そう考えたのです。

また、戦後ヨーロッパの再建と復興に関して、たとえ決定的な役割とまでいわないにしても、フランスには明白に一つの役割を担う資格があるはずだ。それに対して、敗戦国ドイツはもっと小さな存在であるべきだし、より低い役割の分担にとどまるべきではないのか。そうしてこそ、この国は再び戦争を引き起こすことのない国家になれるのではないか。

フランス国民のこういった一般的感情は、戦後数年間この国の政治家たちの間にも同様に存在していた対ドイツ観だったのです。フランスの政治家たちは、こう考えていました。すなわち、戦後ヨーロッパの再出発を問題にする際、フランスが受け入れ可能で対等なパートナーを想定するとしても、それは断じてドイツなどではない、フランスとの対等なパートナーは他のどの国でもない、先ずイギリスでなければならないのだ。対等な友好関係の確立は、第一義的にこの隣国の間に想定されなければならない。

ところが、こうしたフランス政府の態度は列島国家イギリス、かつてはヨーロッパで最強の帝国でもあったこの国の政治家たちにとって許容の限度を超えていたのです。彼らにとっては、かつての大英帝国がドーヴァー海峡を越えた大陸ヨーロッパの国々と〝対等な〟パートナーシップを結ぶことなどとても考えられないというわけです。イギリス人には、そうした自負と認識がありました。そうしたイギリスの名誉ある国家主権を、そう簡単に放棄するわけにはいかないと彼らは考えたわけです。換言すれば、イギリス人政治家たちは、戦後ヨーロッパをめぐる復興理念、すなわち〝ヨーロッパの家〟建設に最初から否定的だったということです。彼らの拒否的・消極的対応は、例えば当時の与党労働党が打ち出した見解にもはっきり見て取ることができます。

「どのような点から考えても、イギリスにとっては、地理的遠隔さといった距離感は別としても、大陸ヨーロッパ諸国以上に、オーストラリアやニュージーランドの方が、はるかに強い親近感を抱くパートナーなのだ」。

一九四八年に入ると、ドイツ占領地域の西側、すなわち〝西ドイツ〟の政治的独立が確実になってきました。しかし、それに対してフランス国内では危惧する声が増大しました。フランス国民一般の心配は、いずれ誕生する新生ドイツが再び国力を蓄えて自分たち隣国を攻撃するようになりはしないだろうかというものでした。フランスとしては当然、この事態を何としてでも阻止しなければなりません。しかし、では、それはいつ、そしてどのようにして可能なのだろうか——これは、難問です。

この大問題に対して、個性と独創性に溢れたあるフランス人が、これまた大変ユニークな着想をし、奇想天外のアイデアを提出したのです。それが、ジャン・モネなる人物です。後日、彼は多くのヨーロッパ人から〝戦後ヨーロッパ世界の父〟と呼ばれるに至ります。モネの家は、伝統的に大変繁盛したコニャック製造会社を経営し、国境を越えた国際貿易を手広く展開していました。そうした経緯もあって、彼もすでにその幼少時から広い世界に通じていた人間でした。モネの社会活動も、単なる企業分野の活動にとどまりませんでした。

銀行マンとして彼は数年間アメリカ・ニューヨークで働いた経験もありました。第一次世界大戦後には、国際連盟に関係した仕事をしています。また、一九三二年に彼は中国の鉄道敷設の業務に従事し、六年後ルーマニアとポーランドの国家経済顧問としても活動したことがあります。

第二次世界大戦後、彼はフランス政府のもとで経済近代化計画局局長に就任し、精力的に経済問題と取り組んでいます。しかし、幅広く豊かな国際的視野と感覚を所有していたモネ、このコスモポリタンは、母国フランスに対してと同様にヨーロッパ近隣諸国、とりわけ西ドイツに対して、大きな関心と共に正確な認識を所有していた人物でした。

敗戦国ドイツは，1949年10月パリで開催された国際会議（OEEC）に戦後初めて“ドイツ人”（フランス語 Allemogne）としての正式参加が許された。ドイツ連邦共和国（BRD）発足後１年半の未熟な共和国にとって，これはきわめて重要な第一歩となった。すなわち，戦後ドイツがヨーロッパ諸国の一員に復帰するための第一歩であった。

これが、フランス国内の多くの政治家たちとモネとの相違点でした。彼は、ヨーロッパ戦後世界の復興が、単なる夢想や美辞麗句の羅列によっては可能とならないこと、むしろたとえ小さくとも、しかし具体的な第一歩を実際に踏み出すことによって初めて可能になるのだと確信していました。

こういった理解と背景のもとで、モネはきわめてユニークな着想を表明するに至るのです。彼は、次のように考えました。ドイツが、将来戦争を決して引き起こさないよう事前にその野望を阻止するためには、何よりも先ずドイツが所有する石炭と鉄鋼の生産を、一国家を超えたより高い次元で構成された国際機関によって監視すればよいという考え方です。

戦争の遂行上最も重要視される物質は確かに石炭であり、鉄鋼です。モネは、自身の奇想天外のこのアイデアを外相ロベルト・シューマンに持ち込みました。説明を聞いたシューマンは、直ちにモネのアイデアを採択しいわゆる〝シューマン・プラン〟にまとめ上げます。同時に、彼はこの奇抜な着想を成立直後のドイツ連邦共和国初代首相コンラッド・アデナウアーに伝えその真意を説明するのです。

アデナウアーは、シューマンの提案を前向きに受け止めようとしました。というのも、彼の念頭には祖国ドイツをできるだけ早くヨーロッパ戦後世界の中で対等な一員にまで引き上げていきたいという切なる願いがあったからです。シューマン提案の中に、アデナウアーはそうした願望が実現される大きなチャンスを読み取り直ちに同意することができたのです。間もなく、シューマン外相は内外記者団を前に「シューマン・プラン」を発表しました。一九五〇年五月九日のことです。ここに、その一節を紹介しておきましょう。

「フランス政府は、ドイツとフランスが所有する石炭および鉄鋼生産のすべてを、共同で管理する最高決定機構のもとに置くことをここに提案したい。同時に、この国際機構は他のヨーロッパ諸国に対しても広く参入門戸を開いている組織であることを申し述べておきたい。

石炭および鉄鋼の生産をすべて共同で管理・規制することは、その次に来る作業工程として、共に経済発展を進めるために共通の基礎構築を始めることを意味する。これは、ヨーロッパ連盟構築にとって第一の段階になるといえよう。
同時に、この措置の決定によって、長い歳月武器の生産に従事させられ、しかも戦争では最大の犠牲を強いられた両国の石炭・鉄鋼生産地域の状況は大幅に好転するであろうと確信する。
石炭と鉄鋼の生産と管理に共同責任を負うことは、フランスとドイツ間にはもはやいかなる戦争も想定されえないことを意味する。それだけではなく、この共同開発と規制は両国間の戦争が、将来実際的にも、物理的にももはや不可能となることを物語るのである」。

内外に向けて発表されたシューマン外相のこの声明は、戦後ヨーロッパ世界に一大センセーションを巻き起こし、大きな驚きを持って受け止められました。〝シューマン爆弾〟が投下されたとすら評されたほどです。しかし、まさにこの時から、戦後ヨーロッパ世界は悲願の統合化に向かって、確実な一里塚の第一歩を歩み始めたといえるでしょう。

もちろん、これら一連の動きがモネやシューマン、あるいはドイツのアデナウアーにおいても、第一義的にはそれぞれの国益と目的に即して展開された結果であったということは、二言を要しない事実です。この点は疑う余地のない政治外交上・国際関係上の既成事実です。

数週間後シューマンによるこの提案は、具体的で可視的な成果を上げるに至りました。一九五〇年六月、フランス、西ドイツ、イタリア、ベルギー、オランダ、そしてルクセンブルクの六ヶ国はシュー

「ヨーロッパ石炭・鉄鋼共同体」調印式。写真中央には，モネが見える。彼の右隣りはシューマン。写真左から２人目が，ドイツ代表団主席のヴァルター・ハルシュタイン。

マン・プランを土台とした外交交渉を開始したのです。翌年四月一八日、パリに参集した各国首脳は、「ヨーロッパ石炭・鉄鋼共同体」に関する相互協定に調印をします。

この共同体は、別名石炭・鉄鋼連合とも呼ばれています。この共同体の主要任務を、わたしたちは以下の一文から明確に理解できるはずです。

「この共同体の主たる任務は、加盟各国における経済活動の活性化と雇用の促進と増大、あるいは国民生活の向上に最も適切な貢献をなすことにある」。

しかしながら、任務の適切な遂行のためには加盟六ヶ国がそれぞれ自国の中で所有しているさまざまな権限を一国の枠を越えた国際的な指導組織、すなわち超国家的上部官庁に譲渡する義務が生じてくるはずです。そこで、新規組織されたのが、全加盟国の承認を経て構成メンバーが任命され誕生したより上位に位置する〃国際官庁〃です。構成員は、原則的に各国政府の命令や指示には一切拘束されません。しかし、彼らがそれぞれ自国の国益や思惑に振り回される局面も十分ありうるはずです。

そこで、別組織の〃諮問委員会〃が設置されたのです。構成メンバーは、加盟六ヶ国から送り出された各国議会の政治家たちです。彼らの主要任務は、右記、国際官庁の業務を監視することにありました。この委員会には、委員三分の二以上の承認を獲得できればいつなりと国際官庁関係者を更迭できる権限が付与されていました。

さらに、共同体加盟国政府がそれぞれ送り出した閣僚たちにより構成された〝閣僚委員会〟が併設されました。彼らの主要任務は、国際官庁当局が打ち出す政策と加盟六ヶ国によって舵取りされる経済政策が、できるだけ齟齬《そご》をきたさず、調和が保たれたかたちで執行し推進していかれるようにさまざまな配慮をするところにあります。最後に、当然ながらこの石炭・鉄鋼共同体内の諸組織や加盟六ヶ国の市民たちが法的側面からいつでも上告可能な司法組織の発足が必要です。すなわち〝共同体司法裁判所〟の新設が決定されました。

六ヶ国がこの〝共同体〟への加盟を承認し、その相互協定に調印し合ったのには当然各国それなりの国内事情や思惑、あるいは目的があったに違いありません。けれども、そこに国益優先という一国中心主義が存在したとしても、一九五〇年代初期のこの時点で大陸ヨーロッパの六ヶ国がこうした性格と方向性を持つ共同体を協力し合いつつ発足させたという事実は、歴史的にもきわめて深く積極的な意味を持っているというべきでしょう。

なぜならば、世界大戦終結後、数年も経たぬうちに、それまで憎き敵同士であったヨーロッパ諸国が〝一致し、心を合わせて、共に生きる場所〟(Gemeinschaft) の建設を決心したからです。これは恐らく世界史に、類例のない大快挙であったと考えるべきでしょう。

Drama 46

再軍備への道程と危機——米ソ対立とヨーロッパの苦悩

一九五〇年六月二五日、東アジアの朝鮮半島で内戦が勃発しました。ソ連の支援を受けた共産主義国・朝鮮民主主義人民共和国（北朝鮮）が、半島北緯三八度線の南方に位置する大韓民国（韓国）に対する侵攻を開始したのです。朝鮮戦争の開始です。

地理的に、ヨーロッパ大陸とは隔絶した東アジアの一角で開始されたこの内戦は、一見ヨーロッパ世界とは何の関係もないかのように思われたのですが、事実は決してそうではありませんでした。西側自由主義諸国の政治家たちには、この戦争がヨーロッパ世界に向かって警鐘を乱打していると映ったのです。

彼らは、久しい以前から危惧していた事態が今東アジアで現実化したのだとの思いを禁じえなかったわけです。すなわち、朝鮮戦争の勃発は攻撃的膨張政策を増幅させてきた共産主義国・ソ連の具体的行動の一端である、その後に続く攻撃の標的は間違いなくドイツに違いないと考えたのです。これは絶対阻止されなければならないというわけです。

そこから、アメリカ合衆国はヨーロッパにおける自国の存在意義と役割のさらなる強化を考えます。

しかし、同時にアメリカは新生西ドイツに対して、たとえ誕生したばかり（建国一九四九年五月）とはいえ自国の防衛と西側ヨーロッパ世界の防衛に〝実効性を伴った一定の軍事的貢献〟をすべきであると要請しました。要するに、新生ドイツも軍隊の創設をしてもよいのではないか、という提言に他なりません。合衆国のこの提言は、多くのヨーロッパ諸国、とりわけフランス国内に想像もできないほどの不快感を呼び起こしました。これは想像に難くない事態です。フランスのこうした国民感情と並んで各国政府には朝鮮半島についで、共産主義勢力の西ドイツ攻撃をドイツ自らが防衛すべきであるとの要望も存在したのです。また、各国政府は合衆国が同じようにこの点を強く西ドイツに要求するであろうことも十分知っていました。

ここに、目的矛盾とでも表現できる二律背反的選択が出現してきました。しかも、その解決は二者択一的でなければなりません。すなわち、一方で西ドイツにはいかなる軍隊の創設も許容すべきでないという主張があります。他方、その対極には共産主義陣営からの攻撃に対して、西ドイツも自主的な防衛手段を開拓し、西側の一国としてそれ相応の役割を担うべきであるという主張がなされたわけです。

この困難な択一的課題に対して、再度ユニークなアイディアを持って登場してきたのがジャン・モネです。彼は自分の構想をフランスの首相ルネ・プレヴァンに持ち込むのです。首相は即座にそれを採択します。そして、一九五〇年一〇月二四日、このモネ構想を内外に公表しました。それが、いわゆる〝ヨーロッパ防衛共同体〟の創設構想です。それを見ると、加盟国が保持するすべての戦力と兵器（軍隊組織）を一本に統合化された最高軍司令機構に結集し従属させることによって、軍事力の共同管理を行ってはどうかという提案がなされています。そうなれば西ドイツの新設軍隊も、いずれこのヨーロッパ防衛共同体の中に編入され、一本化された国際的司令部に従属することになるはずです。外部からの監視は十分可能になります。

一年半後、頻繁な交渉を経て各国政府はやっと協約締結を可能にする段階にまで到達しました。ところが、フランス議会の大多数が、ドイツの再軍備化に反対票を投じたのです。その上、フランスは自国の軍隊が他の国々の指揮下に編入される事態など、まったく受け入れられないと言明したのです。

当時フランスは国内事情として、すでに核兵器の製造と管理に立脚した独自の軍事戦略構想を展開し始めていました。それゆえ、この国は自分が独力でもって開発した核兵器が、国境を越え〝ヨーロッパ化〟されることには、最初から反対だったわけです。こうして、ジャン・モネが提唱したヨーロッパ防衛共同体の構想はここに完全に破綻をきたしてしまいました。しかし、もちろんこのまま座視し拱手傍観するわけにはいきません。いったいどのような解決の道があるというのでしょうか。

フランス政府のこうした否定的反応に直面した他のヨーロッパ諸国は、ヨーロッパ大陸の未来が今予測できないほど深刻な破局に直面しているのではないかと嘆きました。こんな状態が今後も継続するならばソ連は西側陣営のこの不一致をむしろ喜ぶだろう、その攻撃的膨張政策にますます拍車をかけることになるだろう。フランスの態度はそうした口実を与える契機になってしまうに違いない。彼らはその点を憂慮したのです。

しかし、いつまでも傷ついた者同士がその傷を舐め合っているわけにはいきません。時間の余裕など、西側ヨーロッパ諸国にはないはずです。可能な限り早急に瓦解した防衛共同体構想に代わる組織を、新たに発足させせなければなりません。

そうした状況下アメリカ合衆国の強力な指導のもとに、北大西洋条約機構（NATO）が、一九四九年からすでに西側の防衛機構として機能し始めていました。アメリカはこの防衛同盟への連結を申し出てきたのです。そうすれば、西側自由主義諸国も軍事力の全体を一体化できるではないかという論理です。

一九五四年九月から一〇月にかけて、九ヶ国からなる国際会議がロンドンで開催されるに至ります。参加国は、アメリカ、カナダ、イギリス、フランス、ベルギー、オランダ、ルクセンブルク、西ドイツ、そしてイタリアです。この会議で各国が達した合意とは、第二次世界大戦終結後の敗戦国処遇案件の一つ「占領条例」を正式に撤廃すること、ドイツ連邦共和国を戦勝各国と同格の権利と義務を保持するメンバーとして、北大西洋条約機構に迎え入れる点に関してでした。これによって、西ドイツは今や再び独自の軍隊組織を保持することが認められるに至ります。それと共に、ヨーロッパ防衛に対して他の加盟国と完全に同等な〝共同責任〟を担うことが求められる立場に身を置いたのです。

しかし、まさにそれがフランス議会の猛反発を受け、西ドイツの再軍備を何としてでも阻止せねばという国民感情を誘発する原因になったことはいうまでもありません。フランス国内に、依然としてドイツに対する反発の感情が強く支配していたということです。とはいえ、その間こうしたNATO連携案や独自の防衛同盟の発足をめぐる困難な多くの折衝がなされたとしても、結局西側自由主義諸国全体としては、フランスの過度の反応を抑えつつ一歩前進を図らざるをえなかったというべきでしょう。こうして、ドイツ連邦共和国は第二次世界大戦が終結して一〇年後に、主権国家として正式に北大西洋条約機構に加入することが許されたわけです。

こうした西側諸国の動向に対して、東側陣営の統率者スターリンはあらゆる手段を行使して、西ドイツの北大西洋条約機構加入を阻止しようとします。彼は一九五二年三月、他の戦勝国ドイツ占領軍司令部、すなわちアメリカ、イギリス、そしてフランスに対して提言をします。その提案とは、すでに政治権力として存在するドイツの二国家（東西両ドイツ）を一本化し、中立性を持たせた〝全ドイツ〟にし、しかもその新国家を戦勝連合軍の管理化に置いてはどうかという内容でした。スターリンのこの提案が、本当に彼の真実な熟慮に基づくものだったのか、あるいは単に西ドイツの西側陣営への傾斜を何としても阻止したいという戦略上のものだったのか、この真偽に関しては現在も論争の一大テーマになっています。けれども、スターリンによる提案の真意がどこにあったかは別として、この提案に対する西側諸国の反応は、最初から拒否的なものでした。

ですから、西ドイツが西側の防衛同盟（ＮＡＴＯ）に加盟したわずか九日後、すなわち一九五五年五月一四日に、ソ連は即座に東ヨーロッパ全域を視野に入れた独自の防衛同盟を発足させて西側軍事同盟に対抗しようとします。これが、いわゆる〝ワルシャワ条約機構〟と呼ばれる東側陣営の軍事防衛同盟です。

この機構には、盟主ソ連を筆頭に、アルバニア、ブルガリア、ポーランド、ルーマニア、チェコスロヴァキア、そしてハンガリーが加盟を決定します。この数ヶ月後に、ドイツ民主共和国では最初の〝国家人民軍〟が創設されるのですが、その翌年国家人民軍もこのワルシャワ条約機構に加盟するに至ります。

東西の両陣営は、こうして相互にますます厳しく対決し合う関係、もはや和解など不可能な対立関係へとのめり込んでいくようになります。米ソ両陣営いずれも、集団的軍備拡張政策を推進し、とりわけこれら二超大国は内部に核兵器使用の可能性まで秘めた緊張と対立の状態へ互いに変貌していきます。アメリカとソ連が所有する核兵器には、すでに当時の時点で地球上のすべての国を数回も破壊し尽くす殺傷能力があるといわれていました。

そうした恐怖と緊張から当時世界の人々は、自分たちが生きている時代を〝恐怖の均衡〟下の時代と表現したほどです。米ソの軍事対決の現実をそう表現したわけです。これはまさにアメリカとソ連が、それぞれの軍事拡大路線を通して対峙・対決する時代の現実を見事に指し示す言葉だというべきでしょう。

上空から撮影された「ベルリンの壁」。ブランデンブルク門の前で着工されたこの“壁”工事は，ほぼ完成に近づいている。当時東ドイツ（DDR）は，この壁を“西側ファシズムを遮断する防壁”と位置づけていた。

ヨーロッパ大陸のど真ん中を、今や一本の新しい〝政治的境界線〟が引かれるという事態が、新たに出現しました。この境界線を、イギリスのチャーチル首相は〝鉄のカーテン〟と呼びました。その後、彼のこの言葉は世界の隅々にまで知られるに至ります。そして、米ソ間の鉄のカーテンを最も象徴的なかたちでわたしたちに物語る現実が、ドイツの〝ベルリンの壁〟ではないでしょうか。

周知のように、ベルリンの壁は東ドイツ政権首脳が一九六一年八月に敷設した遮断壁で、建設目的は自由を求めて西側諸国へ亡命しようとする東ドイツ国民をその〝壁〟の前で阻止することにありました。このベルリンの壁以上に、深刻なヨーロッパの分断と対立を象徴する存在はないといってよいでしょう。

Drama
47
「ヨーロッパ経済共同体」（ＥＥＣ）創設の道程

防衛共同体構想の挫折は〝ヨーロッパ・プロジェクト〟（モネ）の実現にとって苦痛に満ちた一歩後退を意味しました。しかし、共にこの大陸に生きるヨーロッパ人は、それに屈することなく確信を持って自らの進むべき道を探し求める努力を続けます。そうした摸索の推進力になったのは、やはり今回もフランス人のジャン・モネでした。

彼は同国政府との間で認識の相違をきたした結果、石炭・鉄鋼共同体の責任者を辞し、新規にヨーロッパ合衆国の実現に向けた「具体的行動委員会」を立ち上げます。モネはこの委員会のメンバーとして、ヨーロッパ諸国の政党と労働組合の重鎮たちに参加を呼びかけるのです。彼らと共に、計画の実現に向けた新しい構想やアイディアを開発しようと考えたからです。この委員会は、石炭・鉄鋼の生産同様、経済に関する他の諸領域が統合化された形式のもとに機能する組織を念頭に置いた提案をしました。すなわち、ここでも石炭と鉄鋼を除く他の経済領域の〝ヨーロッパ化〟が主要コンセプトになっているわけです。それと並んでもう一つ委員会が提案した案件がありました。原子力の平和利用とその共同管理です。原子力エネルギーの正しい創出は、コスト削減への努力を惜しまなければ増大一途を辿るヨーロッパのエネルギー需要を、十分満たすことができるはずだ。そうなれば、海外か

ポール・アンリ・スパーク（1899〜1972）。ベルギー人の社会主義者。彼は「ヨーロッパ統合」に向けた胎動初期の功労者の一人である。さまざまな領域で重責をこなし，「ヨーロッパプロジェクト」実現のために重要な役割を担った人物でもある。

ら原油を輸入するという依存状態からも脱却できるのではないか——モネたちはそう考えたのです。

モネ個人は、この原子力の平和利用とその可能性について、非常に大きな期待をかけていた人間でした。そこで彼は自分のそうした着想を実際に推進してくれそうな人物を、ヨーロッパの政治家たちの中に物色したのです。そこで彼はまさにうってつけの人物を見出しました。ポール・アンリ・スパークです。彼はベルギー国外相でした。このスパークが担う役割は、いわば石炭・鉄鋼連合の準備段階でフランスの外相シューマンが果たした役割と同様であるといってよいでしょう。

一九五五年四月二日、スパークは石炭・鉄鋼共同体に加盟する国々の親しい友人・同僚五人に一通の手紙を書き送るのです。その書簡の中で、彼はかつて挫折したヨーロッパ合衆国構想を再浮上させ、その実現化のために国際会議の開催を熱っぽく呼びかけたのです。その際、彼はモネから聞いていた計画をより具体的に提起しています。しかし、パリとボン、すなわちフランスと西ドイツの政界指導者たちが示した反応は、どちらかといえば冷淡で消極的なものでした。

特に、硬直気味の中央集権国家制度に支配されたフランス経済は、モネやスパークの提案に従って国内経済を国境を越えたヨーロッパ市場にまで拡大させるならば、国際競争力の面ではるかに劣る現状を危惧したのです。ドイツについて一言すれば、経済閣僚のルートヴィヒ・エアハルトは次のように考えていました。確かに、経済活動の自由な展開は歓迎するが、心配な点もある。経済の全領域が〝ヨーロッパ化〟されていくと、関係する国際官庁当局がそこに介入してきて、その活動が〝官僚化〟されすぎないかを恐れる。エアハルトはそう考えたのです。

さらに、原子力の平和利用のために〝ヨーロッパ原子力共同体〟を構築してはどうかとの構想の提案に対しても、六ヶ国の反応は千差万別でした。しかし、賛否に強弱があったとはいえ、最終的に二ヶ月後、各国はイタリア・シチリア島北東の都市メッシーナ開催の会議へ出席するに至りました。

ところが、驚いたことにすべての関係者が事前に立てた予測をはるかに超えて、このヨーロッパ会議がとても積極的な方向へと動き始めたのです。参加した国々は、互いに歩み寄り重要な案件に関してほぼすべて同意が得られたのでした。ヨーロッパ再建の〝機が熟した〟と多くの人々が感じ取ります。席上発表された共同声明に、次のような一文があります。

> 「参加六ヶ国の政府は、将来ありうるヨーロッパ合衆国の建設にとって、共同使用が可能な機構の新設、一国の単独経済を段階的に統合化すること、同時に六ヶ国共同の経済市場を開設すること、一国単位の社会政策を段階的に共有化する努力などが今緊急に要請されている点を相互に確認し合った」。

しかし、そうはいっても耳に快く響く流暢な声明文の起草と、実効性をそこに持たせ参加国すべて

「ローマ条約」（1957年３月25日）調印式の一風景。写真着席者中，左から５人目が西ドイツ（当時）首相コンラッド・アデナウアー（1876～1967）。

が現実にそれを受容できる合意や一致を実現することとは、まったく別の次元の問題です。まさに、そこからスパークを座長とする有識者専門委員会が組織されたのです。専門家集団の役割は、この声明文に盛られた個別課題の具体的実効化にあったはずです。そして、彼らは見事にこの重責を担いきったのでした。当時、多くの人々はこれを奇跡の業績だと賛辞を惜しみませんでした。

　一九五七年三月二五日、ローマで、ヨーロッパ経済共同体（英訳ＥＥＣ）とヨーロッパ原子力共同体（ＥＵＲＡＴＯＭ）の正式な発足に向けた条約締結式が盛大に執り行われました。高邁な理想主義者でもあったモネとスパークにとって、この後者は必ずしも満足すべき内容ではなかったようです。しかし、前者の経済共同体創設は、将来実現されるべき〝ヨーロッパの家〟建設にとって大きな礎石になりうるという意味で、彼らが期待した通りの成果が得られたはずです。この経済共同体に関する条約の中心点は、関税同盟の立ち上げです。

　これは、条約締結国内部と関税事務所が置かれている国境地帯で生産物や資本、あるいは労働の分野における相互往来を可能な限り円滑に推進することを主要目的としたものです。関税同盟の完成予定年月は、移行措置に伴う諸問題を考慮して、一二年から一五年に設定されました。また、共同市場の開設についても、それを単に国際貿易領域に限定せず加盟六ヶ国の国内経済や生産物の交易をも正しく視野に入れて推進される必要がある、との合意がなされました。

発足したこのヨーロッパ経済共同体を機構面から見るならば、ただ一点を除けば、先輩格の石炭・鉄鋼共同体と酷似している形態を保持していると考えてよいでしょう。しかし、この一点の違いが、実は大変重要なのです。両者の決定的な相違がそこに見られるからです。

先ず、石炭・鉄鋼共同体の機構でより高い位置に置かれている〝上級官庁〟は、名称が〝EEC委員会〟と変更されました。しかし、この委員会組織は、自分が保持する権限を新設〝閣僚理事会〟に全的譲渡しなければならないのです。つまり、組織上の最終的決済権が、高位の機構である〝委員会〟(石炭・鉄鋼共同体の〝上級官庁〟)にではなく閣僚理事会に付与されたわけです。したがって、委員会はいわば〝ヨーロッパ政府〟の役割を担って、このヨーロッパ経済共同体全体の利益を代弁・擁護する機関となります。これに対して、閣僚理事会にはこの経済共同体に所属する国々の利益代弁者という任務が課せられます。もちろん、ヨーロッパ経済共同体の共通目標の達成という点ではこの両者が終始相互補完関係に立つべきであるのはいうまでもありません。

この新しいヨーロッパ経済共同体が、その後の歴史において獲得した大きな成果と成功は、まことに目を見張るものがあります。しかも、その程度は熱烈な〝EEC推進者〟たちの当初の予測をはるかに超えたものだったのです。例えば、一九五八年から一九六二年に及ぶ加盟諸国の国内総生産高(GDP)の達成結果を見るならば、それは平均二一・五パーセント上昇しているのです。この比率は、同時期イギリスの一八パーセントやアメリカ合衆国の一一パーセントと比較して考えるならば、明白に理解できるはずです。さらに、工業生産指数の実績でもヨーロッパ経済共同体ではこの歳月で三七パーセント上昇しています。これもイギリスの一四パーセント、アメリカの二八パーセントという数字と比較してみるならば、成長率の高さを容易に確認できるでしょう。

この数字は一九五七年に出発したヨーロッパ経済共同体が、その域内に居住する一億七〇〇〇万人の国民や市民共々今や世界のど真ん中で通商・貿易上の重要なパートナーに成長したという事実を物語っていると見るべきです。換言すれば、ジャン・モネの理念と行動手法の正しさが、こうした実績によってあらためて証明されたということです。

ヨーロッパ合衆国の建設は、しばしばロマンチストが夢想するたった一回の大成功によって可能となるのではなく、堅実な第一歩、第二歩の蓄積の結果として初めて可能になるという真理の実証こそが重要なのです。それを彼は教えてくれたわけです。ヨーロッパの家は、段階的に構築されていくものなのです。しかも、段階が一つ前進することによって、そこに新しい別の展望が多領域にわたって開拓されていくのです。

こうして、ヨーロッパの家という共通概念は加盟各国の政治家たちや公官庁、一般企業、さらには街の散策を楽しむ一般市民たちの中に、少しずつ、しかし確実に根を張っていくようになりました。この点は今も同様です。〝ヨーロッパの一体化〟という思想は、少しずつ〝浸透する（spill over）〟し、社会のさまざまな階層へじわじわしみ込んでいくのです。

それが、最終的に政治の領域に浸透すれば、そこで政策の転換が起きるはずです。ただし、モネ自身は未来のヨーロッパ世界がどれほど成長していき、現在の六ヶ国に続いて今後どれほどの国々がこの共同体に参入してくるのか、あるいは加盟諸国間の結束や連帯がこれからどれほど必要とされてくるのか、といった諸問題に関して、何の解決案も道筋も提示しないまますべてを後世に託しつつ、一九七九年この世を去りました。

しかし、彼にとっては、結果や目的の単なる追求ではなく、むしろそこに至るプロセスそのもの、そこへと到達する道程のあり様の方がはるかに本質的な事柄だったのです。すなわち、一歩一歩の、しかし確実な足取りで、目標に向かって前進を重ねること――それこそが、モネには単純な目標の実現以上に重要な個人的関心事であったというべきです。少なくとも、彼はそう認識していたはずです。

モネは、ヨーロッパ社会の統合化を成就するその道程においても、こういった地道な前進が本質的な重要性を持つと考えたわけです。発足して間もない「ヨーロッパ経済共同体」は、その初期段階ですでに一定の成果を上げる中に第一歩が踏み出されたのです。この事実には、モネのいう意味においてきわめて本質的な意義があるといわざるをえません。

Drama 48

新しいヨーロッパ像の摸索――諸国家の連合体か、運命共同体か

ヨーロッパ経済共同体に加盟した国々は、戦後ヨーロッパの本質的問題をイギリスを交えて共に話し合い解決を図りたいと考え、この国にも積極的参加を要請してきました。しかし、列島国イギリスは、石炭・鉄鋼共同体の発足時に見せた態度同様に、大陸のヨーロッパ諸国からの要請や勧誘に対して終始拒否的対応をし続けるのです。すでに一九四六年、ウィンストン・チャーチルが第二次大戦後の初代イギリス首相として〝ヨーロッパ合衆国〟創設を熱っぽく提唱した経緯があったにもかかわらず、この時期のイギリス政府はヨーロッパ大陸との間に意識的な距離を置いていたのでした。

他の箇所でも言及したところですが、この国の政治家たちには大陸のヨーロッパ諸国よりもかつて共に〝偉大な大英帝国〟（Great British Empire）を構成してきたイギリス連合王国に所属する国々、ニュージーランドやオーストラリアなどの方が、はるかに強い親近感を覚える仲間（パートナー）でした。その上、イギリスにはアメリカ合衆国との〝特別な関係〟（special relationships）が存在する――そのように彼らは主張するのです。こうしたプライドがありました。これら諸国の後に、やっと大陸に存在するヨーロッパ諸国との国際関係が登場するというわけです。しかも、それは終始一定の意識的距離を置いた関係であるという思考論理です。

しかし、五〇年代後半になると誰の目にも明白になってきた事実があります。かつて世界を支配した大英帝国も、今や崩壊同然の現実に直面しており、戦後超大国となったアメリカ合衆国との間にあったと彼らが主張する〝特別な関係〟も、今や次第に脆弱で微妙な関係へと変質してきているという冷厳な現実です。

こういった現実を突きつけられたイギリスは、そこからドーヴァー海峡を越えた大陸ヨーロッパ諸国に接近することが、国策として賢明であると判断したわけです。とはいっても、ヨーロッパ経済共同体への加盟論はまだまだ論外でした。自国の権限が一国を超えた国際諸機関に移行する、あるいは譲渡されるなどという事態は、この国では当時到底想定もできなかったからです。ですから、イギリス政府はヨーロッパ経済共同体の代替案として、より大規模な自由貿易地域の発足を提案したのです。イギリスの理解では、この構想が実現すればヨーロッパ経済共同体に属するすべての加盟国の間の通商・貿易業務が、もっと自由に展開されていくはずだというのです。このイギリス案に対して経済共同体の加盟諸国は、当然のことながら異議を唱え、却下しました。イギリスから出されたこの提案は、大陸ヨーロッパ諸国がそれまで鋭意努力し推進してきたヨーロッパ全域の統合化プロセスの否定を意味すると判断されたからです。

しかし、イギリスは直後これに対抗するかたちで、デンマーク、ノルウェー、オーストリア、スウェーデン、さらにはスイス共々、ヨーロッパ自由貿易連合（ＥＦＴＡ）を立ち上げるのです。こうなると、一九六〇年以降ヨーロッパの西部地域に二大経済同盟がいわば〝互いに競合し合う関係として存在することになります。ところが、日常業務の領域における競合の要素は、比較的少なかったのです。反対に、ヨーロッパ自由貿易連合参加国とヨーロッパ経済協同体加盟諸国との間には、より活発な通商・貿易が展開され、しかも規模は後者の機構（ＥＥＣ）が前者（ＥＦＴＡ）に比べはるかに大きいという事実が判明してきたのでした。間もなく、ヨーロッパ経済共同体が組織として成功に満ち溢れ、将来性を秘めた通商や貿易上の優れたモデルになりうるという事実が明白になってきました。

ただし、本来の目標であるヨーロッパ全域の統合化の歩みが、その後何の摩擦もなく推進されていったわけでは決してありません。とりわけ、フランス大統領シャルル・ド・ゴールはヨーロッパ全域の統合化プロセスにとって〝足かせ〟の役割を果たしたといってよいでしょう。

ド・ゴールの頭の中にあるのは、国民国家という思想であり、発想です。これらは、彼の中で長い歳月国際関係を展開する舞台上できわめて重要な役割を果たしてきました。ド・ゴールは、政治家としての自分の第一義的義務が、国民国家フランスの地位の確立と向上にあると理解していました。母国フランスの国際的地位を高めることによって、アメリカ合衆国、あるいはソ連といった世界の超大国と対等につき合っていくことが、彼の宿願だったのです。彼にとって自身が「ヨーロッパ人である」のは、このようなフランスの目的達成にとって、西ヨーロッパ自由主義諸国が障害物にはならない限り、あるいは役立つ限りにおいてのみでした。しかし、その際彼が頭に描いていたヨーロッパ像は、すでに触れたようにジャン・モネや三分野のヨーロッパ共同体建設時の〝父祖たち〟と共有できる内容を全く持ち合わせていない異質なものでした。いわんや、ヨーロッパ合衆国（チャーチル）構想とか、大幅な一国の権限移譲が想定されるヨーロッパ議会やヨーロッパ委員会の構想などは、彼にとって最初から受け入れられない構想だったのです。むしろ、それぞれの国家がそれぞれ祖国を持つ上に成立する「国家連合体としてのヨーロッパ」がド・ゴールの最も重要なヨーロッパ像でした。諸国家の連合機構としてのヨーロッパ――それが、ド・ゴールのヨーロッパ共同体構想です。確かに、そこでは各国間の可能な限り親密な共働関係の推進が語られてはいます。しかし、その際各国の国家主権はそのまま不可侵領域として保持されなければなりません。

こうしたド・ゴールのヨーロッパ構想に不満と不同意を表明したのは、ヨーロッパ経済共同体加盟諸国の中でも特に人口密度の希薄な国々でした。彼らは、ヨーロッパ地域の一体化をもっと強力に推進すべきだとの認識に立っていました。ですから、彼らはむしろ、イギリス政府が一九六一年初めて経済共同体へ加盟申請をしたことを歓迎したのです。

しかし、これに対してフランスはすげなく反対票を投じました。断固反対したド・ゴールの頭には、イギリスはアメリカ合衆国がひそかに送り込んできた〝トロイアの木馬〟ではないかという疑念が終始ありました。彼の主張によれば、イギリス人はむしろこの経済共同体への加盟が承認されれば、それを利用して内側からこの機構を破壊しようとしているのではないのかということになります。

ド・ゴールは、同様な対応を新しくアメリカ大統領に選出されたジョン・F・ケネディに対してもするのです。ケネディは、一九六二年七月に、いわゆる〝ケネディ大構想〟を発表したことで知られています。そこで、彼は次のような提言をしています。

「アメリカ合衆国と今後実現されるであろうヨーロッパ合衆国、わたしはイギリスもここに入れるべきだと考えているのですが、これら二つの合衆国は、将来大西洋パートナーシップを構築し

アメリカ合衆国の青年大統領ジョン・F・ケネディ（1917～1963）は，1962年7月の演説を通して，「大構想」を発表した。

ていかなければなりません。
これらの加盟諸国は、政治的、経済的、社会的、あるいは文化の領域において、完全に対等な関係に立たなければならないでしょう。唯一の例外を除いてです。その例外とは、核兵器の開発と所有です。この核兵器を、アメリカ合衆国が管理し、他のすべての大西洋パートナー諸国をその視野の中に入れたいと申し出ている時に、ヨーロッパ大陸の皆さんがあえて多大の労力や多額の金を浪費してまで、核兵器の開発に当たる必要などないのではないでしょうか？」。

しかし、ド・ゴールはこのケネディ大構想を鼻で軽くあしらい空中にポンと捨て去ってしまうのです。彼はイギリスの二度目の加盟申請もあっさり拒否してしまいます。表面的理由は、イギリスにはまだ加盟に十分な成熟が見られないというものでした。

その上、彼が内外に公表したのはフランスがいずれ独自に核兵器の開発と製造を開始するであろうということ、しかし北大西洋条約機構もアメリカ合衆国も決してこの案件に介入することなど許さないという態度表明でした。ド・ゴールは、こう言明しています。

「これまで度々申し上げてきたことを、わたしはここでもう一度くり返しお話します。

すなわち、フランスはすでに自国の防衛は自身の責任で推進可能な段階に達しているのです」。

フランスを何とかヨーロッパ共同体構想の中、あるいは北大西洋同盟の中へ引き入れようとするヨーロッパ諸国の努力を、ド・ゴールはことごとく拒絶したわけです。けれども、こうした頑固な拒絶に反比例するかのように、彼はドイツへの接近に熱意を傾けるのです。

しかし、戦後ドイツの初代首相アデナウアーはきわめて慎重でした。彼には、独仏両国の急速な接近が他のヨーロッパ諸国、あるいはアメリカ合衆国に対してそれまでドイツが維持してきた国際関係を、台無しにしてはならないという配慮があったからです。とはいえ、アデナウアーは最終的にフランス大統領を受け入れます。母国とフランスの和解の成就は、彼個人にとっても心に深く沈殿していた大きな課題だったからです。

一九六三年一月二二日、フランス・ドイツ友好条約が締結されました。この条約を通して、両国政府は双方にとって重要なあらゆる問題を話し合う協議体の設置に合意しました。とりわけ、外交と防衛上の諸政策、あるいは経済政策に関して共同歩調をとるという点で合意の確認がなされました。それは、現在も続いている案件です。それ以外に、文化に関する領域や青年交流において、両国が今後より緊密な連絡と共同歩調をとり合おうという合意も得られたのです。

しかし、独仏間のこうした〝特殊同盟〟を他のヨーロッパ諸国や経済共同体に加盟していた四ヶ国は激しく批判しました。彼らは、アデナウアーにいたく失望し、このドイツ首相はフランス大統領ド・ゴールに巧みに〝操られた存在〟でしかないとすら酷評したのです。イタリアとベネルクス三国

西ドイツ初代首相アデナウアーとフランス第５共和国初代大統領シャルル・ド・ゴールの会談が実現した。1961年２月９日。

の首脳たちは、このパリ・ボン枢軸関係の成立の中にヨーロッパ統合に逆行する危険な兆候を見ようとしたわけです。

けれども、両国の用意周到な外交戦略によってこの危機は何とか乗り切ることができました。とはいえ、巨視的に見ればヨーロッパ全域の統合化の理想は六〇年代に入り、停滞を余儀なくされたことになります。

一九六七年、イギリス政府はヨーロッパ経済共同体への加盟申請を提出します。二回目の申請です。しかし、再度ド・ゴールはこれを一蹴し申請を反故にしてしまいます。彼の後継者ジョルジュ・ポンピドーが大統領の座に就いてから、やっとフランス政府の態度に変化が見られるようになりました。

一九六九年一二月、ハーグで開催された加盟国会議で、ヨーロッパ経済共同体関係者は加盟希望のイギリス、イタリア、デンマーク、そしてノルウェーと本格的交渉を開始します。ところが、そうした中で一国、すなわちノルウェー国民が、政府による加盟申請の決定にもかかわらず国民投票を通して「加盟に反対」の結論を出してしまったのです。換言すれば、大多数のノルウェー国民は母国のヨーロッパ経済共同体参入を承認しなかったわけです。一九七三年、結局ノルウェーを除いた他の申請三国がこの経済共同体に受け入れられることになりました。

予期せぬ反対があったにせよ、関係者はさらに他のヨーロッパ諸国をこの共同体の中に受け入れようと努力を重ねます。一九八一年、ギリシアが加盟を認められました。続いて、スペインとポルトガルが一九八六年加盟国メンバーに加わります。その結果、ヨーロッパ経済共同体は加盟国数を発足時の六ヶ国からその二倍に当たる一二ヶ国にまで増やしていきます。しかし、同時に加盟数の増大と平行して多くの困難な課題にも直面させられることになりました。

一例を挙げれば、ヨーロッパ大陸南西部の国々（スペイン、ポルトガル、ギリシア他）では比較的立ち遅れた国内経済に競争力をつけて活性化させるために、ヨーロッパ経済共同体財政からの〝補助金〟を期待する傾向が顕著化したのです。これらの国々における農業振興のための補助金支給の是非をめぐって、ヨーロッパ経済共同体加盟国の内部で、収拾がつかないほどの議論と対立が沸き起こってきました。案件の最終的決定には、つねに全会一致の原則が遵守されていたからです。加盟一二ヶ国中、いくつかの国、とりわけ保守的な女性首相マーガレット・サッチャー率いるイギリス政府は、合議制による決定を原則とするこの経済共同体にとって、しばしば大きな阻害要因になったのです。

マーガレット・サッチャーは1979年からイギリスの首相を歴任した。人々は“鉄の女”と彼女を呼んだ。「ヨーロッパ経済共同体」は彼女によってしばしば発展の速度が鈍化した。

こうした内部不一致の現実は、ヨーロッパ世界全体を麻痺させる段階にまで進みました。とりわけ、海外諸国に対してヨーロッパ経済共同体内部の不和と不一致の現状をさらけ出すことになります。例えば、アメリカ政府などはこの現状に触れ、次のような皮肉に溢れたコメントをしているのです。

「われわれは、いったいヨーロッパ経済共同体に加盟しているどの国と交渉したらいいのか、まったく分からない！」。

アメリカ政府の多少思い上がった感もするこのコメントは、しかしこの時期におけるヨーロッパ経済共同体の赤裸々な現実を、的確に言い当てた言葉であるといえるのではないでしょうか。

それと共に、こうした不一致の現実を前にして加盟国の中にも反省が起きます。加盟諸国の中に、この事態を何とか変えていかなければヨーロッパの未来はないという切なる声が強く聞かれるようになってきたのです。

エピローグ　〝ヨーロッパ合衆国〟（USE）実現に向けて――二一世紀の展望と課題

七〇年代以降のヨーロッパ経済共同体の歩みは、楽観を許さない困難な問題と格闘しながらの毎日であったと総括できるでしょう。しかしながら、この歳月ヨーロッパ全域の統合化を戦後の悲願として掲げ出発をしたこの大陸の指導者たちは、休むことなくさまざまな計画や企画を立ち上げ、それらの実現に向けて多大な努力を重ねてきたのです。

一例を挙げれば、それはEEC加盟諸国の中にいわゆる〝域内市場〟を開設し、しかもその実際的導入を一九九二年までに実現しようではないかという一大プロジェクト構想に示される企画です。もし、この構想が現実化すれば、加盟諸国に生活する一般市民や企業関係者の諸活動、物資と生産物、あるいは資本の流入・流出や往来がほぼ完全に自由化されるはずであると経済共同体関係者は考えたのです。さらに、こうした広域の経済活動が摩擦なく円滑に展開されるためには、加盟諸国全域に新しい〝共通通貨〟を導入する必要があるのではないかという提案がなされました。後に、これは〝ユーロ〟導入によって実現されます。

ところが、大陸ヨーロッパの人間が、このヨーロッパ経済共同体を中心とした域内市場や、通貨同盟の新規開設問題をまだ机上で議論している間に、ヨーロッパ全域は、世界情勢、とりわけ政治領域における世界の状況が文字通り足元からラディカルに変革される、という歴史体験を否応なくさせられていくことになったのです。八〇年代から九〇年代にかけてのヨーロッパ大激変の時代が到来したわけです。

先ず、モスクワではソ連邦の若手指導者ミハイル・ゴルバチョフが権力の頂点に立ちました。一九八五年三月のことです。彼は、共産主義陣営が今後も歴史に生き残るためには、徹底した〝改革〟が不可避であると断言しました。彼は、そうした時代認識に不動の確信を持っていた人物です。当時、全世界を駆けめぐった彼の言葉に、〝ペレストロイカ〟と〝グラスノスチ〟という現代ロシア語があります。これらは、転換・改革、そして公開性・透明性などと訳出可能な言葉であり、同時に政治言語です。ゴルバチョフは、このキャッチフレーズを高く掲げてソ連のラディカルな改革に乗り出したわけです。

しかし、彼はそこで直ちに一つの自己撞着《どうちやく》、あるいは一大ディレンマに直面させられてしまうのです。改革における彼の最終目標は、ソ連を〝上から〟近代化し自由化することにありました。しかも、彼はその際改革をソ連共産党の指導体制と国家主導型の経済政策を温存させたまま、貫徹しようと構想したわけです。当然、着手された改革は徹底していない、生ぬるいと主張する人々が出現し、激しくゴルバチョフを批判し始めます。

しかし、その後の客観的事実としては、当時のソ連社会はゴルバチョフ以外の人間が彼に代わって改革に乗り出さずとも、それ以前に内部崩壊をしてしまったというのが実相でしょう。すなわち、この国で絶対権力の象徴だったソ連共産党が、実にあっけなく内部から瓦解してしまったのです。

では、ポーランド八〇年代の動向に少しく注目してみましょう。ダンチヒ造船所の労働者たちは、この国のカトリック教会に支えられて「ソリダーノス」（連帯）と命名された、しかし政府から完全に独立した労働組合の結成に成功しました。一九八〇年のことです。彼らの闘争目標は、労働者たちが帰依するカトリック・キリスト教の信仰理解と社会主義の根本思想を統合化することによって、人間性が豊かに溢れたポーランド社会を創造するところに置かれていました。当然、政府はこの労働組合「連帯」の活動を即座に非合法と断定し、禁止処分に付します。しかし、組合員たちは地下に潜伏していき、活動をさらに強化します。

一九八九年に入ると、地下運動はいっそう活発化し、ついに当局もこの「連帯」を正当な交渉相手として受け入れざるをえなくなりました。ここまで来て、運動体としてのこの労働組合はやっと正式な承認を獲得し、政府と正面から対話と交渉を開始できるようになったわけです。これが、後日世界に知られるに至ったポーランド式〝円卓会議〟の展開です。この会議は、共産主義政権側と労働組合「連帯」代表者たちとの間の最初の公的協議の場、そして貴重な交渉の機会になりました。「連帯」は、その後ポーランド全土で実に目覚ましい役割を果たすまでに成

演説するレヒ・ワレサ。彼はポーランドのダンチヒにあるレーニン造船所で電気技師として働いていたが，労働者たちの人権保障と待遇改善を求めてストライキが決行される中で，1980年８月に運動の総責任を担うに至った。ここから後に「ソリダーノス」（連帯）と呼ばれる全国的規模の反体制・民主化運動が広範に展開されていく。10年後彼は国民投票によって大統領に選出されたが，演壇に立っている本人もこれは予知できなかった出来事であっただろう。

長していきました。

一例を挙げれば、円卓会議の結果一連の国民自由選挙の実施がその後決定されていったのです。そして、この自由選挙の実施から、一党独裁国家ポーランドにおいて初めて多数決の原則が導入され、同時に「連帯」活動の主要メンバーでもあったタデウス・マゾヴィエスキーが民主改革後この国の初代首相に選出されたのです。

このようなポーランド民主化闘争の成功は、それまで一党独裁の共産主義政権のもとで押さえつけられてきたハンガリー、チェコスロヴァキアなど、東ヨーロッパ諸国の野党勢力を大きく鼓舞激励することになりました。ポーランドに触発されるかたちで、彼らもまた自国の政府当局に対して民主改革を強く要求するようになります。このような情勢の転換の中で、東ヨーロッパ共産主義圏の権力所有者たちは、民主主義の多数決原理に従って正式に発足した新政権に、主導権を徐々に譲歩せざるをえない立場に追い込まれていくのです。

東ヨーロッパ諸国の高揚した変革要求の中で、最も頑強にまた長期にわたって抵抗を試みた国が、実は東ドイツだったのです。当時、エーリヒ・ホーネッカーは、「社会主義の実現は、歴史的必然に属する事柄であって、その前進を阻止する障害物など、何一つ存在しない」とまで豪語していました。これは、東ドイツ国家評議会議長、そして共産党最高権力者としての彼の発言です。しかも、時期的には、その政権の崩壊直前、一九八九年一一月に語られた言葉だったのです。この年の秋、東ドイツ国内の至る地域、諸都市で自由と民主化を要求する市民たちによる激しい抗議と街頭デモ行進が展開されました。そのエネルギーが、同年一一月初旬の〝ベルリンの壁〟崩壊へと連動していったわけです。ホーネッカーは、党政治局の決議により公職を解任されてしまいました。

同年一一月九日の夕方、新たに成立した政権は東ドイツ国民の激しい自由と民主化の要求の前に屈服して、西ベルリンへ通じる境界検問所開門を許可せざるをえない立場へと追い込まれていきます。一九四九年以来、分断と対立の中に生きてきた東西両ドイツの市民たちは、この日崩壊した「壁」の上で再び〝一つの民族〟に復帰した喜びを分かち合ったのです。その祝宴は、長いドイツ史の中でもかつて体験しなかったほどに、圧倒されんばかりの熱気と歓声に包まれた瞬間でした。

ところで、ゴルバチョフソ連大統領は、こうした東欧改革に先鞭をつけるという重要な役割を担った政治家として、全世界から賞賛され、歓迎されもしました。しかし、同時に彼は、母国のソ連社会で改革をめぐる深刻な問題の前に立たされることになったのです。すなわち、彼の提唱によるペレストロイカとグラスノスチ政策に対する保守派勢力の激しい抵抗と反対がそれでした。彼は、先ず国内でこうした勢力と対決せざるをえなかったのです。

一九九一年八月一九日、ゴルバチョフ失脚をねらったクーデターが軍部と共産党保守派から発生しました。彼らは、大統領をクリミア半島の保養地に軟禁し、戦車三五〇〇台を出動させ、首都モスクワを包囲したのです。ゴルバチョフの追放と権力の奪

ミハイル・ゴルバチョフ（1931生まれ）とエーリヒ・ホーネッカー（1912～1994）。東ドイツ建国40周年記念式典での写真。この席上，ゴルバチョフ大統領が口にしたセリフ，「遅参者は相応の処罰を食らって当然だ」は，当時多くの場所で引き合いに出された。

「ベルリンの壁」崩壊。1989年11月 9 日，東西ベルリン境界壁崩壊の日，東西ベルリンの市民たちはこの「壁」の上で祝意を表し合った。

取を目的とした反乱です。しかし、このクーデターは最終的には当時モスクワ市長の座にあったボリス・エリツィンの卓越した指導のもとで展開された民主化勢力の前に、失敗に帰してしまいます。

ゴルバチョフも今や崩壊寸前のソ連を救済するためにさまざまな試みを始めようとします。しかし、すべてが水泡に帰し、結局自身が最高権力者の座から降りざるをえなくなるのです。彼に代わって、モスクワ市長エリツィンがクーデター以降、ロシア政治における最強の政治家として登場してくるようになります。彼は、国内の共産党活動を厳禁すると共に、内外に向かってソ連邦の解体、〝ロシア共和国〟の独立と主権を宣言します。そして、その初代大統領に自身が就任するに至ります。

ロシア共和国のこうした一連の動きを凝視していた近隣諸共和国、すなわちソ連邦の構成メンバーであった一四共和国は、自国の独立と主権をロシアをモデルに敷きながら要求する、あるいは宣言するようになりました。こうして、ソ連邦は解体し、歴史から姿を消していくわけです。「ソヴィエト社会主義共和国連邦」は一九九一年一二月三一日に、一九一七年一〇月のロシア革命以後続いてきた七四年の歩みに終止符を打つに至りました。長い年月と歴史を背後に持つソ連が、歴史におけるその役割を終えたわけです。消滅したソ連を継承したのは、それまでこの連邦共和国の中でつねに最高位の立場にあり続けたロシアです。この国も、他の東欧圏共和国同様に新生ロシア共和国としてあらためて世界史の舞台に登場してきます（国連「安保理」常任理事国は、ソ連崩壊後ロシアが引き継いでいます）。

東西ヨーロッパ諸国の国境に引かれていた〝鉄のカーテン〟が撤去されると同時に、新たに別の難問がヨーロッパ地域に出現してきました。それが、いわゆる〝ドイツ問題〟です。分断と対立の克服がなされ、統一ドイツがヨーロッパ大陸に再び誕生したのですが、この現実をヨーロッパの国々すべてが必ずしも大歓迎したわけではなかったのです。その一方で、ドイツでは、六〇年代後半に統一前西ドイツの首相を歴任したヴィリー・ブラントが、ベルリンの壁崩壊直後国民に向かって次のようなメッセージを発信していました。東西いずれであれ、分断ドイツを生き抜いてきたドイツ人の多くが、ブラントのこの言葉を深い共感と共に受け止めたのでした。

「わたしたちは、帰属可能なものを、共に育て上げていこうではありませんか！」。

とはいえ、近隣諸国や市民たちは今や再統一された、〝共に帰属し、共に成長し、強大になりつつある〟ドイツ連邦共和国（ＢＲＤ）の歩みを、必ずしも好意を持って見ていたわけではありません。とりわけ、フランスとイギリスの官民は、再統一を成就した隣国ドイツによって、ヨーロッパ全体の政治的バランスが自分たちに不利な方向へシフトしていくのではないかと危惧したのです。そうした事情もあってか、統一ドイツ初代首相ヘルムート・コールは、近隣諸国が感じ取ったそうした危惧や不安の払拭のために、多くのエネルギーと時間を割いて彼らを説得したのです。

コールは、ヨーロッパのメディア世界に出没し始めたある種の亡霊、すなわち〝ありうるドイツ第四帝国浮上〟論に対して、「そんな亡霊は断じて徘徊させない、容認することなどありえない」と公席で約束させられました。彼は、「ヨーロッパ統合化を反故にしてしまうようなドイツの再統一はありえません。ドイツ再統一は、むしろヨーロッパの一体化に正しく貢献するものでなければなりません」とすら断言しました。

そこから、首相コールは〝ドイツのヨーロッパ化〟を力説していくのです。それは、公席で語った自分の言葉に言質を与えるためであると同時に、ヨーロッパの近隣諸国や全世界の人々に向かって一つのシグナル、すなわち「再統一後のドイツには、いかなる危惧も存在しない」との明確な意志を伝えるためでもありました。彼が意図して〝ヨーロッパ化〟という表現を使用したのも、そのためなのです。そして、コールは九〇年代初頭以降、フランス大統領フランソワ・ミッテランと協力し合いながら、〝ヨーロッパ合衆国〟実現に向けて強力な推進力の一翼を担っていくようになります。

一九九一年一二月、オランダの工業都市マーストリヒトに大陸ヨーロッパの主要一二ヶ国国家元首と政府関係者が参集し、従来の呼称「ヨーロッパ共同体」（European Community：EC）を「ヨーロッパ連合」（European Union：EU）に改名しよう、ヨーロッパ全域の未来に向けてさらなる前進と発展をしていこうではないかという確認をし合いました。同時に、会議の席上で経済領域により比重を置いてきた従来の共同体運営を、〝政治領域をも視野に入れた統合化〟へ段階的に転換していくべき点も合意されました。さらには、ヨーロッパ共同体加盟諸国内にこれまで設置されていた「域内市場」

を、「ヨーロッパ中央銀行」（ECB）発足と共に一本化された経済および通貨連合へ移行させていくべきこと、円滑なその推進のために加盟国全域において使用できる共通通貨（ユーロ）の導入を決定すべきことが、画期的な新しいヨーロッパ統合化政策として提案され、了承されたのです。

経済領域から政治の領域へと意識転換がなされた背景には、この頃ヨーロッパ共同体推進派の指導者たちがいずれヨーロッパ正規軍創設の必要性を感じ取っていたという事情がありました。しかし、その実現のためには先ずヨーロッパ全域の政治・安全保障に関わる政策を、共に確立しておかなければなりません。こういった共通認識があったのです。同時に、各国の国内政策と法律上の政策においても、「域内」でより正確な一致と合意が得られるためのルール策定が不可欠でした。けれども、これらすべてを実際に機能させるためには、共同体加盟諸国が自国でそれぞれ確保している単独国家の主権と自律性を、より高い次元の国際機構に自発的に放棄しなければなりません。

この点をめぐって、ヨーロッパ共同体に加盟するすべての国で、それぞれ集中的にその是非論が戦わされました。デンマーク国民は、国民投票の結果、反対票がわずかですが上回り、この提案を拒否しました。それによって、共同体執行部が提出したこの案件は、ヨーロッパ共同体が全会一致の議決原則に立つ以上とりあえず挫折をしてしまいました。

その後、長くて苦労の多い交渉が続きます。二回目の国民投票で、デンマークはこの原案を賛成五六・八パーセントの過半数で可決し、やっとマーストリヒト条約締結にまでこぎつけることができました。一九九三年一一月一日以降、この条約は発効し、現在に至っています。

では、この条約の中心点はどこにあるのでしょうか。それは、加盟諸国がまさにその点では完全一

「ヨーロッパ連合」に1999年から新しく導入された共通通貨「ユーロ」の貨幣。

致を見たのですが、悲願の〝ヨーロッパ合衆国〟実現のためにはこうした一連の法制化や政策化が必須であるという本質的認識です。

ヨーロッパ統合化の道程、あるいはその時期、目標に向けた努力の傾注などに関しては、当然加盟諸国それぞれが相異なった理解と方法論をもって対処していくはずです。さらには、加盟国政府や各国議会にはこの構想に、依然として消極的な態度をとっている人々もいます。彼らの多くは、マーストリヒト条約発効後に創設されるヨーロッパ議会や「ヨーロッパ委員会」（共同体の最高決議機関）に対して、安易にこれらへ自国の諸権限を譲渡できないとの理由から、批判的です。言い換えれば、反対する相手が誰であろうと、彼らは政治や経済、あるいは外交・軍事上の政策決定を、あくまでも一国内で自分たちの権限によって処理すべきだという理解を持っている人々です。

一九九五年一月一日にフィンランド、オーストリア、スウェーデン三国はヨーロッパ連合への加盟が承認されました。その時点で、この連合組織は今や計一五ヶ国から構成される大陸ヨーロッパの一大機構になりました。四年後、すなわち一九九九年一月一日「域内」共通通貨ユーロが新たに導入されるに至りました。

とはいえ、この時のユーロ導入措置葉は、限定付き導入の形式にならざるをえませんでした。決済、にのみユーロが用いられるという限定策が設けられたからです。この新貨幣が直接加盟国市民の手に渡るまでには、今後なお三年は必要とされるであろうといわれました。各国の通貨からユーロへの貨幣交換は、一応二〇〇三年一月一日大した混乱もなく行われました。しかし、多くの加盟諸国やその国民にとってこの移行措置は大きな苦労が伴った出来事でした。

とりわけ、ドイツの場合、旧東ドイツ地域の住民にとってこの新通貨ユーロ体制への切り替えは、二重の負担になったのです。彼らは、わずか一二年間に二回も通貨の切り替えが要求されたことになったからです。最初は、一九九〇年以降ドイツ再統一直後、旧西ドイツ通貨マルクへの切り替えを体験しました。そして、二回目が今回のユーロ切り換えです。もっとも、旧西ドイツ国民にとっても長く使い慣れてきたマルクから新通貨ユーロへの転換は、決して簡単なことではなかったはずです。そこから、当時ドイツ国内では〝ユーロ〟ならぬ〝トイロ〟（高すぎる新貨幣）という揶揄《やゆ》的言葉さえ流行したものです。

第１回「ヨーロッパ議会」（1995年１月16日）の様子。「ヨーロッパ連合」（EU）の具体的・現実的展開を指し示す一コマ。

こうした新通貨ユーロの域内導入と並び、ヨーロッパの家建設基礎工事の一環として、ヨーロッパ共通の基本法、すなわち「ヨーロッパ憲法」制定という課題が浮上してきました。憲法起草委員会が組織されます。委員会の主要任務は、憲法草案の作成にありました。ところが、これは委員会発足後露呈してきたのですが、草案作成作業は想像以上の困難さにぶつかったのです。草案をめぐって加盟国政府間の交渉が開始されました。その第一回会合は、二〇〇三年一二月に持たれました。しかし、直ちに頓挫をきたしてしまいます。

挫折の主たる原因は、加盟諸国の深刻な多様性、すなわち大国と小国、富裕な国と貧しい国、ヨーロッパ連合内で中核となりうる国々と新規に参入した周辺諸国といった相異がきっかけで、ヨーロッパ基本法制定に関する本質的問題で加盟国内に不一致が噴出したためです。起草委員会から提出された草案は、徹底的な再検討が必要だとの結論に達し、原案は委員会に差し戻されてしまいました。

二〇〇四年五月一日、ポーランド、チェコ、ハンガリー、スロヴァキア、スロヴェニア、リトアニア、ラトヴィア、エストニア、マルタ、キプロス島のギリシア地区など、計一〇ヶ国のヨーロッパ連合加盟が承認されました。ベルリンの壁崩壊と鉄のカーテン撤去後一五年経過して、このいわゆる〝東方拡大政策〟は最終的に決着を見たことになります。この政策の背後に存在したヨーロッパ世界の分断と対立は第二次世界大戦以降ほぼ半世紀続いてきましたが、ついにその終焉を迎えたわけです。二〇〇七年一月一日にはブルガリアとルーマニアがEUの新しい加盟国になりました。これら二国がかつて鉄のカーテンの東側に位置していた国々であったことはいうまでもありません。

以上の経過からわたしたちは、ヨーロッパ連合が四億八〇〇〇万人の人間の居住する実に広大な経済圏をその内側に持ち、同時に人口二億八〇〇〇万人のアメリカ合衆国よりも大きな地理的空間となった事実を確認できるはずです。さらには、クロアチア、トルコ、マケドニアが次の加盟候補国として待機しています。その加盟順位の決定は、それぞれの国の経済と政治がどれほど安定しているかによるといってよいでしょう。

ヨーロッパ連合の目指すところは、政治における民主主義と経済の自由主義市場システムを、崩壊後の東ヨーロッパ地域および東南ヨーロッパ地域に土着化させていくことにあります。同時に、全体的にこれらの地域における政治の安定化を、いっそう推し進めていく作業もきわめて重要です。

二〇〇四年六月広域化したヨーロッパ連合で、加盟国の有権者が「ヨーロッパ議会」の代議員を選出する選挙が実施され、それぞれ一票を投じました。しかし、その投票率はわずか四三パーセントにとどまり、しかも新規加盟の一〇ヶ国の投票率は、古参加盟国に比べて明らかに低かったのです。その際、興味深かったのは、ほとんどすべての加盟諸国において共通した現象だったのですが、政権与党、すなわちヨーロッパ連合の積極的推進勢力よりも、現状を厳しく批判していた野党陣営の方がより多くの得票を獲得したという事実です。これは驚きを持って受け止められました。数日後、憲法起草委員会によって再度検討された修正憲法草案を協議するために、全加盟二五ヶ国が一同に会して最終文言の策定をめぐり激越な議論が戦わされました。

その結果、最小限有効な賛成票によって、この修正憲法草案は二回目の挫折を味わうことなく何とか成立にこぎつけたのです。この法の中の法であるヨーロッパ憲法、あるいはヨーロッパ基本法の成立によって、連合加盟諸国に住むすべての国民は、初めて共通の法的基盤の上に立つことが可能になりました。発足予定のヨーロッパ議会にも、より大きな権限が付与されることになります。とはいえ、この立法府にはヨーロッパ連合における最高意志決定機関であるヨーロッパ委員会を、組織化する権限までは与えられているわけではなく、この点は以前同様で何の変更もありません。加盟国政府を招集する権限は、ヨーロッパ議会にではなく、ヨーロッパ委員会、より厳密にいえば委員会の議長団構成者たちに与えられた専権事項です。

激論に終始したもう一つの問題は、提出議案の決定手続きに関して加盟〝大国〟と〝小国〟の間に顕在化した齟齬であり、思惑の違いでした。大国側は議案決定権を保持し、その影響力を他の国々にも及ぼしたいと考えるのです。それに対して、小国側は賛否を決定後に聴聞されるだけでなく、議案そのものの審議権や決定権も同等に保障されるべきではないかと反論したのです。折衷案としてそこに登場したのが、いわゆる〝二重多数決システム〟という、一見して複雑怪奇な印象を与えた妥協案でした。

それに従うならば、ヨーロッパ連合において議案が正式に成立する条件とは先ず加盟国全体の五五パーセントの得票率、すなわち過半数以上の賛成票、あるいは国数で最少一五ヶ国の賛同を確保しなければならないとされているのです。しかもその際加盟国において、最低限国民の六五パーセントの賛成が得られなければならないという条件が伴います。逆に考えると、議案の成立を阻止するためには加盟二五ヶ国中、最低限四ヶ国を賛同国として獲得しなければならないという計算になります。この修正原案が複雑怪奇そのものだとわたしが評するのは、まさにこうした理由からです。

新しく導入された職責は、ヨーロッパ連合全域を視野に入れた外交と安全保障政策に責任を負う外務大臣のそれです。しかし、同時に外相は、ヨーロッパ委員会の副委員長職を兼務することになっています。それゆえに、彼はヨーロッパ連合という巨大な組織体の中でいわば〝第二の権力者〟と見なされるわけです。

ヨーロッパ憲法受諾の成否に関しては、加盟諸国がそれぞれ自国で二〇〇七年までに法的手続きを完了しなければならないと明記されました。すなわち、加盟国すべてが国内での必要な批准を終了した後に、この憲法はヨーロッパ連合の中で初めて最も重要な〝基本法〟になれるのです。果たして、二五ヶ国という加盟国すべてにおいて、この手続きが何の支障もなく円滑に進行するであろうか？実は、最初からこの点を疑問視する人々も多くいました。二〇〇五年五月以後における加盟国の国内個別事情を見る限り、例えばフランスとオランダでは、国民投票の結果はこのヨーロッパ憲法を明らかに拒否しています。

しかしながら、拒否理由を詳しく分析してみると、それがこの憲法草案の文言そのものにあるというよりも、現状のヨーロッパ連合のあり方や進め方に関する一般的な不満感からであることがよく分かります。もう一歩突っ込んでいうならば、フランス人の〝ノン〟、そしてオランダ人の〝ネェー〟の根底には、絶大な権力機構に変貌しつつあるヨーロッパ連合の〝官僚化〟への危惧、あるいは加盟国数の過度な拡大と増加によって各国が内に持つ独自性や自己帰属性（アイデンティティ）などが失われないであろうか、といった不安心理が介在しているのではないでしょうか。

国際法の視点から考えるならば、ヨーロッパ憲法の全域浸透化という構想は、強力な加盟国であるフランスとオランダでの承認拒否を受け、〝本来は〟とっくに挫折してしまった案件だと考えるべきでしょう。しかし、その〝本来的〟挫折をもはや救済の余地なき〝決定的〟段階にまで転落させないためにも、加盟諸国の国家元首と政府首脳が再度話し合う必要があったのです。二〇〇五年六月一七

威圧感すら与えかねないこの建築物が，ベルギーの首都ブリュセルに拠点を置く「ヨーロッパ連合」の建物であり，“ヨーロッパ委員会”の最強権限行使が可能とされている場所である。

日、彼らは急遽ベルギーの首都ブリュッセルに参集し、そこであらためて「ヨーロッパ憲法」の導入と定着化のための相互尽力を継続していく旨の確認をし合いました。同時に、しばらくじっくり考える〝猶予期間〟を置こうという点でも、彼らは合意しました。この猶予期間の間に、専門家グループが徹底的に円滑な憲法受け入れの方途を検討することとしたわけです。

二回目の首脳会議が、翌年同じブリュッセルで開かれました。席上、専門家グループの検討成果が紹介されましたが、出席した加盟国元首と政府首脳はそれに満足できませんでした。彼らは、むしろ「憲法救出のための乗車プラン」を新たに打ち出しました。遅くても二〇〇八年一二月末までに、懸案のすべての問題が解明され、法的案件も完全に解決されなければならない――そのように、具体的な月日まで設定されたわけです。それらが完了すれば、二〇〇九年に憲法の実際的導入と施行が可能になり、また加盟諸国で具体的な施策化もできるだろうというのです。

加盟国の市民は、首脳たちのこうした努力を水泡に帰させないためにも、「ローマ条約」締結五〇周年の二〇〇七年三月に予定されている祝賀記念集会が「EU宣伝の絶好のチャンス」（ヨーロッパ委員会・バルロッソ委員長・当時）となるように尽力すべきでしょう。ヨーロッパ連合の未来に、疑念を抱く多くの加盟国市民、あるいはまだ不安を感じている国民を安心させるためにも、この祝賀の集いはヨーロッパ連合の本格的企画として、豊かな結実を産み出さなければなりません。

いずれにせよ、現在の時点でヨーロッパ連合に加盟する国々の政治家たちは、ヨーロッパの家が憲法という最も堅固な基盤の上に正しく建設されるように、可能な限りの努力と知恵を結集する責任があるのではないでしょうか。

現代ヨーロッパ諸国の現状と建国略史

ヨーロッパ連合（EU）加盟国（二〇〇七年九月現在で、二七ヶ国）

1．ベルギー　ベルギーは、いわゆる「ベネルクス三国」の一国で、ヨーロッパ石炭・鉄鋼共同体とヨーロッパ経済共同体創設時のメンバーです。この国はおよそ一〇五〇万人の人口を擁し、その五七パーセントがフラマン人、三二パーセントがヴァロン人です。オランダ語系フラマン人とフランス語系ヴァロン人の間には、過去二〇〇年の歴史の間に対立や紛争が絶えずありました。

その解決のために、これら互いに異なる二種族とドイツ語系の小グループが、一九七〇年文化の領域で新たに〝言語共同体〟を創設しました。それぞれが所有する権利を相互に確認し合ったのです。その後、この統一国ベルギーは、連邦国家へと着実に転換していき、現在までに二地域ごとに独自の司法制度と行政機構を保持するに至りました。フラマン地域とヴァロン地域です。ドイツ語系地域は、後者ヴァロンに帰属することになりました。二つの言葉が公用語として使われている首都のブリュッセルは、一九八九年第三の行政地区としての地位を獲得するに至ります。一九九四年に実施された憲法改正によって、これら三地域の関係はいっそう強化され、それ以後連邦国家と各自の地方行政機構の関係における円滑化とバランス維持に細心の注意が払われてきました。

連邦政府は租税政策や外交政策、あるいは安全・保障政策に関してのみ責任を負い、他のすべての領域についてはそれぞれの地域行政機構が独自の判断に基づいて業務を遂行するという分業体制になっています。

ベルギーは、議会制民主主義に立脚した君主制国家です。同時に、古都ブリュッセルはヨーロッパ全域の〝隠れた首都〟の役割も果たしています。巨大な行政機関を持つヨーロッパ連合の各種委員会がこの都市に置かれているからです。宗教的には、ベルギーはほとんどがカトリック・キリスト教徒で占められ、大半の国民が首都を中心に生活しています。現代ヨーロッパ諸国の中でも、この国は都市人口の密度が最も濃い国の一つであると同時に、社会的インフラ整備が大変豊かに実現されている国でもあります。一人当たりの国内総生産高（GDP）は、およそ二万六〇〇〇USドル（以下、GDPはすべてUSドルに基づきます）ですが、この数字はヨーロッパ連合加盟諸国の中で上位四分の一の位置を占めています。

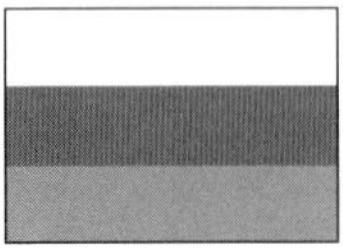

2. ブルガリア　ブルガリアは、二〇〇七年一月一日にルーマニアと共に、ヨーロッパ連合への加盟が承認され、最若年のメンバーになっています。先輩加盟諸国の中には、これら二国の加盟に関して批判的な声もありました。この二国が加盟条件を十分に満たしていないのではないかといった危惧の念も表明されました。さらには、「ヨーロッパ委員会」も、組織犯罪率や各種不正行為に対するブルガリア、ルーマニア両政府の取り組みがきわめて不十分であるとの認識を表明していたほどです。ですから、委員会は二国に司法の抜本的改革を要求したのです。

そして、確実にいくつかの分野で前進が見られました。要求された課題や条件のすべてが実現したわけではありませんでしたが、加盟諸国は最終的にブルガリアとルーマニアのヨーロッパ連合加盟に同意をしたのでした。

ブルガリアは、ヨーロッパ中世の時代にはバルカン半島で強大な権力を保持した大国でした。しかし、一四世紀以降長い歳月をオスマン・トルコ帝国の支配下に過ごし、その痕跡は今も随所に残っています。わたしたちは、国内建造物や市街各所にそれを顕著に見ることが可能です。

一九〇八年に入り、ブルガリアは完全独立を初めて要求するに至ります。そして、立憲君主制の国家建設に成功しました。第二次世界大戦後、この国はソ連の影響下に置かれ、四〇年を超える年月その統治のもとで歩んできました。一九八九年の秋以降ヨーロッパ東部の社会主義国で、数百万の民衆が自由と民主化を要求して蜂起し、示威・抗議活動に乗り出しましたが、この国はその時異常なほどに平穏でした。

しかし、一九九一年一二月ソ連の支配が終焉を迎えて以後は、ブルガリアも他の東欧諸国同様に自由と民主主義に立つ国家へとたくましく転換していくようになりました。もちろん、国内では今もなお共産主義思想の信奉者たちが、政治権力とその影響力を要求してはいます。それもあってでしょうか、国家統制経済システムの改革作業は他のどの国よりも停滞しているのが率直な現実です。

新しく発足したブルガリア社会主義政権は、今もなお社会主義理念に立って、負債必至の国営企業を擁護してきたのですが、一九九六年ついにその経済政策は崩壊してしまいました。この後に初めて抜本的改革が国内の至る所に導入され、結果としてこの国の経済成長は好転に転じるようになりました。とはいえ、全体的に見るとブルガリアは東欧圏旧社会主義諸国の中で最も貧しい国にとどまっています。国内総生産高は、一人当たり二七〇〇ドルで、この数字はヨーロッパ連合の中で最下位に位置づけられています。ブルガリアは、現在議会制民主主義がそれなりに機能する国家社会となっています。首都はソフィア、人口は七六〇〇万人です。国民の八五パーセントがキリスト教・ギリシア正教会に属し、一三パーセントがイスラム教信徒という宗教構成になっています。

3. デンマーク　第二次世界大戦後、ヨーロッパ世界の統合化の大きな推進力になったのは、ベネルクス三国でした。これとは対照的に、スカンディナヴィア半島に所在する国々では、長い間こうした動きに対して意図的な留保がなされていました。これには理由があります。

これらスカンディナヴィア諸国は、戦後世界において社会福祉国家の形成に成功し、いわゆる〝スカンディナヴィア・モデル〟を大いに誇りにしてきたのです。そうした歴史状況の中で、デンマークが一九七三年ヨーロッパ共同体に先ず加盟しました。しかし、そのことはデンマーク国民が直ちにヨーロッパ大陸と平穏良好な関係を樹立したことを意味しません。一九七九年に「ヨーロッパ議会」開設に向けた最初の直接選挙の際に、それは明白になりました。デンマーク国民の選挙参加率は、四七パーセントで、これは、イギリスに次いで低く、ヨーロッパ共同体加盟諸国の中でもほぼ最低の比率だったのです。さらに、デンマークが「マーストリヒト条約」を承認した際、この国は国内通貨クローネを現状のまま流通させることを受諾条件にしたのです。大陸諸国から出されていた連合域内での国境開放の要求に、この国は最後まで反対を表明しました。現在でも以前同様国境検閲が実施されているのです。

デンマークは、議会制民主主義に立脚した君主制国家です。その首都は、コペンハーゲンで、五五〇万人の人口を擁しています。その八〇パーセントを超える国民は、都市居住者、その中でも四分の一の市民が大都市コペンハーゲンに生活している現状です。国民の九〇パーセントが、プロテスタント・キリスト教徒で構成されています。一人当たりの国内総生産高は、三万九五〇〇ドルに達し、ヨーロッパ連合の中ではルクセンブルクに次ぐ立場にあります。

デンマークには、特別行政自治区が存在し、フェレエルネ諸島とグリーンランドがそれに該当します。それぞれの自治区は、中央議会へ計二名の国会議員を送り出すことが許されています。

4．ドイツ　第二次世界大戦終結（一九四五年）以後のドイツは、再統一（一九九〇年）の年までそれぞれ二つの国家体制に分断された歴史を刻んできました。〝鉄のカーテン〟の西側には、西ドイツ、すなわちドイツ連邦共和国（BRD）が存在し、国際政治的にはアメリカ主導の自由主義西側ブロックに組み入れられていました。

カーテンの東側には、ソヴィエト連邦共和国の支配圏に属した東ドイツ、すなわちドイツ民主共和国（DDR）が存在していました。政治的、経済的、あるいは社会生活の領域において、これら二国家体制は相互に異なった制度とイデオロギーのもとで独自の歴史を展開してきたわけです。そうした中で再統一の実現後、政治体制における相異はひとまず克服されました。一九九〇年一〇月三日以降、ドイツの全領域が連邦共和国として再編成され、議会制民主主義を明文化した憲法、すなわち統一国家の基本法が適用され現在に至っているのです。

しかし、経済領域の克服は至難の業でした。統一前東西ドイツの経済的格差は、予想以上に厳しく、統一後一兆ユーロを超す巨費が今や新しい連邦共和国の州となった旧東側諸地域再建のために投資されました。それにもかかわらず、東西の経済格差の溝を埋めることは容易ではなかったのです。

途方もない巨額の投資によって、確かに一般国民の生活は目に見えて改善されたといえるでしょう。しかしながら、旧東ドイツ地帯全体を〝爛漫と花咲く風景〟（統一ドイツ初代首相ヘルムート・コールが、統一直前に口にした言葉）にまで変革していくことはできませんでした。旧東ドイツ側地域の失業率は、西側地域の倍以上に達しています。その結果、連邦共和国の新州となった諸地域における選挙では、旧西ドイツ諸州の結果に比較すると以前にもまして過激な政党が明らかに多数の得票を獲得するという社会現象が発生したのです。

こういった難問や課題が山積した現代ドイツです。目下、ドイツは国民総生産高において一人当たり三万ドルにまで上昇してきました。ヨーロッパ連合加盟国の中では、かなり上位に位置づけられるでしょう。現在の人口は八二五〇万となり、ヨーロッパ連合の加盟国中最大の人口を擁する〝人口大国〟です。

経済的には、現代ヨーロッパできわめて堅調な経済を維持している国の一つだといってよいでしょう。国民それぞれ三分の一に該当する比率が、カトリックとプロテスタントのキリスト教徒によって占められています。

一九九〇年一〇月三日東西ドイツの再統一が実現した直後、ベルリンが共和国首都として内外に宣言されました。さらには、一年近い激論の末に決定されたのが、連邦議会をボン（旧西ドイツ時代の首都）から新首都のベルリンへ移し、連邦議会と政府機関の中心にこの古都を設置することでした。

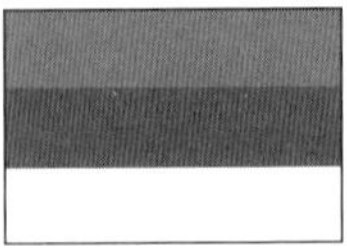

5．エストニア　バルト海沿岸諸国のエストニア、ラトヴィア、リトアニアは、ヨーロッパ連合が掲げてきた外交政策、いわゆる〝東方拡大〟路線の実際的対象国でした。二〇〇四年三月一日、これら諸国はヨーロッパ連合の正式加盟国として歩み始めました。

地政学的には小国であるエストニアは、ヨーロッパ時代史の流れの中で数百年間いつも外国勢力の支配下に置かれる歴史を余儀なくされてきた国です。一九九〇年に独立を達成しましたが、その時までエストニアはソ連の支配下に置かれていました。翌年八月に開催された第一回国会で、エストニアは内外に向けて母国の主権と独立を宣言したのです。

急速な、そして徹底した改革運動によって、エストニアは民主主義国家建設の基盤を整備し、堅固なものにしました。経済面では、国家による統制計画経済から自由主義市場経済システムへの転換がなされます。これは当時の西ドイツ政府の政策を範とした改革だったといわれています。

社会全体の変革と転換は、予想以上の速度で推進されていき、経済成長も急速に上昇しました。民営化された企業領域においても、企業収益を再度母国の再建に投資する用意がある場合には課税を免除する措置も取り入れられたのです。こうした優遇政策が、投資家たちをさらに惹きつける役割を果たしました。結果として、国内総生産が五～六パーセント上昇にまで連動していくことになりました。

しかし、こういった輝かしい成功にもかかわらず、エストニアの国内総生産高は一人当たり七〇〇〇ドルに終始し、ヨーロッパ連合加盟国の中では下位の四分の一付近にランクされている現状です。

エストニアは、連合加盟諸国との比較では国土面積の点でも小国です。人口は一三〇万人、その過半数の国民が首都タルリンとその周辺地域に居住しています。大多数の国民がプロテスタント・キリスト教会に属しています。新生国家エストニアの初代大統領レンナト・メリは、母国エストニアに関して次のような言葉を残しています。

「率直にいって、われわれエストニア人はこの狭小な国土以上にはるかに偉大な家族なのだ」。

6．フィンランド　フィンランドは、その長い歴史において六〇〇年間スウェーデンの統治下で、あるいは一〇〇年間をロシアの支配下で苦闘した歴史を持つ国です。一九一六年、フィンランド国会はヨーロッパ世界で最初の社会民主主義を奉じる近代国家の成立を期し、翌年に祖国独立の宣言をしたのです。この国の政治家たちは、その後万難を排して獲得したこの独立を死守してきました。

第二次世界大戦後、この国はソ連邦の隣国として、ヨーロッパ諸国の中では唯一この大国ときわめて良好な国際関係を醸成し、それを維持することができた国でした。とはいっても自国が共産主義陣営に組み込まれることは、決してありえませんでした。なぜなら、彼らはどこまでも自国の中立的立場を堅持しようと戦ったからです。その後の歴史においても、フィンランドは東側陣営に対してと同時に、西側自由主義諸国に対しても良好な国際関係を維持し育んできました。当然ながら、五〇年代以降の東西冷戦時代にはこの国も大変困難な外交戦略が要求されたに違いありません。

ソ連の崩壊後、フィンランドは西側自由主義諸国に大きく方向を転換します。そして、一九九五年にはヨーロッパ共同体へ正式加盟をする運びとなりました。地理的な、あるいは気候上の厳しい諸条件が、この国の産業化・工業化の推進にとって大きな阻害要因となりました。この国は五〇年代に入ると、スカンディナヴィア半島にある他の国々同様に、やっと工業化政策へ方向転換をし始めます。八〇年代以降フィンランドは、中心をサービス産業に置く国家形成を目指しながら、今日まで豊かな発展を維持してきました。現在、国内の最重要な位置を占める海外輸出品目は、何といってもハイテク産業部門に集中しています。というのも、この間この国は世界的に有名な携帯電話ノキアランドを製造、輸出するまでに成長させたからです。

フィンランドの国民総生産高は絶えず上昇を続けて、現在一人当たり三万一六〇〇ドルに達しています。国内人口は、五三〇万人で、宗教的分布としてはその九〇パーセントがプロテスタント・キリスト教会に所属しています。

一九一七年以降この国は、議会制民主主義に基づく共和制国家として歩み、その首都はヘルシンキです。国内で使用される言語としては、もちろんフィンランド語が中心ですが、これと並んで南部地域ではスウェーデン語も第二公用語として使用されています。

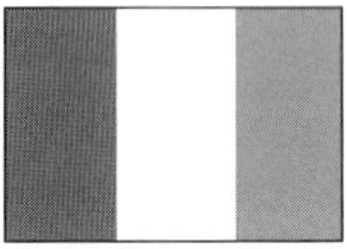

7. フランス　フランスはいうまでもなくヨーロッパ大陸の一大国です。一七八九年の市民革命以降、この国は自国が人間的権利（人権）と社会的権利（市民権）のために、他のヨーロッパ諸国に代わって奮闘してきた国であるとの自負を持っています。

同時に、フランスはこの革命以後さまざまな国家形態、すなわち国家や政府組織に関して実験を試みる歴史を形成してきました。共和制国家と専制君主制国家が交替し合いながら歩みを続け、一八七〇年以降最終的に共和制に立脚した政治機構が確立され、現代に引き継がれています。

一九五八年シャルル・ド・ゴールは、第五共和国憲法の基本構想を練り上げました。その草案では、大統領の権限が大幅に強化された内容になっています。そして、この憲法草案は国民投票にかけられ国民はこれを承認しました。

それ以後、この国では七年任期を前提にして大統領は、有権者によって直接選出されるという選挙制度が導入されています。大統領が、フランスにおける最高権力者の立場に立つことになったわけです。その初代大統領は、将軍ド・ゴールでした。大統領に就任した彼の最優先課題は、共和国フランスをヨーロッパ大陸において主導的役割を担いうる主権国家に改造することにありました。

とはいえ、五〇年代初期のフランスは、まだなお農業主体の国であり、同時に海外に植民地を有する覇権国家でもありました。ですから、ヨーロッパ大陸で展開され始めた自由主義市場経済に対してほとんど何の関心も示さなかったのです。しかし、その後急速な変化がこの国に生じ、以後フランスは工業国家として成長を続けることによって世界でも一〇本の指に入る経済大国として表舞台に登場してきました。

ただ、こうした懸命の努力にもかかわらず、一人当たりの国内総生産高は、わずか二万九〇〇〇ドルで、この数字はドイツの後塵を拝する位置を指し示しています。恐らく、この事実は誇り高きフランス人にとって許容できない現実なのかも知れません。

フランスは、基本的にカトリック・キリスト教国です。総人口は六一九〇万人です。そのうちの一〇〇〇万人が首都であり、同時に世界有数の大都会でもあるパリに生活しています。

8. ギリシア　ヨーロッパ文化の発祥地が古代ギリシアであることに、何人も異論を差し挟まないでしょう。しかし、残念ながら現代ギリシアは、ヨーロッパ共同体出発時の創設メンバーではありませんでした。その理由は、第二次世

界大戦以降この国が国内問題に忙殺され、他の問題に目を向ける余裕などまったくなかったためです。

国内では、ソ連を支持する者たちと西側自由主義諸国に共感する者たちとの間に内戦が勃発したのです。それは長期にわたり、国内に対立と紛争を頻発させました。一九六七年に軍事クーデターが発生し、激動は頂点に達しました。その後七年間、ギリシアは独裁的軍事政権のもとで歩みを続けます。

しかし、一九七四年に入ると軍の一部将校たちが政権を再度市民に返還する行動に出ました。国民投票によってこの国の専制君主体制は廃止されます。それ以降この国は、議会制民主主義に立つ共和国へと転換していくのです。

ヨーロッパ共同体への加盟に関して、一般国民と議会関係者との間で長く激しい賛否両論が戦わされました。ギリシアではどこまでも自主独立の道を死守すべきであるとの世論が、特に強かったからです。しかし、政府関係者は同時に、ヨーロッパ共同体に加盟さえすれば破綻寸前のこの国の経済の再建が可能である、共同体の「補助金」獲得によってそれが可能となるであろうとも考えていたのです。当時、ギリシアの経済状況は赤字続きだったのです。一九八一年ついにヨーロッパ共同体への加盟が承認されました。それ以降、この国はヨーロッパ共同体の金庫から最大級の助成金を受領する加盟国の一つになっています。

ヨーロッパ連合の資金協力や、公的・一般的な多額の資金が、二〇〇四年に開催されたアテネ・国際オリンピック大会に投入されました。それによって、この国の経済は急速に成長し、同時に社会状況も目に見えて好転してきました。ただし、それにもかかわらず、この国の一人当たり国内総生産高は一万六五〇〇ドル前後にとどまっていて、この位置はヨーロッパ連合加盟国の中で中間にあるといってよいでしょう。

現在、ギリシアは一一二〇万の人口を擁し、宗教的にはその九七パーセントがギリシア正教会に属するキリスト教徒で占められている現状です。毎年、ギリシアの全人口とほぼ同数に近い外国人観光客がこの国を訪れています。首都はアテネで、この古都も毎年全世界からのツーリストによって埋め尽くされます。外国人が最も頻繁に訪問したい世界観光地の一つが、このアテネです。

9. イギリス

グレートブリテン（Great Britain）とイングランド（England）という呼称は、ほとんど同義語として使用され、広義ではイギリス、英国などと称されています。前者から、スコットランドとウェールズを除いた領域がイングランドです。イギリス連合王国（United Kingdom of Great Britain and Northern Ireland：UK）という呼び方もあります。すでに、こうした呼称の中に、島国、より厳密にいうならば列島であるこの国が抱える複雑な歴史と現実を読み取ることが可能です。

別の表現を用いていうならば、次のような事情がここに介在しているのではないでしょうか。連合王国は、グレートブリテンと北アイルランドから構成されています。そして、さらにグレートブリテン（通称、英国）はイングランド、スコットランド、そしてウェールズから構成されている地域であり、空間です。

二〇世紀初頭まではアイルランド全域が、グレートブリテンに属していました。ところがその後、アイルランド共和国軍（ＩＲＡ）は、イギリスからの独立を要求して戦いに入っていくのです。しかし、圧倒的多数を占めるプロテスタント・キリスト教系北アイルランド地帯は、むしろそのままイギリスにとどまることを表明しました。カトリック系アイルランド軍はこれを拒絶、そこから両者の間で数十年に及ぶ攻防が、激しいテロ行為共々展開されていくことになりました。独立志向派の共和国軍は、いかなる手段を行使してでもアイルランド全域の一体化を貫徹すべきだとの要求を最後まで撤回しませんでした。一九九四年に入り、やっと共和国軍とイギリス政府との間に和平交渉が開始されます。しかし、この交渉は最終的に対立と抗争を解決するには至りませんでした。

イギリスは、二〇世紀の後半期までは自分を世界最強の大国であると公言してはばかりませんでした。ですから、大陸ヨーロッパ諸国の動向に対して実はほとんど何の関心も示しませんでした。しかし、こうした冷ややかな態度に変化が現れたのは、一九六〇年代に入ってからです。

そうはいっても、この国は一九七三年の時点でヨーロッパ共同体への加盟申請に関してもそれほど意欲的ではなかったのです。すなわち、大陸諸国と比べてイギリスは決して〝熱心なヨーロッパ人〟であろうとはしませんでした。それはデンマーク人と似た対応だというべきでしょう。具体例を挙げるならば、ヨーロッパ連合共通の通貨ユーロへの態度です。イギリスはこの通貨を自国に持ち込み、ヨーロッパ連合の共通通貨として使用する心算などなかったのです。今もそうです。今日に至るまで、イギリス国内ではこのユーロではなく、イギリス在来の貨幣ポンドが以前同様に流通しているのです。

イギリスの経済発展は、一九四五年以降の歴史を見る限り明らかにヨーロッパ世界の中で遅延していきます。九〇年代に入り、やっと経済復興の速度が他のヨーロッパ諸国に比べると早いピッチに転換していくようになりました。現在、イギリスの国内総生産高は一人当たり三万三〇〇ドルにまで回復してきています。しかし、この数字は、ドイツやフランスに比べて多少高い程度です。

イギリスの政治制度には、きわめて独特な側面と特徴があります。すなわち、この国は他のヨーロッパ諸国に定着しているような国家基本法、成文化された憲法をまったく保持していないのです。母国の長い伝統と生活習慣を通して、イギリスは一二一五年以来、議会制民主主義を根底に据えた立憲君主制国家を発展させ維持してきました。そこでは、複数政党が存在し、首相が選出され、政治と政策の全責任を担う形式になっています。そうした意味で、イギリスの首相はこの国の最強の権力保持者であるといってよいでしょう。もっとも、マーガレット・サッチャー元首相の場合には、最強という言葉の代わりに〝鉄の首相〟なる呼称が流行しました。ともあれ、この国では首相が政界における最高の権力者であるのは疑う余地のない事実です。

イギリス社会で国民が最高だと考える価値は、何といっても自国の文化的・歴史的自己同一性の遵守であり、その保持にあるといってよいでしょう。その可視的象徴が連合王国イギリスの国家元首が、国王、あるいは女王であるという事実の中に垣間見えてきます。すなわち、この国の政治体制は、立憲君主制であるということです。

ロンドンが首都で、およそ人口六一〇〇万人を数え、その三分の二に該当する国民がさまざまなプロテスタント教会に属するキリスト教徒です。一五パーセントがカトリック信徒によって占められています。

10. アイルランド　長い戦いの後に、アイルランドはイギリスから分離し、主権と独立を獲得しました。しかし、そうした事実にもかかわらず、経済的にアイルランドは強大なこの隣国の影響のもとに置かれ、外国貿易の全体がほぼ隣国に依存せざるをえない状況にあります。

そこから、アイルランド人はヨーロッパ共同体に加盟すればこうした依存関係の脱却が可能になるであろうと考えたのです。加盟に向けた積極的活動が開始されます。国民投票が実施されましたが、有権者中八三パーセントが加盟賛成の意思表示をしました。この高い得票率は、ヨーロッパの他の国々と比較すると実に高い比率でした。そして、共同体加盟によってこの国は積極的な結果を残すことになりました。しかしながら、その成長は全体として、当初国民が期待していた水準とスピードよりも低く遅いものだったようです。

八〇年代初めに、インフレ率が上がり、経済が悪化、失業率も二〇パーセントに上昇してしまったのです。国家財政は、借金を抱え込む状態になりました。その後経済状態は少しずつ回復し、成長も続きました。そして、九〇年代を迎えると、アイルランド経済は急激な成長を示し始めたのです。国内総生産高は前年比一〇パーセントの伸び率を指し示し、その結果アイルランドはヨーロッパ連合加盟国の中でも、最高度の経済成長を実現した国になりました。

現在一人当たりの総生産高は、三万九八〇〇ドルにまで上がっています。これは、隣国イギリスのそれをはるかに上回る数字です。イギリスからの分離・独立以降、政治的にこの国は議会制民主主義に立脚した共和国体制のもとにあり、議会と政府の所在地は首都ダブリンに設置されています。人口はおよそ四四〇万人で、公用語として主にアイルランド語が特に大西洋沿岸地域で使われています。それ以外の地域では、英語が公的な使用言語になっています。宗教的分布図を見ると、大半のアイルランド人はカトリック・キリスト教徒です。

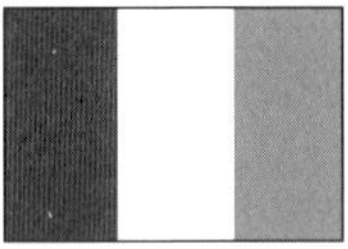

11. イタリア

イタリアの首都ローマは、ヨーロッパ古代史において世界帝国としての出発点を形成し、同時にその中心に位置していました。今もなお、ヨーロッパ各地に存在するローマ風街道と都市が、その事実を見事に証明してくれています。

しかし、このローマ帝国も、かつて全世界の大国がそうであったように、永続することはできませんでした。数百年の歳月が経過した後、この世界帝国は没落したのです。そして、現在のイタリアはその末裔です。

一九四六年、イタリア人は国民投票を通して専制君主体制と決別し、共和制国家へ歩み始めます。そこでは、複数政党体制が発展し、数多くの政党の中から度々連立政権が誕生したりしました。けれども、この連合政権の寿命は実に短命で、平均一年以下という結果でした。現政権は、戦後の歴代政権から数えて五九番目の政権です。

イタリア経済は、工業化された北部地域と農村中心の南部地域間に存在する途方もなく大きな格差の現実にその特徴があるといってよいでしょう。その結果、とりわけ後者の地域では高い失業率が厳しい社会現象として現出しています。

イタリアは典型的な観光立国です。夏の季節、多彩な文化施設や名所旧跡に、世界各地から大勢の観光客が押し寄せてきます。ここ五〇年ほどを回顧しても、結局この国の外国交易がイタリア全体の経済を支える最も重要な部門になっていることに気づかされるのです。その中でも、サービス産業が経済成長の最大の貢献者です。

現在でも多くのイタリア人が、国内産業や工業分野以上に、この第三次産業（観光接客業、旅行案内など）に関係した仕事をしています。イタリアの人口は、五八九〇万人です。国内総生産高は、一人当たり二万五五〇〇ドルに達しています。

同時に現代イタリアは、世界でも重んじられる産業・工業国家の一つです。国民の大半は、カトリック・キリスト教会に所属しています。首都には、ローマ教皇が小さな、しかし独立したヴァチカン国に住み、全世界のカトリック・キリスト教会の首座として責任を担っています。

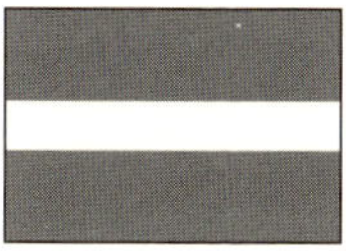

12. ラトヴィア　一九一八年に、この国は母国史において初めて独立主権国家として建国されました。それまでのラトヴィアは、およそ一〇〇〇年間さまざまな強国の支配下に置かれていました。

しかし、国家建設がなされた後でも、ラトヴィア国民が独立の自由な雰囲気を満喫できたのはわずか二二年だけでした。その後、この小国はバルト海沿いの隣国同様にソ連に併合されてしまいます。そして、これまた近隣諸国同様この国はラトヴィア共和国として、独立と主権を内外に宣言するに至ります。それが、一九九一年の民主化闘争です。

とはいえ、大国ソ連からの分離と独立、一党独裁から議会制民主主義体制への転換には実に長い時間が要求されたのでした。その速度は、他の東欧近隣諸国に比べてかなり遅れてしまい、一九九三年六月に入ってやっと実現しました。これは、同じ年に自由選挙が行われ、改革推進派が精力的に動いた結果として成就した独立です。

しかし、頻繁に交代する連立政権と共同歩調をとることは、未熟な民主主義国家の真の安定化にとって、時として一大阻害要因にもなったのです。国家統制・計画経済から自由主義的市場経済への転換も深刻な摩擦なしには実現不可能な課題でした。これは、隣国エストニアも同様な体験でした。国内経済と国内工業は落ち込み、そうでなくても国民の劣悪だった生活水準はさらに悪化してしまいます。

一九九八年までこの国の海外通商・貿易は、圧倒的にバルト海を中心に展開されてきました。しかし、西側ヨーロッパ自由主義諸国に向けた方向転換と共に、この国の経済状況が初めて好転をし始めます。それ以降〝バルト海のヨチヨチ歩きの国〟ラトヴィアは、ヨーロッパ連合への加盟が確実視されるに至りました。

その後、国内の経済状況はどんどん改善されていきます。ただ、国内総生産高は一人当たりまだ五二〇〇ドルにすぎず、多々改善の余地があるというべきでしょう。総人口二三〇万人のうち、三分の二が首都リガに集中的に居住しています。使用言語はラトヴィア語ですが、他のバルト海近隣諸国同様に、ロシア語も多方面で話されている現状です。国民の過半数がプロテスタント・キリスト教徒を占め、四分の一をカトリック教徒、一〇パーセントがロシア正教会に属しているといった宗教分布です。

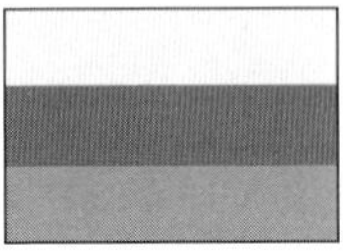

13. リトアニア リトアニアはバルト海南部地域の一国ですが、ソ連から分離・独立する以前、この国はソ連邦の中でも最高度に発展した工業国でした。その業績はすばらしく、国民の生活水準もきわめて高いものがありました。

一九九一年の独立達成後も、リトアニアは東方にある近隣諸国との間の善隣関係を以前同様大切に維持してきました。東側諸国との良好な国際関係が円滑であれば、それは国民にとってヨーロッパ西方にある自由主義諸国に向けた将来の方向転換も摩擦なく進行可能であろうと指導者たちが考えたからです。事実、統制経済から市場経済への移行は、小さな前進ではありましたが、円滑に進展し実現されたのです。

九〇年代半ばに入り、リトアニア国内に初めていわゆる〝改革グループ〟が誕生しました。彼らの活動目的は、この国を摩擦なくヨーロッパ連合と北大西洋条約機構に加盟させていくことにありました。しかも、リトアニアは加盟三年前に、ヨーロッパ世界で最高の経済成長を達成していました。とはいえ、一人当たりの国内総生産高はまだ五四〇〇ドルにしかなっていません。ヨーロッパ連合加盟諸国の中では、最下位の位置です。

　政治の形態から見ると、この国は一九九一年以降議会制民主主義を標榜する共和制度を導入してきました。首都はウィルニウス、人口三四〇万人の国で、宗教信条という点では国民の大多数がカトリック・キリスト教徒で構成されています。隣国のエストニアやラトヴィア同様、広義にはこの国がユーロ通商・貿易圏に入っているとはいえません。これは今後の課題でしょう。国内での流通通貨はまだユーロではなく、従前の通貨リタスがそのまま使われている現状です。

14．ルクセンブルク　国土面積と人口から概観すると、ルクセンブルクはヨーロッパ連合加盟諸国の中で最も小さな国家、すなわち小人《こびと》です。しかしながら、国内総生産高という視点から考えるならば、ルクセンブルクは加盟諸国の中で、群を抜いた巨人なのです。GDP一人当たりが五万七〇〇〇ドルにも達し、疑問の余地なくヨーロッパ連合の頂点に立っています。しかし、いったいどうしてそうした高い業績を産み出したのでしょうか。

　この国は、他のヨーロッパ諸国に比べると一九四五年以降、全世界の資本家や企業経営者にとって大変に好都合な外交・金融政策、すなわち課税条件の徹底した厚遇政策を導入して今に至っています。それゆえ、他の連合加盟国からルクセンブルクは〝脱税天国〟だと批判的に呼ばれたのです。

　しかし、この優遇政策を導入することによって、世界の多くの企業や資本がこの国に流れ込んできたことも事実です。とりわけ銀行の業務上の秘密厳守、すなわち本国政府から突きつけられる課税要求から顧客を守ってくれるという優遇措置は大変人気を集めました。

　そこから、ルクセンブルクはこの部門、金融・銀行制度の確立においてきわめて繁栄した国になったのです。首都ルクセンブルクでは、全職業従事者の七〇パーセントが、この首都で働くという現状を生み出しています。これは、世界でも大変珍しい姿ではないでしょうか。

もっとも、数年前からヨーロッパ連合加盟諸国から厳しく批判されているのが、まさにこのルクセンブルク式金融政策にまつわる問題です。この国の優遇政策が、かえって納税回避やマネーロンダリングを容易にしているのではないかといった批判です。

当然、この国の為政者・関係当局も海外諸国の脱税監視当局と前よりも緊密な連携行動をとり合いながらこの問題を克服しようとしてはいます。しかし、自国の伝統的外資優遇政策に切開のメスを入れないままの対応では、問題の根本的解決にならないでしょう。それが現実です。

ルクセンブルクは、議会制民主主義に立つ民主国家、すなわち立憲君主国です。「ルクセンブルク大公国」が、この国の公的名称です。しかし、今に至るまでこの国の大公は、他のヨーロッパ諸国における立憲君主に比べて、はるかに強力な権能と地位を保持してきたといってよいでしょう。大公国ルクセンブルクは、宗教的分布でカトリック・キリスト教国です。四五万人の人口を抱え、その多くが出身民族ルーツを近隣諸国の中に持つ国民によって構成されています。彼らは、この国の歴史形成において度々命運を決定してきました。そうした状況下、数世紀にわたって形成されてきたこの国の言語には当然ながら近隣諸国の使用言語、すなわちドイツ語やオランダ語、あるいはフランス語といった多言語の複合的要素が混在しているわけです。

公用語としては、ドイツ語とフランス語が使用されています。

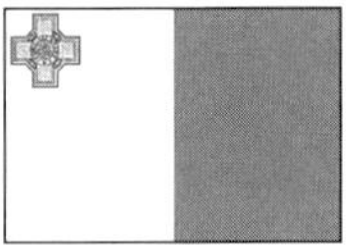

15. マルタ　一七九八年、ナポレオンは地中海に浮かぶこの島国マルタを占領しました。しかし、その二年後彼はイギリス軍によって撃破され、マルタは解放されました。その時以降、この島国は地中海の大英帝国海軍基地としてきわめて重要な地位と役割を担わされることに

なったのです。

イギリス人にとって、マルタはヨーロッパ世界に対して誇示できる最も重要な海軍中継基地だったのです。およそ一五〇年間、マルタはその後大英帝国の所属領土として位置づけられる中に歴史を刻んできました。

ついに一九六四年悲願の独立を達成します。しかし、その後も一五年間なおもイギリス海軍はこの島に常駐を継続していたのです。一九七九年三月三一日、大英艦隊の最終船がマルタを離港しました。ですから、マルタ国民はこの日を国家的祝祭日に決定、大々的に祝うのです。現在もそうです。

マルタの政体は、議会制民主主義と共和制です。ヨーロッパ連合加盟諸国の中で、国土面積比人口密度の最も濃い国が、このマルタです。人口四〇万人の大多数が、カトリック・キリスト教会に所属しています。極度に忠実なカトリック信仰のせいなのか、この国では今も離婚禁止法が厳格に適用されています。すなわち、この国では一切離婚の許可が与えられません。有職者人口の三分の一が、ほぼ観光産業に従事していますが、この分野はマルタの経済活動における最も重要部門を形成しています。

イギリスから来島する観光客は、とりわけこのマルタで快適な時間を過ごすことができるようです。なぜなら、母国イギリスで食事をするのと寸分違わぬ雰囲気の中で、彼らは旅をエンジョイできるからです。しかも、この島の第二公用語は英語です。さらに、外出すれば〝左側通行〟の交通ルールが母国同様に存在し、毎回の朝食もすべてイギリス風に準備されているのです。いや、イギリス産ビールさえ痛飲できるというわけです。

一人当たりの国内総生産高は九八〇〇ドルで、ヨーロッパ連合の中では下位三分の一の位置にランク付けされています。そのヨーロッパ連合への加盟は、二〇〇四年五月一日に実現しました。

16. オランダ　この国をネザーランドと呼ぶ言い方は、国内のある地方に由来した呼称です。隆起した小高い土地をほとんど持たず、むしろ部分的には海面の下に位置する土地が多いという地政学的条件が、この言い回しになったのでしょう。ですから、ネザーランド（ドイツ語はNiederlande. 邦語では、むしろオランダという言葉がより一般的に使用されている――訳者）の原意は、〝大地の下にある土地・国〟だと考えるべきです。

こうした地理的現実から、この国は古来堤防によって全土を防衛せざるをえない歴史を刻んできたわけです。堤防は全長三〇〇〇キロメーターにも達しました。ネザーランドは、時としてオランダとも呼ばれますが、実をいえばこれは正確な呼び方ではありません。なぜなら、オランダという呼称は元来この国の一地域を指す言葉にすぎなかったからです。

この国は、一六、一七世紀の両世紀にかけてヨーロッパ大陸における海洋通商・貿易国として最大の規模と最強の権力を誇り、世界の各地に植民地を持っていました。しかし、この地位も長くは維持できませんでした。

先ず、一八三一年にベルギーがこのオランダからの独立を勝ち取ります。そこから、新たにネザーランド（オランダ）王国が誕生します。この王国は、政治的に中立政策を導入しようとします。ところが、第二次世界大戦が勃発するや、ヒトラー・ドイツ軍はオランダのこうした政治的中立性をまったく無視して、この国に対する侵攻を開始してしまったのです。この苦く痛切な体験が一九四五年以降この国の中立政策に深刻な課題を投げかけました。

紆余曲折を経て、オランダは世界大戦終了後間もなくアメリカを基軸にした北大西洋条約機構（NATO）への加盟を選択することになりました。いや、むしろ戦後のオランダはヨーロッパ大陸全域の統合化の積極的推進力の一つになったのでした。

現代オランダは、議会制民主主義に立つ国家であると同時に、王室を擁立した立憲君主制の国でもあります。首都はアムステルダムです。人口は一六五〇万人で、その三分の一を超える国民は、宗教的に特に帰依する信仰を表明していません。その他三六パーセントに該当する人々が、カトリック・キリスト教徒、二六パーセントがプロテスタント・キリスト教徒という分布になっています。

オランダは、大陸ヨーロッパの他の国々同様に、サービス産業が国内の経済部門における最重要な位置にあります。例えば、精密に分業化された農業経済部門は世界的に有名です。チーズ、野菜、花栽培などはよく知られた輸出用生産物です。一人当たりの国内総生産高は、およそ三万一五〇〇ドルで、この数字はヨーロッパ連合加盟諸国の中では上位四分の一の位置を確保することになります。

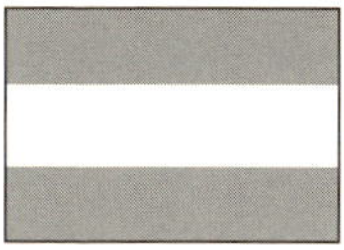

17. オーストリア　現代オーストリアは、かつて〝二重専制君主国家〟オーストリア・ハンガリー帝国の一部分から構成された国家領域です。この二重君主制国家は、一九一八年まで中央ヨーロッパの広範な領域に覇権と版図を拡大していた巨大な帝国でした。多民族・多言語国家からそれぞれの民族が分離・独立することによって、オーストリア・ハンガリー帝国は大陸ヨーロッパにおける支配権を喪失、政治の表舞台から消えていく運命を辿りました。

一九二〇年に、共和制国家オーストリアが誕生します。しかし、その実態はきわめて未成熟なものでした。民主主義の精神に立脚した近代憲法も導入されました。一九三〇年代に突入するや、国内ではファシズム思想の熱烈な信奉者たちが政治権力を掌握するに至ります。彼らは、国内の反対勢力を一掃した後、一九三八年三月ヒトラー下の第三帝国に〝併合〟される道を選択してしまったのです。

第二次世界大戦後、敗戦国オーストリアは、ドイツ同様連合軍・勝利諸国によって四分割された祖国の被占領体験をさせられます。一九五五年、ようやく独立が認められ、国家の主権を回復するに至ります。それと共に、内外に向けて母国の永世中立を宣言します。

ただし、その間オーストリアはこの政治的中立の姿勢を厳格に踏襲しすぎたこともあってか、ヨーロッパ共同体形成の構想や努力に関して最初期きわめて慎重な対応をしていたのです。一九八九年に入り、やっとこの共同体への加盟申請を申し出、一九九五年にヨーロッパ連合の正式メンバーとして迎え入れられることになりました。二〇〇四年にヨーロッパ連合が決定した、いわゆる〝東方拡大〟政策の推進によって、オーストリアはそれまでの〝周辺〟的立場から大陸ヨーロッパの〝中央〟地域に再度存在する主要国へと転換していきます。とりわけ、その貢献は経済領域の分野を中心に、ヨーロッパ連合加盟諸国からそれ相応の評価を受けるに至ります。

この国の国内総生産高は、一人当たり三万一四〇〇ドルに達していますが、この数字はドイツを凌駕した高さである点が特徴的でしょう。海外諸国との通商・貿易が、この高水準の国内総生産高を生み出しているわけです。

さらに、毎年諸外国から数多くの観光客が、白い雪に包まれたアルプス山脈から南東地域に所在する海水浴場に至るまで、この国を訪問しています。その他にも、モーツァルト生誕の地や音楽祭などで知られるザルツブルクは、毎年百万を越える観光客で賑わっています。人口は八四〇万人で、その半数がカトリック・キリスト教の信仰に生きている人々です。

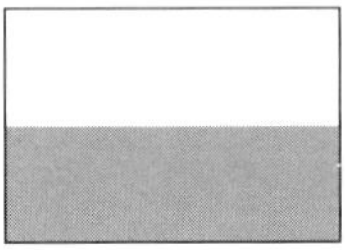

18．ポーランド

「われわれは、断じて屈服しないぞ！」——この標語は、第二次世界大戦中ポーランド人が対ナチス、すなわちドイツ第三帝国下の国家社会主義勢力と戦った際に口にしたセリフです。

今もこの言葉はそのまま現代ポーランドの中に生きています。ポーランド史全体における民族の一大スローガンとして理解されうる表現なのです。なぜなら、その民族史においてポーランド人はいつも自国を抑圧し支配しようとする外国諸勢力と戦わざるをえない体験をさせられてきたからです。しかも、この外国勢力は近隣に位置し、大陸ヨーロッパの西方と東方の両地帯に存在していたのです。

一七九五年、この国はプロイセン王国とオーストリア帝国、そしてロシア帝国によって国土が分割支配されてしまいます。それ以後ポーランドは、一二三年間大陸ヨーロッパの政治地図から抹殺されてしまうという運命を背負わされます。しかし、一九一八年に入り、この国はやっと主権を回復し、晴れて独立国家の地位を獲得しました。

このポーランドに、ヒトラーは一九三九年九月一日宣戦布告なき奇襲攻撃を仕掛けたのです。第二次世界大戦がそこから勃発しました。ドイツ軍によるこの奇襲は、その後ポーランド全体に実に筆舌に尽くし難い苦難と苦痛をもたらすに至りました。大戦終結後、ポーランドは国土境界線が新規に引かれることになってしまう状況に身を置くことになります。すなわち、国土の東側地域をソ連に割譲しなければならなくなったのです。その代償として、西方地域でオーデル・ナイセ線に至るまでの地帯を獲得します。

ソ連は、戦争終結後ポーランドを自分の衛生国家の一つに組み入れようとし、一応それに成功はしました。けれども、ソ連に対するポーランド民衆の抗議や蜂起までを押さえ込むことは不可能でした。

一九七八年、ポーランド人のクラクフ大司教カロ・ヴォイトュラが、世界カトリック・キリスト教会の最高責任者、ヨハネ・パウロ二世としてローマ教皇の座に就きました。彼のこの教皇着任は、すべてのポーランドの国民、そしてこの国のキリスト教徒全体に深い自覚を植えつける効果を生み出します。

バルト海に面する港湾都市ダンツィヒから「連帯」と命名された反体制運動が、造船所で働く労働者たちを中心に展開されていきます。彼らは、権力掌握者である共産党に対して激しい戦いを挑むまでに成長していくのです。

一九八八年、「連帯」関係者たちは東ヨーロッパ共産圏諸国の中で最初の総選挙実施を勝ち取ります。もっとも、この選挙自体は自由が〝半分程度しか〟認められなかった選挙ではありました。

ポーランド民主化と改革の後に、この国は〝小さな奇跡〟とも呼びうる経済復興を成し遂げます。低劣な賃金など、各種労働条件が除々に改善され、西側自由主義諸国からの企業誘致にも成功します。

ポーランド国内の各所に多くの外国企業の出張所が設置されるようになりました。この現実は、かつて東側地域でここ一五年間一度として見聞できなかったほどに急速な経済成長を意味したのです。大規模な資本投資がなされていきました。これらが、ポーランド社会そのもののインフラ整備に大きく貢献したというのはいうまでもありません。

しかし、そうはいってもポーランドの産業一般、とりわけ農業分野に見られる現状は旧態依然の観を呈しています。地球環境に有害な旧式の作業機械や施設のもとで、人々は生産活動に従事しているわけです。そこから、経済活動の挙国的な推進にもかかわらず、この国の国内総生産高は一人当たり五七〇〇ドルにとどまっています。この数字は、ヨーロッパ連合加盟諸国の中では下位四分の一にランクされる位置を指し示しています。現在、ポーランドは約三八〇〇万の人口を擁する国、議会制民主主義に立脚した共和制国家でもあります。ワルシャワが、この国の首都です。

19．ポルトガル　この国の大航海旅行者たちは、一五世紀の時点で最初に世界の大海を発見したヨーロッパ人でした。彼らはそうした優越的立場にいました。大西洋からアジア大陸に至る海路を最初に探検し見出したのも、これらポルトガル国籍の探検家たちです。そして、この快挙はポルトガルを植民地所有国としての海洋帝国にまでのし上げたのです。

しかし、この国はすでにその一〇〇年後に新しく勃興してきた他の海洋諸国、すなわちオランダとイギリスによってヨーロッパから駆逐されてしまうのです。その後は、ヨーロッパ世界においてこの国はほとんど影響力を持たないごく普通の国に戻ってしまいました。

二〇世紀初頭ポルトガルでは、共和制擁護者たちと専制君主制支持者たちの間で対立と紛争が開始されましたが、結局前者が勝利を手中にしました。

彼らは、一九一一年共和制国家の成立を宣言するに至ります。しかし、この新生共和国・ポルトガルはその初期から内側に極度の不安定さを抱えていました。一九二六年軍事クーデターが発生し、独裁主義的政治体制が確立されてしまいます。その状態は、およそ五〇年続きました。

そうした曲折を経て、ようやく議会制に立つ民主主義国家建設への努力が開始されていくようになります。とはいえ、これはきわめて困難な道程でもありました。なぜかといえば、この国の経済状況が、すでに当時破綻寸前だったからです。国家は多額の負債を抱え込み、ヨーロッパ諸国の中でも国民一人当たりの平均所得は当時最低の水準にあったのです。インフレ率は、二五パーセントにも上昇しました。こうした現状に触れ、人々はその頃ポルトガルを「ヨーロッパの貧乏人家庭」と皮肉ったほどです。

しかし、ヨーロッパ共同体への参加は一九八六年に実現し、正式なメンバーとして受け入れられました。ポルトガルは、それを契機に国内の全領域における改革を試み、その改善ぶりが顕著になってきました。

さらに、国内の政治情勢も安定の度を増してきました。今日この国の国内総生産高は、一人当たり一万四二〇〇ドルにまで達しています。これは、ヨーロッパ連合の中で中間の位置にある数字です。

ポルトガルの人口は一〇七〇万人で、宗教上の分布を見るとその大多数がカトリック・キリスト教徒によって占められています。首都、そして政府関連施設の所在地はリスボンです。

二〇〇四年一一月以降、ヨーロッパ連合の最高決議機関である「ヨーロッパ委員会」の責任は、この国のホセ・マヌエル・バロッソが委員長として担っています。この職責は、きわめて重たいものがあります。いわば〝ヨーロッパ政府〟の首相に匹敵する地位です。

20．ルーマニア　ルーマニアは、ブルガリア共々二〇〇七年一月一日にヨーロッパ連合への加盟が承認されました。その際、他の加盟諸国から加盟への適格性について厳しい声が上がったという事情は、ブルガリアの場合とまっ

たく同様でした。

　さらに、国境南方にあるブルガリアと同じように、この国も第二次世界大戦終結以後ソ連の衛星国の一つに位置づけられる歴史を刻んできました。

　しかし、一九七〇年以降ルーマニアは、ニコライ・チャウセスクの指導下に〝長兄〟ソ連からの分離と独立をずっと求め続けてきました。この動きに対して、モスクワはあえて介入しようとはしませんでした。なぜなら、チャウセスクが国内に導入した統治手法が、西側自由主義諸国に倣った民主主義的なものではなく、独裁主義のそれを多少現代化したようなかたちであったのであえて異を唱えなかったのです。統治者としてのチャウセスクのねらいは、母国ルーマニアをヨーロッパの中の大国へとなんとか変えていくことにありました。

　彼は、そこで八〇〇〇箇所もあったルーマニア国内のすべての山村を取り壊すという農業政策を前面に掲げたのです。農業経済はもっと効率性を高め、活発な生産活動の場に変革されなければならない。だから、もっと大規模な複合的機構に再編成する必要がある。他方、ルーマニア国民は全力を結集して、鉄鉱産業部門の振興に努めなければならない――チャウセスク大統領は、そう考えたわけです。

　しかしながら、彼の推進しようとした農業政策と工業振興政策は、結局のところ両立しませんでした。その結果、八〇年代に入るとルーマニアの財政状況は悪化し、負債国に転落してしまいました。社会状況は悪化を重ねていきます。ただ、不思議なことですがこの独裁者チャウセスクに対する反対や抵抗は、一般国民の中からはそれほど出てこず、むしろ共産党の内部からなされ始めたのでした。

　一九八九年の秋は、東ヨーロッパ共産圏にある国々にとって、文字通り激動の季節となりました。ルーマニアでも、国内各地で流血を伴った暴動や蜂起といった激変が発生しました。この年の一二月二五日、大統領ニコライ・チャウセスクと彼の妻エレナは軍法会議に呼び出され、即決裁判を経て公開処刑されてしまいました。

　ところが、こうした劇的出来事の後もこの国の共産主義者たちは、前向きの姿勢で政治改革に乗り出そうとはしないのです。この点は隣国のブルガリアでも、同様に見られた態度です。彼らは、緊急に必要とされる改革においてですら、着手の姿勢がきわめて消極的だったのです。それは、今でも大して変わりません。そうした影響もあってか、現代ルーマニアの国内総生産高は一人当たりわずか二八〇〇ドルにとどまっています。そして、この数字はブルガリアを多少上回る現実を物語っています。

　政治体制の面では、一九九一年以降ルーマニアは議会制民主主義に立つ共和制国家として歩み始め、現在に至っています。大都市ブカレストが、この国の首都であり中心です。総人口は、二一三〇万人で、国民の八七パーセントがロシア正教会に属するキリスト教徒という宗教分布になっています。

21. スウェーデン　数多くの戦争体験とその教訓から、一九世紀中半スウェーデン人は平和愛好国への道を模索し始めました。その結論として、この国は将来どのような戦争に対しても一定の距離を置く、すなわち中立的立場を堅持する外交政策を樹立するに至りました。これが功を奏してこの国は遅滞のない発展を続け、同時に議会制民主主義に立脚した国家体制を確立するのです。

　そうした歴史の中で、スウェーデンはヨーロッパの他の国々に先駆け二〇世紀最初の福祉国家を実現させたわけです。そこでは、国家が国民生活のすべてに責任を負います。まさに、〝揺り籠から、墓場まで〟のスローガンそのままに、すべてが国家の責任において進められるという福祉理解がここにあります。

　当時、この言葉は全世界を駆けめぐったものでした。もちろん、この政策の執行には多大の経費が必要とされたはずです。その経費はすべて国民から徴収することになります。しかし、その課税率は法外に高く、最高所得者のそれは九〇パーセントにも達したのです。福祉国家の実現は、そうした現実も同時に随伴させていたのです。

　この〝野放図な平等〟は、当時この国の中でも異議申し立てを呼び起こしました。八〇年代に入ると、スウェーデン・モデルに対する批判の声がさらに強くなりました。多くの国民は、国家が自分たちの後見役を勤めることに対して批判を始めるのです。〝悪しき平等〟を拒否する論調です。換言すれば、国民はそこでむしろ自由と自己責任の感覚を持ちたいと主張し始めたのです。市民たちのこういった要求に加えて、この国に第二次世界大戦後の第一次経済危機が襲来し、それまでの社会体制に対する抜本的見直しが現実的に叫ばれるようになりました。

　スウェーデンは、確かに国是として政治的中立性や、模範的福祉国家のモデルの提示に比重を置いて歩んできました。しかし、それが強調されすぎた結果として、この国は全ヨーロッパの統合化という共通の課題に対して長い間懐疑的でありすぎたのです。国家のこうしたスタンスに変化が起き始めたのは、やっと九〇年代の初めに入ってからです。一九九五年、スウェーデンはフィンランドと共に、ヨーロッパ共同体に加盟が認められました。とはいえ、この国の通貨クローネは今日に至るまでなお国内で流通し、ヨーロッパ連合共通の通貨ユーロが国内ではまだ導入されていない現状があります。

　スウェーデンは、一九〇九年以来議会制民主主義に立脚した君主制国家、すなわち立憲君主体制を採り入れた近代国です。その首都はストックホルム、人口は九二〇万人です。国民の大多数が、プロテスタント・キリスト教徒という社会構成になっています。一人当たりの国内総生産高は、三万四五〇〇ドルですが、この数字はヨーロッパ連合の中では上位四分の一の位置にあるといえます。

22 スロヴァキア　一九八九年一一月、共産主義国家チェコスロヴァキアは解体されました。しかし、この崩壊プロセスがきわめて平穏であったことから、人々は後日それを〝ビロード革命〟と呼ぶに至ります。

　この平和革命の後に浮上してきた課題は、新しい国家共同体をどのように編成し直し、再構築していくかという大きなテーマでした。新たに政権を担うことになった人々は、国家の統合的一体化を願っていたのですが、スロヴァキア人の中では独立と主権を切望する声が日を追うごとに高くなってきました。彼らはついに一九九三年一月一日念願の主権国家を樹立するに至ります。とはいえ、その出発時におけるスロヴァキアの立場は大変に困難なものがありました。それは、プラハを首都として歩み始めたチェコと比較すると、その状況はより深刻でした。

なぜなら、チェコと違って新生国家スロヴァキアには政府機関や行政機構をプラハ以外の場所にゼロから建設していかなければならないという現実が横たわっていたからです。また、政治や経済の領域においても、国家主導の統制経済システムから自由競争の原理に立つ市場経済へ転換する作業も、決して順調に進展したわけではなかったのです。経済成長の度合いも満足すべき状態ではありませんでした。何よりも、生産に必要な工場施設などがほとんどチェコ側地域にあったので、工業化政策の推進もままなりませんでした。ここ数年来、スロヴァキアは可能な限りの努力を重ねてはきました。しかし、多くの問題が未解決のまま山積みされ現在に至っているのです。その中でも、二〇パーセントを超える失業率が重たい現実としてのしかかっているようです。

その結果、一人当たりの国内総生産高も六四〇〇ドルに終始している現状です。この数字は、ヨーロッパ連合加盟諸国との対比で見ると最低の位置にあります。

現代スロヴァキアは、人口五四〇万人を擁し、その大半がカトリック・キリスト教徒です。首都はブラティスラヴァで、かつてはプレスブルクと呼ばれていた都市です。これはドナウ川沿いオーストリアとの国境近くに位置しています。

23. スロヴェニア　スロヴェニアは、歴史的に長い歳月オーストリア帝国の一部に組み込まれていました。その痕跡は今日でもオーストリア国内の多くの市街に存在する建造物から明白に知ることができます。

第二次世界大戦後、スロヴェニアは新生国家のユーゴスラヴィアに帰属することになりました。このユーゴスラヴィアは、チトーが国家元首として長く統治した社会民主主義国です。しかし、置かれた現実や歴史関係もあってスロヴェニアはチトー統治時代、西側ヨーロッパ諸国と比較的良好な関係を維持していました。

そのことは、とりわけ経済的発展の面で有益であると共に、多くの外国人観光客を誘致する上で積極的役割を果たしたのです。ですから、スロヴェニアの生活水準も当時東ヨーロッパ社会主義国全体の中で最高のレベルにありました。

一九八〇年のチトー没後、ユーゴスラヴィア内の多くの地域で自主独立を求める声が高くなってきました。首都ベオグラードの中央政府は、あらゆる手段、いや軍事力を行使してでも、統一国家の存続を願ったのですが、一九八九年の東ヨーロッパ共産圏崩壊の時点からその崩壊をもはや阻止できなくなったのです。ユーゴスラヴィアは解体され、瓦解してしまいました。

一九九一年六月、スロヴェニアは完全独立を宣言し、憲法制定の作業に着手します。その際、彼らはこの国家基本法を西側自由主義諸国の民主主義理念に即して制定しようとします。かくして、この国はその歴史において初めて独立主権国家の立場に身を置くことになったわけです。

良好な経済状況もあいまって、この国の自由市場経済への移行は比較的円滑、そして迅速に進展しました。とはいえ、経済分野の民営化はやや遅れています。今もなお国内企業の半数以上が、国家の管理下に置かれています。一人当たりの国内総生産高も一万四二〇〇ドルに終始している現状です。

共和制国家としてのスロヴェニアは、リュブリャジャナに首都を置き、二〇〇四年五月一日ヨーロッパ連合へ加盟しました。人口二〇〇万のスロヴェニア人の大半が、カトリック教会に属するキリスト教徒で占められています。

24. スペイン

クリストフ・コロンブスは、一四九二年偶然アメリカ大陸を〝発見〟しました。本来の彼の航海目的は、インド洋を経てアジア大陸に上陸することでした。しかし、コロンブスによるこのアメリカ発見は、結果的にスペイン王国の隆盛、そしてその世界列強への地位確保に大きく貢献することになりました。彼やその後に続いたスペイン人探検家たちが中央アメリカと南アメリカから持ち帰った巨大な財宝が、この国を一挙に富裕な国家にのし上げたからです。

しかし、すでにその二〇〇年後スペインは再び大陸ヨーロッパにおける一周辺国家に戻ってしまいます。無数の権力闘争の後に、この国は一九三六年共和制国家の成立を宣言します。

そうした中で、有産階級と左翼社会主義思想の信奉者たちの間で三年に及ぶ内戦が勃発します。そして、フランコ将軍率いる軍隊は、同様にファシズムを推戴する〝兄弟国〟のイタリアとドイツから支援を受けることによって、ついに権力を手中にするのです。

それによって、フランコは名実共にスペインの独裁者になったわけです。その独裁的支配は、一九七五年彼が死去する瞬間まで続いたと見るべきでしょう。生前彼は、皇太子ホワン・カルロスを自分の思惑通りに育て上げ後継者にしようとして、世襲を決定していたのです。ところが、父親の死後統治を継承したカルロスは父親の思惑を全的に無視したのです。多くの人々が驚いたのですが、彼はその言動を賢明に、また注意深く開始します。むしろ、スペインを民主主義的方向へ転換させていこうとすら考えました。

フランコ統治時代のスペインは、なお農業主体の国であって、工業立国などではまったくありませんでした。また、当時の国家財政における歳入の圧到的財源は、外国との通商・貿易に依存していたのです。

スペインの民主化運動の後に、こういった母国の遅れを取り戻すため国内では迅速な改革に向けたさまざまな努力が開始されていきました。その一端が、一九八六年実現を見たヨーロッパ共同体への参入です。これによってこの国の発展にはさらに弾みがつきました。

現在、スペインの国内総生産高は一人当たり二万一二〇〇ドルですが、この数字はヨーロッパ連合加盟諸国でほぼ中間の位置を占めています。

スペインは、堅固なカトリック・キリスト教国として知られています。人口は四四六〇万人、マドリッドが首都です。この都市は、海抜八〇〇メートルの高地に位置している地理的現状から、ヨーロッパ各国の首都の中で最高地に建てられた首都として有名です。

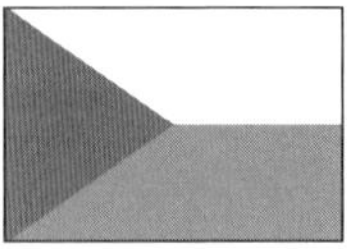

25. チェコ　一九六八年の〝プラハの春〟蜂起は、今や過去の時代の歴史的事件の語り草として記録されることになりました。当時チェコ共産党の幹部指導層はアレクサンダー・ドブチェクを筆頭に、新たな思いで〝人間の顔をした共産主義〟を創造しようとの歴史的実験の前に立っていたのです。しかし、チェコ人たちのこの実験は無慈悲にも共産主義を奉じるソ連の軍隊によって叩きつぶされてしまいました。

ところがあれから三〇年が経過し、一九八九年前後東ヨーロッパ社会主義陣営を取り巻く客観的状況は、文字通り劇的変化を遂げたのです。チェコの民衆自身が、共産主義の支配に終止符を打つことを可能にしたのです。わたしたちは、その変革全体をビロード革命と呼んでいます。

当然、革命後に浮上してきた一大課題は、今後この国をどのように組織化し、リードしていけばよいのかでした。新たに構成された指導者たちの意向は、以前同様にこの国を一体性ある国家として存続させていきたいというものでした。

しかしながら、これには長い歳月チェコ人に対して疎外された感情を持ち続けてきたスロヴァキア人が反対を表明しました。両民族間に深刻な対立と緊張が発生、ついにチェコ共和国そのものの分離と解体にまで発展していってしまったのです。

一九九三年一月一日、チェコ側はプラハを首都とした新生チェコ共和国を主権国家として発表、先に建国をしてしまいます。

分離以前から実施されていた経済領域の民営化が早い速度で進展し、国家統制経済システムから自由主義市場経済への転換も加速の度を増していきます。国境の西隣にドイツとオーストリアが位置しているという地政学的立場も、こうした民主化・工業化に大変役立ちました。これら二国が、チェコ国内に投資を開始したからです。それによって、チェコも社会的な雇用の創出を大幅に拡大することが可能になったのです。

現在、この国の国内総生産高は一人当たり九〇〇〇ドルですが、この数字は旧東ヨーロッパ共産圏の中では最高の位置にあります。とはいえ、ヨーロッパ連合加盟諸国との対比で見るとその位置は、下位三分の一にとどまっています。人口は、一〇二〇万人で、その四〇パーセントに該当する市民が、宗教的には特定の帰属集団を持っていないという現状です。しかし、キリスト教に関する限りで、大多数がカトリック信徒で占められています。

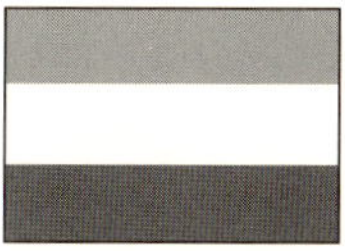

26・ハンガリー　現代ハンガリーは、第一次世界大戦の終結後ハープスブルク家オーストリア・ハンガリー帝国、いわゆる〝二重専制君主帝国〟の解体後、新たに誕生した国家として歩んできました。そこから、第二次世界大戦勃発時ハンガリーはヒトラー率いるドイツ第三帝国（枢軸国）側に属して、ソ連軍と戦いました。世界大戦終了後、すなわちハンガリー敗戦後、この国はソ連の勢力圏に組み入れられます。ハンガリー国内の政治も経済もことごとく共産主義化され、社会主義理念に基づく社会再編成が実施されて今に至っています。

しかし、ハンガリー国民はこうした政治体制に激しく抵抗を開始し、ついに一九五六年一〇月、市民たちの蜂起によってソ連への抗議を前面に押し出しました。

けれども、市民蜂起はモスクワから出動してきたソ連軍によって、残酷なほど徹底的に叩きのめされてしまうのです。これが、いわゆる〝ハンガリー動乱〟と呼ばれる民衆蜂起事件です。ソ連による非情な蜂起弾圧の体験から、ハンガリー国民は自分たちがこの〝長兄〟ソ連から解き放たれることが至難のきわみであることを痛切に思い知らされるのです。

それゆえ、彼らは戦略を大きく転換します。母国を革命によってではなく、改革によって変えていく道を、しかもきわめて慎重に踏み出すのです。そこに導入された改革案が、最高度に自由が保障された社会主義社会の建設であり、国家建設という道筋でした。すぐれて高度な自由に裏打ちされ社会主義は、後に〝グーラシュ共産主義〟と呼ばれるに至ります。この〝グーラシュ〟という言葉が、ハンガリア風シチューなどの表現としてよく使われているのは周知の事実です。

八〇年代に入ると、長兄のソ連は内部に抱える諸問題を露呈させ次第に深刻化させていきます。その姿を見て、ハンガリー国民は今度こそより自由が保障された生活、すなわち西側自由主義諸国により接近したライフスタイルを獲得しようと決意します。ソ連の激変が、逆に彼らに大きな勇気を与えたわけです。換言すれば、彼らは国内改革の枠内でそれまで推進してきた改革政策に対して深い確信を持つに至ったのです。

そうした懸命な努力が功を奏してか、一九八九年以降この国は他の東ヨーロッパ共産主義諸国に比べると、民主主義改革と市場経済体制への移行と転換はほとんど何の障害もなく進展したのでした。統制経済の民営自由化は、大幅な前進を示し、各種産業部門の近代化・工業化もどんどん推進されていきました。とりわけ、この後者については西側自由主義諸国からの大規模投資という動向が当時重要な貢献をしていたと判断してよいでしょう。

そこから、現代ハンガリーの国内総生産高は一人当たり八五〇〇ドルにまで上昇しています。

現在、この国は議会制民主主義に立つ共和制国家になっています。ブタペストが首都で、総人口は一〇〇〇万人です。その三分の二に当たる国民が宗教的にはカトリック・キリスト教徒として生活しています。

27. キプロス（南部ギリシア地区）

地中海に浮かぶ島国のキプロスは、一九六〇年に母国独立を達成するまで長く往時の大英帝国の統治下に置かれていました。しかし、独立達成直後からこの国ではギリシア系キプロス住民とトルコ系キプロス住民の間に、激しい対立と紛争が開始されたのです。両者の関係は悪化を続け、一九七四年ついにキプロスは、南北に分断されてしまいました。

島の北半分は、トルコ系住民によって占められました。彼らは、同時に一九八三年に入ると北部キプロス・トルコ共和国を建国し、一方的に独立を宣言して今に至っています。

キプロス島南半分には、ギリシア系住民が居住するようになりました。現在に至るまで、両住民間の和解と協調関係回復の目途は立っていません。

過去何回か、両者和解に向けた国連による調停もなされましたが、結局結実にまでは至りませんでした。一九七四年以来、キプロスにはずっとこうした分断と対立の緊張状態が継続しているということになります。

そうした緊迫状況の中、一九九八年になるとヨーロッパ連合へのキプロス加盟を念頭に置いた両者間の和解調停工作が開始されました。ヨーロッパ連合の加盟諸国は、その仲介が同時にキプロス再統一にまで連動すれば最善だという大きな期待を抱いていたのです。

けれども、この仲介工作も失敗に終わりました。キプロスの再統合化はいうに及ばず、キプロス国家としての連合加盟の可能性さえもまったく水泡に帰してしまったのです。その最大の原因は、北部のトルコ系住民が加盟案に正面から反対の意思表示をしたからでした。結局、ギリシア系住民が多数を占める南部地域だけが、二〇〇四年三月一日以降、ヨーロッパ連合の正式加盟国として受け入れられることになりました。

北部キプロスのトルコ共和国は、大多数を占めるトルコ人によって構成されています。およそ二〇万人の住民がここに居住しています。分断されたこの共和国の首都は、ニコシアです。一人当たりの国内総生産高は、一万五〇〇〇ドルに達していますが、ただこの数字は、ギリシア系住民が多く住み活気溢れた南部の経済状態と国内総生産高に比較すると、明らかに低位にあるのも事実です。

ＥＵへの加盟交渉中の国々

1．クロアチア　クロアチアは、以前からヨーロッパ連合への加盟を切望してきた国々の一つであり、事実二〇〇三年以後その加盟時期が最も早いであろうと見なされてきました。クロアチアについては、関係者や専門筋の間ですでに早くから予測がなされていましたから、加盟は時間の問題だといってよいでしょう。

ユーゴスラヴィア連邦から分離・独立した他の諸民族同様、クロアチアも民族的主権を回復し、独立を達成するまでには多くの苦難と戦いの道のりがありました。

例えば、内外に向けて独立宣言を発表した一九九一年六月の時点で、すでにセルビア人との間に対立と紛争が発生していたのです。当時、セルビア民族の指導者はスロボーダン・ミロセヴィッチでした。彼は、セルビア大帝国の実現という大望を抱いて生きていた熱烈な民族主義者でした。その彼にとって、クロアチアの独立など、とても容認できるわけがありません。そこから、二民族の間でまことに凄惨な内戦が勃発してしまったのです。この戦いで、ミロセヴィッチは圧倒的主導権を手中にし、それまでセルビア人が掌握していた軍隊を支配下に置きます。武器と弾薬の調達を彼の意のままにできる立場に立ちました。すなわち、こうした客観的事実だけからしてもこの内戦にはすでに決着がついたのも同然でした。クロアチアに対するセルビア側の優位は、戦う前から絶対的なものがありました。

　実は、これによく似た事態がボスニア・ヘルツェゴヴィナ地域においても発生していました。そこでは、内戦勃発の後セルビア人とクロアチア人の間の熾烈な対立や小競り合いが今や収拾不可能な段階にまで発展していったのです。クロアチアでの内戦は、一九九二年一月国連軍による強制介入の結果、暫定的には何とか停戦にまで漕ぎ着けることができました。建国後間もない歴史のクロアチア共和国では、クロアチア民主同盟を名乗る政党が国内政治において主導権を掌握するようになります。しかし、そこでこの政党の掲げた改革政策は、きわめて民族至上主義的色彩が濃い内容でした。しかも、政権与党に近い関係者が国内のほぼ中枢部門を独占し、党に忠実な人間が経済領域や国内メディアの世界で登用されるという、偏向政策の展開が顕著に見られたのです。

　こうした独裁的政治のあり方に転換が生じてきたのは、一九九九年社会民主主義を基盤にした勢力が、既成政党に代わって新たに主導権を握り首都ザグレブを中心に幅広い活動を開始し始めてからです。それ以後、クロアチアでは国家の行政管理や経済、あるいは一般社会で必要とされる改革が、次々と実施に移されていくようになりました。当然、こうした一連の民主化と自由化がヨーロッパ連合加盟への道を開拓していくことになります。

　この国にとって、観光産業はユーゴ連邦を構成していた時代から国家歳入のきわめて大切な部門になっていました。連邦から離脱し独立を達成した後もそれは踏襲され、第一次産業分野はこの国の最大の収入源として今に至っています。

　海外諸国からの観光客や休暇・避暑客が、大挙してこのイストリア半島に押し寄せている現状です。その結果、クロアチアの国内総生産高は上昇し、一人当たり六六〇〇ドルに達しています。人口は四六〇万人、国民の大多数がカトリック・キリスト教徒といった宗教分布になっています。

2. トルコ　現代トルコ共和国にとって、二〇〇五年一〇月三日は忘れられない歴史的記念日になっています。長く、かつ厚かった障壁を乗り越えて、ヨーロッパ連合加盟諸国と加盟に向けた諸々の交渉をトルコ政府が開始した日が、まさにこの日だったからです。この瞬間から、大陸ヨーロッパの一員になるための準備と努力が開始されたわけです。

近代に突入したトルコが西側ヨーロッパ諸国の自由主義体制へ方向転換を開始してから、すでに八〇余年が経過しました。近代トルコへの先鞭をつけた人物こそ、国民的英雄として崇められているケマル・アタトゥルクです。彼は後に近代トルコ「建国の父」と呼ばれるに至った民族的指導者です。

一九二三年以降アタトゥルクは一連の祖国改革を断行し、西側ヨーロッパ社会に範をとった近代国家に母国の再建を考えるのです。その意味で、現代トルコはこのアタトゥルクが築いた堅固な土台の上にあるといっても過言ではありません。

第二次世界大戦後、この国はヨーロッパ経済共同体と北大西洋条約機構への加盟が相次いで承認されました。ところが、トルコの処遇と位置をめぐってヨーロッパ諸国と国内両サイドから、強い疑念や批判の声が上がりました。それは現在もなお投げかけられているといってよいでしょう。すなわち、トルコは本当に大陸ヨーロッパに属している国といえるのか、ヨーロッパ連合に加盟する資格を十分備えているのかをめぐる批判的問いかけです。

このデリケートな問題は、議論が真っ二つに分かれているのが目下の現実です。これまでに提出、支持されてきた伝統的見解は、次のような立論として展開されています。トルコは明白にヨーロッパの一員である、この国をヨーロッパ世界に受け入れることに何の問題もない。そういった主張、すなわち、トルコ擁護論です。

確かに、トルコはその地理的位置からすれば、ボスポラス海峡を分岐点にして明白に大陸ヨーロッパに属しているのです。まぎれもなく、この国はヨーロッパの一国です。そして、海峡東側にある地帯、かつて小アジアと呼ばれた地域全地域は、東方アジア大陸に所属しています。東方世界（オリエント）対西方世界（オクシデント）という表現の対比でいえば、確かにトルコが西側世界に属していると断言することも可能です。ただ、この国はたまたまヨーロッパ大陸の西端に位置しているにすぎないというわけです。こういった立論が展開されるはずです。

しかしながら、問題はそれほど単純ではないし、「トルコ、すなわちヨーロッパの一国」と直截的に断定できるものでもないでしょう。

ヨーロッパ連合へのトルコ加盟に反対する論者たち、あるいは慎重論者たちはこう考えるのです。たとえ、現在進行している加盟交渉が円滑に進展していくとしても、ではトルコ共和国全域を連合「域内」地域として正式に受容可能なのだろうか。いや、それは決してありえない話だ。トルコの西端は、疑う余地もなくアジアではないのか――こういった率直な批判と疑念を、加盟諸国の政治家、専門家たちが抱いています。それも偽らざる現実です。むしろ、彼らはトルコ全域を含めた加盟承認はありえないとすら予測しているのです。

さらに、反対論、あるいは慎重論を唱える人々の中には次のような見解も見られます。たとえ、〝イスラム教国〟トルコが加盟への準備作業をあらゆる領域で断行するとしても、イスラム教とその伝統文化に深く刻印されたトルコが内部に持つ価値意識と、キリスト教の伝統文化に決定的に刻印されてきた西側ヨーロッパ世界の価値意識はそれほど簡単に融合されえないのではないか。こうした見解も事実強力に登場しています。

ですから、ヨーロッパ連合への加盟が万一承認されたとしても、現代トルコと加盟諸国が将来共に成長し前進できるのであろうかという問題は、きわめて微妙な課題ではないか。彼らのこうした主張にも、確かに一理があるというべきでしょう。

これほど懐疑的見方ではないにしても、今後実際問題として加盟交渉にさまざまな困難が生じてくるであろうことは、疑問の余地がありません。そこから、ある人々は、トルコの加盟実現まではなお一五年から二〇年を必要とするとすら計算するのです。

別言すれば、これは実質的に加盟はほぼ不可能であろうという判断の表明です。

　政治的に、この国は今日までよく機能している議員内閣制に立つ近代国家として歩んできました。しかし、経済の側面を見ると、旧態依然の後進性が各地に残っていて、就労人口の三分の二に該当する人々が、都会ではなく、農村地帯に集中して生活している現状があります。

　農業技術も、国内全域ではないにしても、父祖たちと変わらない旧式の生産様式がそのまま踏襲されています。こういった農村地帯とは対照的に、イスタンブールを始めとする大都会に、人口の圧倒的集中が顕著です。

　この国の総人口は、七五八〇万人。一人当たりの国内総生産高は、三七〇〇ドルです。トルコ国民の九九パーセントが、イスラム教徒という宗教分布になっています。

3. マケドニア　二〇〇五年一二月、ヨーロッパ連合はマケドニアを加盟国候補に決定し、受け入れに向けた具体的交渉と準備を開始しました。マケドニアは、バルカン半島に所在する一国ですが、歴史的に世界帝国の名残を随所にとどめた地域でもあるわけです。

　かつてマケドニアという国名のローマ字表記は、Makedonia でした。現在の Macedonia、すなわち〝c〟表記ではなく、〝k〟が使用されていたのです。これは、明らかに古代ギリシア・アレクサンドロス大王の統治時代にまで遡及する国名表現の名残だと考えるべきでしょう。
　ユーゴスラヴィア連邦共和国から分離・独立した他の四つの多民族国家同様、マケドニアも一九九一年に入り主権を回復し、新たに独立国家として出発を開始しました。とはいえ、当時国内には独立主権国家にふさわしい社会条件と前提がほとんど整備されていませんでした。現在、ヨーロッパ大陸で、この国が最も立ち遅れた地帯になっていると評されるのも、そうした経緯があったからです。

独立後も、この国の工業化政策はままならず、失業率も三〇パーセントを超えた状態が長く続きました。その上、国内人口の四分の一が少数派のアルバニア人によって占められていました、彼らは、その民族的立場に立ってマケドニア独立の最初期から、自分たちの独自路線を要求し続けてきたのです。

しかし、最初期、全体的にはマケドニアは新生国家として穏やかな発展を続けていたのです。外界の目に映るマケドニアのそうした姿は、同じ状況下にあった他の東欧圏の国々以上に平和的なものでした。

マケドニアは、近隣ヨーロッパ諸国から深い尊敬を受け、国際的にも、高い評価の対象になりました。国家形成のプロセスは、この国をバルカン半島に所在する他の諸国にとってすばらしいモデルになるという高い評価まで受けるに至ったのです。〝模範国家〟マケドニアという言葉さえ生まれました。

ところが、です。残念ながら、それは外見上の模範国家にすぎなかったのです。二〇〇一年初頭、武装した軍人たちによる反乱が発生しました。アルバニア系兵士たちです。この蜂起によって明らかになった事実は、独立後何の問題もなく発展してきたかに映ったマケドニアの脆弱さ、すなわちこの国の政治がどれほど不安定であったかということでした。

ただし、アルバニア系兵士たちの反乱は、その直後、国際社会による仲介や政治的圧力によって一応鎮静化されました。国内の対立と紛争は、とりあえず収まったわけです。二〇〇五年末に、NATO軍とEU平和維持軍がマケドニア警察共々、現地に出動して国内の治安維持に当たることとなります。

しかしながら、経済的側面から考えるならば、この国は主権と独立の回復以降もそれほど大きな変化を経験したわけではありません。現在でも、国内産業は好況に転じず、失業率も三〇パーセントを超えています。経済状況は、以前と大差ない状態なのです。諸外国への輸出品目も、わずかに一種類のみで、農業生産物、すなわち唯一タバコ品目に限定されている現状です。

マケドニアの国内総生産高は、一人当たり二三〇〇ドルに終始しています。この国は、政治体制として議会制民主主義に立脚した共和制を導入した国家形成をしてきました。首都は、スコピエですが、この都会に総人口二〇〇万人の二五パーセントに該当する市民が集中的に居住しています。国民の約六〇パーセントが、キリスト教会に所属、とりわけその大多数がギリシア正教会の信徒という宗教分布です。

その他のヨーロッパ諸国（六ヶ国、公国は除外）

1．アルバニア　バルカン半島の小国で南アドリア海域にあるこのアルバニアを、わたしたちは恐らく現代ヨーロッパ世界の中で、その名前が最も知られていない国であると見ることができるでしょう。

アルバニアは、かつてソ連を盟主とする東ヨーロッパ共産主義陣営に属していました。地政学的にもそうならざるをえない位置にありました。しかし、この国は自国史の中でつねに、独自の路線を歩もうとする試行錯誤をくり返してきたともいえるでしょう。アルバニアは、最初締めつけの比較的希薄な隣国ユーゴスラヴィアと親密な同盟関係を保持しようと努力します。その道の選択が、自国をソ連の支配圏への従属から守ることにも連動していたからです。

ところが、スターリンがモスクワで権力の頂点に立つようになると、アルバニアは彼の政治哲学をモデルとした社会主義建設に方向を転換させます。しかし、五〇年代の後半、すなわちスターリン死去の後には、ソ連との間に確執が生じ、この国は一九六一年ソ連と断交してしまいます。ソ連に代わって中国が登場し、アルバニアは東アジアのこの社会主義国と親密な国際関係に入っていきます。

しかし、当時ソ連はアルバニアと中国のこうした急速な接近に関して、これといった介入をしませんでした。恐らく、大国ソ連にとっては、小国アルバニアがアジアの兄弟国中国と良好な関係に入ったとしても特に干渉などしなくてもよい、ソ連には何の影響もあるまいと判断していたからでしょう。ソ連にとっては、アルバニア以上に中国との関係悪化の方がより懸念される案件であったからです（六〇年代の中ソ対立）。

ところが、アルバニアはこの中国とも一九七八年、国交断絶をしてしまうのです。その結果、この国は現代世界のど真ん中で、完全に孤立してしまいました。

海外諸国からの支援を一切受けられないまま、アルバニアはヨーロッパ諸国の中で最も貧しい国家へと落ち込んでしまいました。それにもかかわらず、権力を掌握している共産主義者たちは従来の強硬路線を踏襲し、改革や変革にまったく応じようとしないのです。そうした結末として、三五万人のアルバニア市民が国外へ亡命を図るといった事態が発生するに至りました。それと入れ代わるかたちで、一九九八年から翌年にかけて、コソボから六〇万人を超える難民がアルバニア国内へ殺到してきました。この事態は、当然アルバニア国内の状況をさらに悪化させてしまうことになります。

国際社会の緊急救援活動も展開されました。しかし、それはいわば〝焼け石に水〟の効果しかなく、この国が内部に抱え込んできた多くの根本的矛盾の解決にはほとんど寄与しませんでした。この国の硬直した政治・社会状況を、国際社会は緩和できなかったわけです。こうした国内状況を見ても、アルバニアが経済、あるいは社会の現状において、現代ヨーロッパで近代化政策が最も遅れた、しかも最貧国として位置している姿がよく理解できるでしょう。これは、まことに悲しい現代ヨーロッパの現実です。

政治的に、この国は一九九一年以降議員内閣制を導入した共和制国家として歩んできました。とはいえ、政権を担当した人々が自己の利害ではなく、母国と国民全体の益、すなわち公益を真剣に考え始めたのは、共和国成立後一〇年以上も経過してからのことです。権力者たちはそれまで政敵同士が、内部で長く陰湿な権力闘争をくり広げていたのです。

人口三二〇万人を擁するアルバニアは、全労働人口の二分の一に該当する人々が農業従事者で占められています。農村は、完全に旧態依然の耕作手法のもとに置かれていて、時代遅れの旧式農耕器具によって農作業が行われている現状です。

　したがって、この国の国内総生産高も一人当たり二〇〇〇ドルにとどまっています。首都のティラナには、一〇万を超える国民が生活しています。国民の七〇パーセントはイスラム教徒で占められ、三〇パーセントがキリスト教諸派に所属する信徒たちという宗教分布になっています。

2．ボスニア・ヘルツェゴヴィナ

ボスニア・ヘルツェゴヴィナは、九〇年代初めにユーゴスラヴィアから分離・独立した多民族国家の一つです。周知のように、これら多民族国家群はそれぞれが母国の主権回復と独立に至るまで、流血さえも伴った厳しい内戦の体験を持っています。

　そうした中で、ボスニア・ヘルツェゴヴィナは帰属民族を異にする住民同士による多民族・単一国家建国を目指して厳しい戦いを開始していました。それが、ボスニア系住民とセルビア系住民、そしてクロアチア系住民の間の激しい内戦として勃発したわけです。国連と北大西洋条約機構の仲介によって、その後この内戦は一応終結を見ました。

　一九九五年一一月、アメリカ合衆国のディトンで停戦協定の調印がなされ、その席上一見奇想天外な解決案が提示されたのです。すなわち、ボスニア・ヘルツェゴヴィナ共和国は、二つの分立国家体として再編成し、国名をそれぞれボスニア・クロアチア連合、セルビア共和国としてはどうかという提案でした。

　これら二つの民族国家は、共同の統一議会を構成し、協力し合いながら重要案件を審議し決定していこうというわけです。この議会と、その他の統合機構には、この多民族国家群がそれぞれ別途に代表を送り出します。国家の最高責任を負うのは特定個人ではなく、それぞれ三民族から選出された三人の代表です。換言すれば、この主権国家を対外的に代表する存在は、これら三頭議長団ということになるでしょうか。

　同時に、国家が正しく機能し、国民の付託に応える役割を果たしているか——それを、監視する機関が、国際社会であり、ヨーロッパ諸国です。さらには、一国を超えた権限を持つ上位の国際機構やその責任者たち、例えば国連「平和維持軍」なども、この監視役を引き受けています。

　しかしながら、この新生国家のその後の歩みは、ディトンに参集した各国政治家たちが当初予期していた方向には進んでいきませんでした。三つの民族グループからなる単一国家が、人々が期待したような相互協力の善隣関係を醸成できなかったからです。まさに、こうした不一致の現実が相互に相殺し合い、以後ボスニア・ヘルツェゴヴィナはヨーロッパ大陸の中で最貧国の一つへ落ち込んでしまいました。

　貧困を生み出したのは、内戦による単なる国土荒廃ではありません。むしろ、この多民族単一国家というこの国独特の現実、そこにおける相互の対立と非寛容がその主たる原因だと考えるべきでしょう。

　そこから、この国の国内総生産高は一人当たり一八〇〇ドルという低額にとどまっています。この数字は貧困の国アルバニアよりもさらに低い地位を指し示しています。

　人口は三九〇万人で、その四五パーセントがイスラム教徒、三〇パーセントがロシア正教会に所属するキリスト教徒、そして一五パーセントがカトリック・キリスト教徒といった宗教分布になっています。首都はサラエボで、ボスニア語、クロアチア語、さらにセルビア語が国内で公用語として使われている現状です。

3. アイスランド　わたしたちが、地球儀を手に取ってよく見ると、アイスランドは一見北極圏に属していて、大陸ヨーロッパとは無関係のような印象を受けがちです。あるいは、アイスランドがヨーロッパには属していないと考える人も多くいるかも知れません。

　しかし、そういった見方や印象は正しいものではありません。地理空間的に遠い場所にあるにもかかわらず、この国はまぎれもなくヨーロッパ世界の成員なのです。アイスランド国内の世論調査によれば、大多数の住民は以前からヨーロッパ連合への加盟を切望してきました。しかし、民意とは反対に現政権はまだ加盟に向けて積極的に動こうとはしていません。彼らの見解によれば、ヨーロッパ経済同盟に参加さえしていれば、特にヨーロッパ連合へ参入する必要などないということになります。

確かに、現在でもこの国の高い生活水準を見ると、政治家たちの判断は的外れではないのかも知れません。国内総生産高は現在一人当たり三万五七〇〇ドルに達しています。明らかに、この数字はヨーロッパ諸国の中でも上位四分の一の地位を占めているのです。

大陸ヨーロッパに住む国民の多くは、アイスランドが雪と氷と寒波に覆われた酷寒の国ではないかと思い込んでいるはずです。事実はまったく違うのです。島の南方にある海岸沿いは、メキシコ湾から北上してきた暖流の影響で、実に快適な生活がエンジョイできます。さらに、島の総人口二八万五〇〇〇人のうち、大多数が首都レイキャビクとその周辺地域に集中して生活しています。その数はおよそ一八万五〇〇〇人にものぼります。

一九四四年以来、アイスランドは独立主権国家として歩み始めて今に至っています。政治体制としては、議会制民主主義に立つ共和国家になっています。国民の九〇パーセントに該当する市民たちが、ほぼプロテスタント・キリスト教徒です。

アイスランドは、海産物産業を中心とした経済生活の中に置かれていて、輸出製品のほぼ三分の二が海鮮魚とその加工食品で占められています。もう一つの収入源は、観光産業にあります。毎年、海外から大勢の観光客がこの島に押し寄せていますが、ツーリストたちの最大のお目当ては、島に二〇〇ヶ所もある活火山見学やその周辺で温泉浴を楽しむことにあるようです。

4．ノルウェー　ノルウェーとヨーロッパ共同体、あるいはノルウェーとヨーロッパ連合――両者のこうした関係には、ある種紛糾の歴史が横たわっています。ヨーロッパ

大陸の最北端に位置するこの国は、すでにこれまで四回にわたる加盟申請がなされているのです。

しかし、一九六二年と一九六七年の加盟申請は、フランスが拒否権を発動し却下されました。ノルウェー政府はそれに屈せず、EC、そしてEU側と長丁場の粘り強い交渉を重ねます。そしてやっとヨーロッパ共同体への実際的加盟を準備する段階にまでこぎつけたのです。

ところが、ノルウェー政府は自国民に加盟の是非を問う国内手続きをしないままEC側との交渉を進めていたのです。一九七二年、国民投票が実施されました。結果は、加盟反対票が五三・三パーセントでした。すなわち、国民はヨーロッパ共同体への参入を拒否したわけです。

それからおよそ二〇年が経過しました。ノルウェー政府は、今度は同じスカンディナヴィア半島の隣国スウェーデンとフィンランド共々、一九九四年あらためてヨーロッパ連合への加盟の申請をするに至りました。しかし、ノルウェーの国民は国民投票を通して、僅少差ではあったのですが、再度連合加盟を拒否してしまったのです。

この結果には政治家たちも大変立腹しました。しかし、民主主義を標榜する国家であろうとする限り、彼らも国民のこの総意を無視することなど不可能です。結局、この時点でノルウェーのヨーロッパ連合加盟の道は閉ざされてしまったことになります。

そうはいっても、現実的にノルウェー政府はこの間ヨーロッパ連合加盟諸国との間にさまざまな協定を締結してきています。例えばヨーロッパ連合全域で加盟諸国の国民と企業とまったく同等の権利保障を、ノルウェー国民や国内企業に提供しているのです。

換言すれば、すでにこの国は〝二分の一連合会員〟になっているとすら考えることができるわけです。ここ数年間に実施されたアンケート結果を見ても、ノルウェー国民の大多数は現在加盟に対して賛意を表明しています。

ノルウェーのヨーロッパ連合加盟は、もはや時間の問題であるといっても過言ではありません。近い将来、この国は〝五〇〟ではなく、〝一〇〇パーセント〃の資格を持ってヨーロッパ連合に参入してくることでしょう。

他方、ヨーロッパ連合にとっても、この国の加盟は歓迎すべき点が多々あるのです。なぜなら、ノルウェーの地下資源、とりわけ原油と天然ガスは魅力的です。事実、これらの産出によってこの国はいっそう豊かになりました。また、国内を見渡しても、失業率はヨーロッパ全体と比較して最も低い現状にあります。一人当たりの国内総生産高は、四万九五〇〇ドルの高額に到達しています。

広大な国土に比べて希薄な人口密度のノルウェーは、四七〇万の人口を擁する近代国家です。国民の八六パーセントが、プロテスタント・キリスト教徒といった宗教分布があります。政治体制として、この国は長く立憲君主制国家として歩んできました。首都は、オスロです。

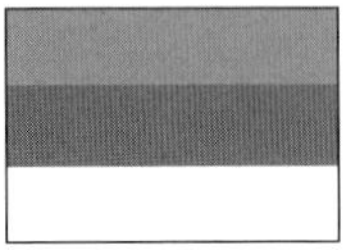

5．セルビア・モンテネグロ　社会主義国家ユーゴスラヴィア連邦の崩壊、それに並行した四つの多民族共和国がユーゴからそれぞれ離脱・独立した後、ミロセヴィッチは一九九二年四月に新たに連邦共和国ユーゴスラヴィアを樹立しました。

この〃残ったユーゴ〃は、セルビア民族とモンテネグロ民族から構成され、いずれも、共和制をとる民族国家です。セルビア地域に帰属することになったのは、行政自治区のヴォジェヴォティナとコソボです。しかし、そこには二〇〇万を超えるアルバニア人と二〇万のセルビア人が共住している市街地です。互いに異民族である彼らの間には、暴力を伴った対立と小競り合いが頻繁に発生しました。この難解な問題を、ミロセヴィッチは自力で解決しようとします。

その際彼が用いた手段は、軍隊に出動命令を下してコソボ自治区からすべてのアルバニア人を〃消し去る〃というものでした。彼は、民族粛清計画を実行に移したのです。

一九九八年末までに数十万のアルバニア系住民が長年住み慣れた故郷コソボ自治区から追放され、難民として近隣諸国へ脱出していきます。しかし、それでも彼は満足しませんでした。狙撃特殊部隊をコソボ地区に送り込み、恐るべきアルバニア人虐殺を命令したのです。北大西洋条約機構軍は、この民族抹殺行為を何とか阻止するために一九九九年三月から六月にかけて、コソボにあるミロセヴィッチ・セルビア軍司令部とその施設に空から攻撃を開始します。

同時に、特殊部隊の撤退をミロセヴィッチに要求します。併せて、国際連合軍がコソボに派遣され、彼との間に取り交わした停戦協定遵守を監視する役割を担います。

二〇〇三年二月、ヨーロッパ連合の強い要請を受け、セルビア・モンテネグロ民族国家連合が、ベオグラードを首都として発足しました。これら二つの地域と民族の連合によって、国内諸地方がより安定化されていきました。

しかし、政治領域の一体化はこれら異民族の間で最初から話題にさえなりませんでした。例えば、それはこの国家連合の中に二種類の通貨が流通しているといった事実を見ても明白でした。すなわち、一方でセルビア系通貨ディナールが存在し、他方モンテネグロ地区ではユーロが使用されているのです。

ヨーロッパ連合による比較的寛容な援助があったにもかかわらず、この二年間だけを見てもこの国の国内総生産高は、一人当たり二〇〇〇ドルに終始しています。

モンテネグロ側に所属する住民の多くは、国家連合発足の時からこの異民族合作のいびつな連合を承認しようとはしていませんでした。むしろ、彼らは独自の自主的独立国家を実現させるために戦いを継続してきたのです。二〇〇六年五月二一日、国民投票が実施されました。その結果、得票率の五五・四パーセントがセルビアからの完全分離に賛成したのです。もし、この両者の〝離婚〟が正式に実現するとなると、ヨーロッパ世界はこの時代に再び新国家の誕生を見聞することになるでしょう。

セルビア民族とモンテネグロ民族を含め、この国の総人口は、一〇五〇万人です。六三パーセントがセルビア系住民、一七パーセントがアルバニア系住民という比率になりますが、六パーセントを占めるモンテネグロ系住民の存在も忘れてはならないでしょう。大多数の国民は、ギリシア正教会所属のキリスト教信徒です。一九パーセントがイスラム教徒、それ以外はカトリックとプロテスタントです。さらには、ユダヤ教徒もこの国に生活しています。

　仮に、モンテネグロ系民族国家が別途に誕生するとなると、この新生国家はおよそ六二万人の住民によって構成されるはずです。その四三パーセントをモンテネグロ系住民が占め、三二パーセントをセルビア系住民が占めるといった構成になるはずです。

　しかし、問題は果たして独立したこの国が、国際社会の中で自立して生きていかれるか否かでしょう。その去就は、今後の動向によって、決定されるでしょう（国連の「世界人口白書」二〇〇八年版では、その間〝一方的〟に独立宣言をしたセルビア共和国をモンテネグロと分離し独立した二つの国として、人口や各種データの紹介をしている——訳者注）。

6．スイス

「われわれは、諸民族の中でも無比な国民でありたいと切に願う！」——この言葉でもって、祖国の自由と独立のために共に戦う誓約をとり交わしたのは、ウーリと

シュヴィーツ、そしてウンターヴァルデン地方から来た代表者たちでした。そこで彼らは固い盟約を結んだのです。

　これは、シラー作『ヴィルヘルム・テル』に登場する一場面でのセリフです。この盟約、すなわちスイス原初三州による誓約は出来事として事実歴史に存在しました。この誓約には、後にスイス地方の他の数州も参加を表明し、さらに大きな盟約共同体に拡大していきます。

　現在でも公的呼称として使用され認められているのがこの誓約共同体です。それが、いわゆる〝スイス連邦誓約共同体〟という呼び方です。この共同体には、さまざまな民族集団・文化地域が、同時に相

異なる言語を保持しながら共生しています。

そして、彼らすべてに共通する意識が存在します。それは、ハープスブルク王朝、すなわち神聖ローマ帝国への帰属を拒否し、独立したスイス連合に共に属したいという強烈な意識・意志です。

そこから、後世のヨーロッパ人はスイス人たちのこの堅固な連帯組織を〝意志の国家〟と呼ぶようになりました。ここには、強くて固い自立精神と独立への意志と共に、自分たちこそ祖国を建設してきた国民であり、国家であるとの意味が込められているはずです。

事実、その後の時間と歴史を通して、スイスは実に数多く「わが道を行く」式の独自路線を踏襲してきました。例えば、スイスは大陸ヨーロッパのいわばど真ん中に位置しているにもかかわらず、いかなる国際紛争、すなわち戦争に対しても必ず一定の距離を置く政治的中立性の保持に成功してきたのです。

中立性の堅持は、スイス国民にとって非常に重要な意味を持っています。この永世中立主義の厳格な擁護のために、彼らは二〇〇一年三月実施されたヨーロッパ連合加盟の是非を問う国民投票において、明確な拒否の表明をしました。しかし、だからといってスイス国民やこの国が、現代ヨーロッパ世界の中で周辺に押しやられた立場にあるわけでは決してありません。

事実はその反対です。むしろ、この国は例えば経済の分野でヨーロッパの近隣諸国、いや世界の多くの国々ときわめて緊密な関係を保持しているのです。ネスレ、あるいはノバルティスといったスイスの大手銀行、有名企業を想起すれば直ちに納得がいくのではないでしょうか。これらの金融機関や企業が、現代世界を動かしている主役の一翼を担っているのはよく知られています。

スイス連邦共和国の国内総生産高は、一人当たり四万三二〇〇ドルです。この数字は、いかにこの国が現代世界で大変裕福な国家群の一つであるかという事実を指し示しています。

この国の政治システムは、その歴史的・精神的姿勢同様に高邁なスイス人の独自性を保持しているというべきでしょう。何百年来、スイス国民は可能な限りすべての問題を自分自身の責任において解決する姿勢を堅持してきました。換言すれば、ある国々のように遠隔地にある某国首都にいる〝お偉方〟に操縦され、決定がなされるような選択の道を断固拒否してきたというわけです。

そういった意識を持って、わたしたちがこの国の国家基本法、すなわちスイス憲法を紐解くならば、スイスでは、男女の性差に関係なく国民一人一人が重要な案件や法案を必ず国民投票にかけて自ら決定し決済する対等な権利を所有するという文章に触れ、スイス人魂にあらためて感銘を深くするのではないでしょうか。文字通り、ここには直接民主主義が息づいています。そうした民主主義の姿は、現代ヨーロッパのいずれの国を見渡しても存在しないスイス独自の政治のあり方です。

スイスの首都はベルンで、この国で使用されている公用言語は四種類あります。ドイツ語、フランス語、イタリア語、そしていわば〝原地語〟レトロマンス語です。人口は七五〇万人、その四二パーセントに該当する国民がカトリック・キリスト教徒、三五パーセントがプロテスタント・キリスト教徒です。しかし、特定の宗教に帰依しない市民も、比率で一一パーセント存在しています。これが宗教分布です。

原著解説・著者紹介

小杉　尅次

本書は、ドイツ語版原題が *Europäische Geschichte*（『ヨーロッパの歴史』）という書名のもとに二〇〇七年晩春古都ミュンヘンに本社を置く老舗出版社カール・ハンザー社（*Carl Hanser Verlag München*）から公刊された歴史書である。原著者は、現代ドイツで最も著名な歴史家の一人、同時に作家・文学者としても高名なマンフレッド・マイ（Manfred Mai）で、本年（二〇〇九年）五月一五日満六〇歳の誕生日、いわゆる〝還暦〟を迎えた。

この著作は、初版が出版された後二年を経ずして再版された。一般的に、学術専門書として〝生硬な〟印象を与えかねない歴史学ジャンルの一書であるにもかかわらず、原著はドイツ語圏で広範な読者層を獲得し深い共感を持って受容されて今に至っている。さらに、本書はこの間マイの手になる他の既刊歴史書共々、二〇ヶ国を超える海外諸国で翻訳され広く読まれている。この邦訳出版が、あるいはその二一番目となるのかも知れない。

今回の翻訳出版に際して、わたしは原著の初版本を底本にして訳出作業を開始した。今年の八月中句編集部宛に最終訳稿を送付するまでのほぼ一年間、わたしはこの原著と向き合い、同時に原著者マイ氏と付き合う日々を過ごしてきた。ドイツ語版原書は版型B5判計二四〇頁ほどの書籍であったが、翻訳作業の完了時までドイツ・シュヴァーベン在住の原著者と直接電子メールやファクシミリを介して連絡を取り合うことが許されたのは、わたしにとって大きな励まし、望外の喜びであった。

原著者マンフレッド・マイにとって、今回の著作は二〇世紀最後半期（一九九九年）と二一世紀初頭（二〇〇二年）にすでにドイツ社会に送り出していた二冊の歴史書、すなわち *Deutsche Geschichte*（『ドイツの歴史』）と *Weltgeschichte*（『世界の歴史』）に続く出版となり、いわば三作目の歴史書である。マイの手になる多くの歴史作品の中で、本書はそうした位置と性格を有しているわけだ。

そこで、こうした事実関係に注目しながら、これら三著作を手掛かりにして原著解説を試みてみようと思う。ドイツの出版関係者の間では、この三書は〃マイ三部作〃として、出版カタログなどでもセットで紹介されている。これら三著作を比較することによって、われわれは九〇年代統一ドイツと二一世紀前半一〇年代ヨーロッパの政治・社会状況と問題を、まさにその時期に公刊されたマイの歴史三部作に関連づけながら考察できるであろう。同時に、その営みは三書間の相互比較を可能にする。そこからこの『ヨーロッパの歴史』の特徴と位置が析出されることにもなろう。ドイツ国内史との関連でいえば、そうした比較論は、文字通りこの歳月激変の渦中を歩んできた現代ドイツをヨーロッパ世界の同時代史と関連づけて考えることを可能にする。少なくとも、その端緒が本書に見出されるはずだ。統一ドイツと他のヨーロッパ諸国の国際関係——微妙、かつ錯綜した双方の国際関係が織りなす光と影の実態が、マイの著作を通して浮き彫りにされてくるだろう。

一例を挙げれば、マイ三著作とヨーロッパ連合の動向に確認できる両者の深い内的関連性の問題がある。九〇年代ヨーロッパ連合の基本的方向は、大陸ヨーロッパにおける〝拡大と統合〟政策の積極的推進にあった。ヨーロッパの全域を視野に入れた政治的・地域的一体化（マイは本書でこれを〝ヨーロッパ合衆国〟建設への努力と呼ぶ）の動きは、三著作にも少なからぬ影響を与えている（例えば、『世界の歴史』最終章）。その相互関連性には、疑問の余地がない（本書第47話から第49話）。

別言すれば、原著『ヨーロッパの歴史』の執筆に際して、作家・歴史家としてのマイはいったいどこに比重を置いた考察と叙述を展開しているのか、本書で彼が選んだ合計五〇篇のテーマは、いったいどのような基準に基づいて取捨選択されたのか。いや、なぜマイは本原著をあえて二〇〇七年という時点で世に問おうとしたのか――こうした興味ある問いかけがこの比較論から生じてくるはずだ。

われわれは、そこからマイ自身の歴史観、人間理解、その時代認識や国家観、さらには彼の民族意識などをより的確に知ることができるだろう。もちろん、その正確な詳細は直接読者諸氏が本書を紐解き、読了することによって初めて獲得できるはずだ。是非、鋭敏な歴史意識と関心を持ってこの著作と向き合っていただきたい。わたし自身は、原著の解説者として最小限の道筋案内をさせていただくだけである。

ヨーロッパ現代史の顕著な分岐点が、第二次世界大戦の終結（一九四五年五月八日、ドイツ第三帝国の連合軍への無条件降伏）と、「ベルリンの壁」崩壊（一九八九年一一月）およびソ連邦解体（一九九一年一二月）に見出されるであろうことは、多少なりとも戦後ヨーロッパ世界の動向に関心を寄せてきた人間であるならば、異論のない時代認識であると思われる。ヨーロッパ同時代史に対するこうした認識の正しさは、例えばわれわれがその視線を一九世紀ヨーロッパ帝国主義諸国の近代国家形成史に振り向けるならば一目瞭然である。一例として、イタリアとドイツに見る近代国家の起点は一八六一年、一八七一年である（ちなみに、日本では一八六八年）。同世紀の欧米帝国主義諸勢力による非欧米地帯の植民地争奪と支配の歴史、第一次世界大戦（一九一四〜一八年）とロシア革命（一九一七年一〇月）、あるいはドイツ・ヴァイマール共和国の誕生（一九一八年一一月）といった近代ヨーロッパ史の大変革を想起しながら、第二次世界大戦（一九三九〜四五年）以降の現代ヨーロッパ六四年史を回顧して見るならば十分納得できるのではないだろうか。

一九四五年は、ヨーロッパ諸国、とりわけ原著者マイの母国ドイツにとって、その六年前に勃発した世界大戦がやっと終結した記念すべき年であると同時に、ヒトラー・ナチズムとイタリアのムッソリーニ・ファシズム支配という〝悪霊〟から解放され、新生を誓い合う再出発の年でもあった。ドイツ戦後史はそこに復興の起点を置いたのである。ドイツ国民一般にとって、一九四五年はアドルフ・ヒトラー領導下の悪政一二年の生活についに終止符が打たれると共に、敗戦国の一員としての苦難の歩みを開始するに至った歴史の分岐点にもなった。光と影が錯走混在した年であった。そして、本書原著者のマイは、その四年後に誕生したのである。

マイにとって、祖国のこうした歴史の現実は同じ年の春と秋に成立した東西の〝分断国家〟ドイツが引き起こした政治権力上の対立と確執共々、きわめて深刻な、そして重たいものであったはずだ。彼が誕生した一週間後、五月二三日にドイツ連邦共和国（ＢＲＤ）が成立し、分断国家・西ドイツとして、同年一〇月七日成立のドイツ民主共和国（ＤＤＲ）と正面から対峙・対決する戦後史を形成していく。さらには、その後の西ドイツ史に即していうならば、一九六八年を起点して〝若者の反乱〟の時代が開始されていく。これは、思想史的に戦後ドイツを二分するほどに決定的な役割を担うに至った。一般社会はこの時期から、戦前・戦中・戦後世代間に深刻な対立と分裂が生じ、翌年の〝体制変革〟（社会主義者ヴィリィ・ブラント率いる社民党政権の誕生。一九六九〜七四年）に連動する。ドイツ国内のこうした政治上の大変革は、当時二〇歳前後の若き青年であったマイ（兵役義務のため連邦軍に入営中）にも強烈な印象を与えずにはおかなかった。ヒトラー支配下（一九三三〜四五年）に人生を送った旧世代の「戦争責任」が、〝戦争を知らない〟世代に属する青年たちから、徹底的に追及された。これが、青年マイの現代史理解に決定的影響を与えたのはあえて指摘するまでもないであろう。本書の該当箇所（特に、第41、42話「ヒトラー論」）を読めば一目瞭然である。

　さらに、ヨーロッパ最近史との関連で一言するならば、西ドイツ「緑の党」の誕生（一九八〇年）に象徴されるように、既成政党に対する激越な批判、柔軟な時代感覚の提唱、ヨーロッパ全域の反核・平和運動の展開、それらと共に高揚した地球環境の擁護運動などを通して、ヨーロッパ諸国の市民たちは新たに自らの本来的位相、すなわち〝ヨーロッパ人である事実〟に目が開かれていくようになる。そこから、ヨーロッパ全域の和解と統合に向けた、しかし従来とは質的に異なる「共生の歩み」が開始されていくのである。

　東ヨーロッパ地域でも、例えば一九八〇年ポーランドにワレサを中心とした労組「連帯」の誕生に示されるように、八〇年代初頭から九〇年代中半にかけて、東欧社会主義社会を自由と民主化を基調とする新国家の建設運動が開始されていく。マイの前出初期二著作は、まさにこうしたヨーロッパ世界全体の大地殻変動のど真ん中で構想され、執筆・出版されたわけだ。

東西ヨーロッパ地域のこういった激動と変革の巨大な波が、ドイツ現代史では一九八九年一一月の「ベルリンの壁」崩壊と東西ドイツ再統一の成就（一九九〇年一〇月三日）を誘発したのだ。また、その巨大なエネルギーが、一九九〇年以降ソ連支配下に置かれてきた東ヨーロッパ諸国の民主化と主権回復の運動にいっそう拍車をかけた。そのクライマックスが、一九九一年一二月三一日に一九一七年のロシア革命から数えて七四年間の歴史に終止符を打ったソ連邦の劇的な解体であり、瓦解にあったことはいうまでもなかろう。ペレストロイカとグラスノスチ改革（ミハイル・ゴルバチョフ）の徹底化が、結局ソ連自体の幕引きにまで突き進んだというわけである。

現代ヨーロッパは、これまでの略述から理解できるように、大別二つの歴史的分岐点によってその基本的特徴と性格がより明確になる。同時に、未来展望といった文脈で考えるならば、二一世紀ヨーロッパは以下のような課題と難問の前に立っているとの事実も指摘しておく必要があるだろう。

ヨーロッパ諸国は、「共生」を共通の旗印にしながら一九九〇年代初頭以降、〝ヨーロッパの家〟建設に向けた歩みを開始した。経済活動の更なる振興、地下資源と原子エネルギーの共同管理、地球の環境保全への取り組み、政治・外交・貿易・通商の諸領域、あるいは教育・文化・芸術諸分野の定期交流、各国非政府組織（NGO）の実質的支援、といった実に多領域・広範囲な局面において、東西四〇を超える主権国家が政治体制とイデオロギーの相互承認に立ちつつ、この共働を推進し始めたのである。現在の時点で、すでに旧東ヨーロッパ圏の数ヶ国がヨーロッパ連合に加盟している事実も、看過されてはならないだろう。ヨーロッパ諸国は、イギリスやアイルランドを内包しながら、目下〝大陸ヨーロッパ〟の一体化を目指して各国同士・地域間で対話を精力的に進めている。それが、今世紀の新しい動きであり、現代ヨーロッパ史における第三の分岐点を形成するはずである。そこに、二一世紀ヨーロッパ世界の展望と課題が垣間見えてくる。

とはいえ、現代ヨーロッパ諸国のこういった共同歩調の歩みには、すでに〝先輩〟が存在していた。それこそ、今や五〇年有余の歴史を内に持つに至った現ヨーロッパ連合（英訳で、European Union：EU）である。ヨーロッパ統合化の秀逸なシニア・モデルとしての「ヨーロッパ連合」――この定義と図式に異論を唱える人間はまずいないであろう。それは、端的にこの広大な地域連合体の過去二〇年史を一瞥すれば、容易に納得がいく。だからこそ、マイもその『世界の歴史』の終章や、本書『ヨーロッパの歴史』最後半部の叙述を通して、〝ヨーロッパ共同体〟建設の歴史や現状を熱をこめ読者に丁寧に語ろうとしているのである。

一九五七年にわずか参加六ヶ国の主唱によって発足したヨーロッパ共同体は、その間数度の名称変更を経ながらも、二〇〇九年秋の時点でその加盟国数を二七ヶ国にまで拡大・増加させるに至った。さらに、ここ一、二年のうちに三ヶ国の加盟が予定されているという。

本書は、ここに垣間見るような戦後ヨーロッパの激動と変革を、いわば〝同時代史の大事件〟として認識しながら二年前公刊された歴史書である。「プロローグ」で、彼自身が執筆に際してそうした基本的スタンスや個人的な問題意識を語っている。さらには、「エピローグ」で〝ヨーロッパ合衆国〟

という用語、あるいは概念を使用しながら、マイは二一世紀におけるヨーロッパ世界の未来展望と課題に言及している。味読していただきたいと思う。読者諸氏は、そこに再統合と一致に邁進する現代ヨーロッパ諸国・市民の現実を発見するであろう。同時に、そこでこの「統合と一致」こそ現代ヨーロッパにとって今世紀最大の課題であることに気づかされるはずだ。古代〝パックス・ロマーナ〟（Pax Romana：ローマの平和）を凌駕した〝パックス・オイローパ〟（Pax Europa：ヨーロッパの平和）の実現こそ、二一世紀ヨーロッパ諸国・市民の悲願である。歴史家マイも、一ヨーロッパ人として当然この壮大なロマンに取り組もうとしている。本書を通して、読者は彼のそうした熱い思いに触れることができるであろう。彼は、その思いを具体的に過去一〇年ほどのヨーロッパ連合の歩みに注目することによって検証しようとする。その分析と解釈は的確であるとわたしは思う。「ヨーロッパ経済共同体」（ＥＥＣ。構成国六ヶ国）から開始された〝共同の家〟構築の歩みは、一九七一年に「ヨーロッパ共同体」（ＥＣ）へと名称を変更すると共に、二一世紀に入るや二方向の大改革、すなわち加盟国「域内」における共通通貨〝ユーロ〟の導入、次いで再度名称変更を敢行して「ヨーロッパ連合」（現在加盟国は二七ヶ国。総人口四億八〇〇〇万人）を標榜するに至った。大陸を中核とした一大共同体の建設構想がここに実現した。

一般的に、ヨーロッパ史とはおよそ三〇〇〇年の時間と空間の集積体、すなわち歴史の総体を意味する。原著者マイも本書で紀元前の古代ギリシアやローマの紹介から筆を起こし、中世史の叙述を経た後に近世と近・現代の論述に及んでいる。現代史展開の項目で、第一次、第二次世界大戦、あるいはロシア革命が著者の主要関心となっているのは、ヨーロッパ人歴史家としては当然だというべきであろう。その後に、二〇世紀の総括と二一世紀の展望が続く。したがって、ヨーロッパ史自体の紹介や叙述には特別マイ独自の史観が登場しているわけではない。彼の真骨頂は、むしろその反欧米史観と階級史観に見られるとわたしは考える。以下、これに関連した説明をしておきたい。

近代日本に見聞されるヨーロッパ像一般、あるいは日本人一般の古典的ヨーロッパ観是正の急務という意味で、本書で著者マイが披瀝しているヨーロッパ史への接近と分析、その評価と解釈の手法、取捨すべき主要テーマの選択基準などは、近代日本人の伝統的ヨーロッパ像や欧米史観の再考を厳しく要求しているといってよいだろう。別言すれば、著者マイは本書できわめてユニークな「ヨーロッパの見方」を提唱しているのだ。彼のヨーロッパ史理解は、明治初期以降の近代日本（人）がヨーロッパ諸国（そして、アメリカ合衆国）に対して抱き続けてきた、いや今も抱いている〝偏向した〟イメージを、このドイツ人歴史家は〝粉砕〟しようとしているのだ。その理由や根拠は、読者諸氏が本書の論述に直接触れて確認していただきたいが、ここでは二点の注意喚起をさせていただく。

先ず、マイはヨーロッパ史を政治権力や外交の優位性、あるいは軍事力の強弱を機軸にした覇権主義史観に立脚して理解する手法を断固拒否する。それゆえ、権力闘争史や抑圧的外交・軍事力に依拠して歴史の表舞台に登場してきた列強諸国（近代に即していえば、明治期以降日本人の頭にインプットされ続けているヨーロッパ・アメリカ諸国！）のみを歴史形成の主役だと即断すべきでないと彼は主張する。おしなべて、歴史とは単なる権力奪取をめぐる闘争史などではない。もし、われわれが三〇〇〇年ヨーロッパ史をその東西や南北、そして中央地域とつぶさに見ていくならば、確かにその表舞台に登場しない、あるいは決して主役の役割を演じてはいないが、そこにはそれぞれ固有な確固とした共同体が存在し、民族や部族、あるいは種族の歴史が形成されている事実に気がつくはずだ。文化人類学の用語で表現するならば、ヨーロッパ史の〝辺境性〟にこそわれわれは着目すべきではないか。マイはこういった視座からヨーロッパ史に接近しようとする。事実、本書で彼はイギリス、フランス、あるいはドイツ、オランダ、ロシアといった〝ヨーロッパの強大国〟に関する叙述だけではなく、列強〝周辺諸国〟、北ヨーロッパ地域や東ヨーロッパ社会、あるいは東南ヨーロッパの多民族群小国家・地域を正面から取り上げ丁寧に論を展開しているのである。本書の独自性は、ここにあるといってよい。まさに、これらの領域に関する客観的知識と実存的関心が、一部専門家を除き現代日本人には決定的に欠落しているのではないだろうか。ヨーロッパ史に対する〝偏向〟の是正が急務である。

次に、歴史を見、解釈する論者の〝視座〟の問題だ。本書「プロローグ」で、マイはこのドイツ語版『ヨーロッパの歴史』があくまでもこの時代を生きる一人のドイツ人の立場から書かれている著作であること、それゆえに歴史事象の分析や判断、解釈があくまでもドイツ人としての枠の中でなされているとあらかじめ明言している。歴史を論じる主体の位置を明確化しているのだ。換言すれば、ここには客観的・中立的歴史認識の手法（一九世紀末に確立された歴史理論）に対する歴史家マイの明白な否定（「Nein !」）が見て取れる。この客観的・合理主義的認識の思想は、一九世紀末以降ヨーロッパの学問全域、とりわけ自然科学や実証史学の分野で主流となって大陸全域を支配した学問上の方法論で、「客観的認識こそ、真理である」をスローガンにしていた。そうしたあり方をマイは根底から批判する。むしろ、自己の帰属性と主体的関心を明確に提示することなくして真実な対象理解など不可能であると主張するのである。歴史の見方、真実な歴史理解の模索という点で、原著者マイが本書に導入している接近の手法は、きわめて注目に値するとわたしは考えている。

さて、これまでわたしは歴史家マンフレッド・マイを中心とした叙述を展開してきた。しかし、いうまでもなく彼には同時に作家、そして文学者としての顔と業績がある。そこで、最後にこの側面から見えてくるマイを短く論評しておきたい。その数一五〇冊を凌駕する著書を持つ彼にとって、歴史書はいわば〝ほんの〟一部に過ぎないとすらいえるのかも知れない。それゆえ、わたしはここで歴史以外のジャンルに少し立ち入ってみたいと思うのだ。

高校教師在職中に発表した作品が、思いがけず故郷で高い評価と称賛を受けたことを契機に、マイは作家への転進を敢行した。彼には齢三五歳の折の大転換となった。

ところで、彼の生誕地シュヴァーベンは、中世ドイツ史の中で「シュヴァーベン同盟」（一四八八年）に象徴されるように、重要な役割を担ってきた古都の一つであり、またヤーコプ、ヴィルヘルム兄弟の手になる「グリム童話」中、『七人のシュヴァーベン人』にも地名が登場するほどに知名度の高い地方である。劇作家・歴史家、そして軍医でもあった文豪ヨハン・フリードリヒ・シラーも、この地域に生を享けた。数年前に、マイはこの同郷人であり大先輩のシラーを主題にした作品を出版している（本書《原著者紹介》参照）。この地を作家マイが〝終の棲家〟と定め、家族共々ヴィンターリンゲンへ転居してきた背後には、こうしたシュヴァーベンの独特な伝統と文化が今なお息づいているからに他ならない。

次に、注目したい事実は、マイの初期作品が圧倒的に児童・青少年層を対象にした内容、すなわち詩・戯曲・童話・冒険小説・キリスト教文学・聖書物語の概説などで占められている点である。実は、先述した『ドイツの歴史』も元来は中学・高校生などを主たる読者として構想・出版された作品である（同書「まえがき」参照）。若者向きのこの著作を、出版直後活字メディアが「青少年層を飛び越えて、一般成人・市民が一読すべき好書である」と推奨したことから、この歴史書は現代ドイツ社会に広く紹介されるに至ったのである。そこから、〝歴史家マイ〟が誕生した。

これ以後、彼の関心は青少年層から広範な社会・市民層へ、文学者としては児童・宗教文学から一般市民文学へと拡大されていくようになる。同時に、その視野と認識の地平もドイツ国内からヨーロッパに拡大されていく。マイの中に、ヨーロッパ対非ヨーロッパといった文明史的観察と省察の世界が徐々に形成されていくのである。われわれは、そうした痕跡を、例えば本書で展開されている彼のアジア論やアフリカ論、あるいはラテン・アメリカ論の中に、具体的に看取できる。その反面、マイのヨーロッパ批判は過酷なほどに厳しい内容になっていく。一九世紀欧米帝国主義諸国による非欧米諸地域に対する悪辣な収奪と支配の歴史に対する彼の論難と批判には、実に手厳しいものがある。作家マイは、同時に歴史家でもあった――そうした面目躍如の姿が、ここに見られる、というべきだろう。

なお、本書末尾の「現代ヨーロッパ諸国の現状と建国略史」について一言しておく。ここに掲載されている国々の統計・数字は、原著出版の年、すなわち二〇〇七年の時点のデータある。したがって、国内総生産高（GDP）や人口動態に関しては多少不正確のそしりを免れないだろう。現状とのズレがあるはずだ。前者は原著に「出典明示」がないので、訳者の責任で訂正ができなかった。恐らく、「経済協力開発機構」（OECD）か、ベルギー・ブリュッセルに本部を置くヨーロッパ連合の担当部局から資料を入手し、本書に引用したのではないだろうか。しかし、後者の各国人口については、訂正ができた。すなわち、わたし個人も毎年愛用している国連編「世界人口白書」（*United Nations Population Fund, New York*）二〇〇八年版に基づいて、各国の人口数をすべて更新した。読者諸氏には、この部分で最新データの提供ができたので活用していただきたい。原著者もこの〝変更〟は了解してくれるはずだ。

もう一点、付言をしておきたい。原著者がここで紹介を試みているヨーロッパ諸国の中に、モナコ、リヒテンシュタイン（二公国）が除かれている。加えて、カトリック・キリスト教の総本山ヴァチカン国（イタリア・ローマ市の北西に位置する独立主権・宗教国家）への言及もなされていない。さらに、旧東ヨーロッパ諸国の大半が未紹介のまま残されている（ヨーロッパ連合加盟国は除く）。しかし、これら東方諸国・地域が現代ヨーロッパのれっきとした構成国であり、より厳密にいえば、今や〝堂々たる〟独立主権国家である以上、せめてここで国名だけでも列挙・紹介しておきたいと思う。アルメニア、アゼルバイジャン、ウクライナ、グルジア、モルドバ、ベラルーシ、エストニア、ラトビア、リトアニア、ロシア（順不同）。地中海キプロス島南部（トルコ系住民）地区も、ここに付記しておくべきであろう。

けだし、著者マイの歴史理論に正しく即応して考えるならば、これら〝非主流〟諸国すべてがヨーロッパ三〇〇〇年史にとってまさに不可欠な構成要因であり、それぞれが独自かつ固有な役割を担いながら現在に至っているのだ。ただ、本書「各国紹介」箇所ではマイの主たる関心が「ヨーロッパ連合」との関係（加盟の可能性ほか）を基軸にした考察に終始していたために、それ以外の国々や地域の説明と言及がなされなかったわけで、われわれとしては雅量を持ってその不十分さを受け入れたいと思う。

訳者あとがき

わたしが原著者マイとその旺盛な著作活動を知るに至ったのは、英文学者・歴史家ディートリヒ・シュヴァニツ（Dietrich Schwanitz）の歴史書を通してであった。彼は、かつてわたしも研究滞在していたドイツ北西のハンブルク大学で教鞭をとりながら、歴史や英文学、哲学の諸領域で、マイに劣らず精力的な文筆活動を展開していた学者であった。彼はいわゆる〝一九六八反逆青年の世代〟に属していた。彼の手になる *Die Geschichte Europas*（二〇〇二年）を読了したわたしは、即座に邦訳出版の構想を立てた。それが『ヨーロッパ精神の源流』（世界思想社、二〇〇六年）で、本書の原著者マイに対するわたしの関心は、シュヴァニツの著作によっていっそう深化されたといってよい。三年前の話だ。「貴兄から、拙著が日本語に翻訳出版されることをお聞きして、わたしは大変喜び、また心から感謝しております。日本語版への〝特別寄稿〟、もちろん喜んでさせてもらいます」――昨年の三月五日、マイは電子メールを介してドイツからわたし宛にそう書き送ってくれた。

残念ながら、今回の訳書ではその実現を見ることができなかったが、翻訳権をすでに取得している次作『世界の歴史』邦訳出版ではきっと故郷のヴィンターリンゲンから「日本人読者へのメッセージ」が届けられるものと確信している。

再統一（一九九〇年）後ドイツの出版界に見る注目すべき特徴の一つは、文字・活字媒体と並んで、音声媒体、あるいはオーディオ・メディアの驚異的な充実と躍進にある。事実、マイの歴史三部作もその間すべてプロのナレーターや著名な声優たちによって音声化され、CD版著作として活字本共々、一般書店の書籍コーナーに配置されている。わたしも早速そのCD著作を購入し、ヘッドフォンで何十回となく傾聴する時間を持った。

その意味で、本書の翻訳はいわば目と耳の双方を駆使しながら進行したといってよい。現実に、大学で毎週「ヨーロッパ論」を講義している者として、今回の訳出作業はわたしにとっていろんな意味で時宜に即したヨーロッパ史〝整理〟の機会となった。

「何事も、〝偏愛〟は禁物だ。事物や事象は、すべからくあるがままに直視し、できる限り公平な目と醒めた感覚を持って、その〝光と影〟双方を学べ」――これが、今回わたしがマイの原著から得た教訓であり、ヨーロッパ理解の新しい視点だ。

今回の翻訳出版にあたっては、出版企画部の堀川健太郎さん、下村麻優子さん、赤木美穂さんにはさまざまな局面でお世話になった。彼らの適切な示唆と助言、指摘と激励に心から感謝したい。同時に、今回も妻の道子と息子の契が原著からの翻訳筆記やゲラ校正の作業で、いろいろ協力してくれた。二人にも、心から「ありがとう！」の言葉を贈りたい。

二〇〇九年一二月二四日

磐田の寓居にて

小杉　尅次

重版発行に際して

四年前に公刊された本書が、重版の運びとなった。歴史書として決して気楽には接近しがたい著作だけに嬉しい限りだ。翻訳には自信を持って対処したので、今回は誤植・脱字など、最小限の朱入れにとどめた。一点、この間ヨーロッパ連合（EU）加盟国が、クロアチア（二〇一三年）の加盟によって合計二八カ国になっている現状を付記しておく。

二〇一四年五月一五日

小杉　尅次

図版一覧

＊図版は Manfred Mai, *Europäische Geschichte*, München : Carl Hanser Verlag, 2007 から転載した。以下，（　）内に *Europäische Geschichte* の頁数を表記する。

《著者紹介》

マンフレッド・マイ（Manfred Mai）

1949年ドイツ南西バーデン・ヴュルテンブルク州シュヴァーベン高地の一農村ヴィンターリンゲンに生まれる。大小150冊を超える著作を持つ歴史家で，作家・文学者としても広く知られている。現代ドイツの高名な著述家の一人。貪欲な関心を持ちつつ，きわめて広範な領域で精力的な著作活動を展開している。最近は，舞台演劇などにも手を染めているようだ。ここ10年間の代表的著作を紹介すれば，本書（2007年）公刊と相前後して，『ドイツの歴史』（1999年），『ドイツ文学史』（2001年），『世界の歴史』（2002年），『同時代人のためのシラー』（2004年），『ドイツ農民戦争』（2004年），『ヨーロッパの歴史』（2007年，本訳書）などがある。2008年には自伝風小説『故郷の日々』が出版されている。“売れっ子”作家として，広域かつ精力的な執筆活動を展開している。

マイの生家は自営農場を営む農家で，そこで彼は生まれ育った。こうした社会的成育環境は，その後の彼の思想形成，すなわちその歴史観や人間理解，世界観察に決定的な影響を与えた。事物や現象を常に“下から”見，論じる彼の認識の基礎がそこから形成されてきたといえよう。

マイは，19歳の青年時代兵役のため入隊したドイツ連邦軍（DBW）兵舎で出会ったある人物を通して，“本を手に取り，書を紐解く”快感と感動の新世界を知るに至る。除隊後，彼は一念発起してアビトゥール（高校卒業・大学入学資格試験）に挑戦し，20代中半から大学に進学する。歴史学，心理学，哲学，ドイツ文学を学んだ彼は，卒業後35歳まで高校教師として教壇に立った。生徒たちに“本と親しむ”ことの本質的楽しさと豊かさを説く彼の口ぐせは，「書物に触れる最大の感動はネ，人間がそこでくり返し，そしていつも新たに自分自身を発見できるからなんだよ」であったという。作家への転進のきっかけは，1981年在職中に発表したある作品が故郷バーデン・ヴュルテンブルク州の「抒情詩部門最優秀作品」に選ばれたことにあった。作家・歴史家としての歩みが，そこから開始された。

現在，マンフレッド・マイは生まれ故郷ヴィンターリンゲンで妻，２人の娘たちと共に，“農民作家”として毎日を送っている。そうした中から最新作が公刊された。上記『故郷の日々』（*Winterjahre*）がそれである。そこでは寒村生まれの一少年（誕生から15歳まで）が主人公になっている（訳者にマイ自らが電子メールでそう紹介してくれた）。なお，多領域におよぶマイの著作の中には，宗教（キリスト教）関係の作品が数十冊ある（特にその初期）。それらはクリスマスや復活祭，あるいは聖書物語など，ドイツ国内の児童や青少年を念頭に置いて執筆された作品が多い。マイはキリスト教作家でもあるわけだ。

同時に，上記著作中『ドイツ文学史』を除く３歴史書は，出版後いずれも再版を重ねるか，受賞作品となり，新聞や雑誌の書評で高い評価を受けている。この間海外二十数ヶ国において翻訳出版書が公刊されている。

《訳者紹介》

小杉尅次（こすぎ・かつじ）

1942年静岡県天龍市（現浜松市）に生まれる。61年静岡大学入学。2年後中退し，63年東京神学大学へ編入学。学部・修士課程を経て，68年大韓民国へ留学（ソウル大学・大韓神学大学修士課程），70年帰国。77～83年ドイツ連邦共和国（旧西ドイツ）ハンブルク大学へ研究留学。83年1月，同大からPh.D.取得，3月帰国。元静岡産業大学教授，専門：地球文明学／哲学。

主要著訳書

Eine Studie über die Rezeption der Theologie Dietrich Bonhoeffers in Ostasien (Hamburg, 1983)
『現代東アジア論の視座』（御茶の水書房，1998年）
『現代青年との対話』（日本基督教団出版局，1999年）
『現代世界と人間復権』（明石書店，2003年）
『死ぬまでこの歩みで』（ハム・ソクホン著，新教出版社，1974年）
『人間解放とキリスト教教育』（ムン・トンファン著，新教出版社，1975年）
『抗日民族論』（ペク・キワン著，柘植書房，1975年）
『ハム・ソクホン著作集』（第1巻，新教出版社，1990年）
『われわれはどこへ行くのか』（カール・フォン・ヴァイツゼッカー著，ミネルヴァ書房，2004年）
『ヨーロッパ精神の源流』（ディートリヒ・シュヴァニツ著，世界思想社，2006年）
『人間とは何か』（カール・フォン・ヴァイツゼッカー著，ミネルヴァ書房，共訳，2007年）
『尊厳とは何か』（ドイツ福音主義教会大会編，新教出版社，2009年），ほか。
『自由の条件とは何か』（カール・フォン・ヴァイツゼッカー著，ミネルヴァ書房，共訳，2012年）
『50のドラマで知る世界の歴史』（マンフレッド・マイ著，ミネルヴァ書房，2012年）
『50のドラマで知るドイツの歴史』（マンフレッド・マイ著，ミネルヴァ書房，2013年）

50のドラマで知るヨーロッパの歴史
――戦争と和解，そして統合へ――

2010年2月28日　初版第1刷発行　　検印廃止
2014年7月10日　初版第2刷発行

定価はカバーに
表示しています

訳　者　小　杉　尅　次
発行者　杉　田　啓　三
印刷者　坂　本　喜　杏

発行所　株式会社　ミネルヴァ書房
607-8494　京都市山科区日ノ岡堤谷町1
電話代表（075）581-5191番
振替口座　01020-0-8076番

冨山房インターナショナル・兼文堂

ISBN 978-4-623-05605-7

Printed in Japan